ESPELHOS
DO SELF

Christine Downing (org.)

ESPELHOS DO SELF

Um Estudo Sobre as Imagens Arquetípicas
Que Moldam as Nossas Vidas

Tradução
Maria Silvia Mourão Netto

Editora Cultrix
SÃO PAULO

Título do original: *Mirrors of The Self – Archetypal Images That Shape Your Life*.

Copyright © 1991 Christine Downing.

Publicado mediante acordo com TarcherPerigee, um selo da Penguin Publishing Group, uma divisão da Penguin Random House LLC.

Copyright da edição brasileira © 1994, 2024 Editora Pensamento-Cultrix Ltda.

2ª edição 2024.

Todos os direitos reservados. Nenhuma parte desta obra pode ser reproduzida ou usada de qualquer forma ou por qualquer meio, eletrônico ou mecânico, inclusive fotocópias, gravações ou sistema de armazenamento em banco de dados, sem permissão por escrito, exceto nos casos de trechos curtos citados em resenhas críticas ou artigos de revistas.

A Editora Cultrix não se responsabiliza por eventuais mudanças ocorridas nos endereços convencionais ou eletrônicos citados neste livro.

Editor: Adilson Silva Ramachandra
Gerente editorial: Roseli de S. Ferraz
Preparação de originais: Alessandra Miranda de Sá
Consultoria técnica: Verbenna Yin
Gerente de produção editorial: Indiara Faria Kayo
Editoração eletrônica: Join Bureau
Revisão: Ana Lucia Gonçalves

Dados Internacionais de Catalogação na Publicação (CIP)
(Câmara Brasileira do Livro, SP, Brasil)

Espelhos do self: um estudo sobre as imagens arquetípicas que moldam as nossas vidas / Christine Downing (org.); tradução Maria Silvia Mourão Netto. – 2. ed. – São Paulo: Editora Cultrix, 2024.

Título original: Mirrors of the self: archetypal images that shape your life.
Vários autores.
ISBN 978-65-5736-309-6

1. Arquétipo (Psicologia) 2. Ego (Psicologia) 3. Psicologia junguiana I. Downing, Christine.

24-196493 CDD-150.1954

Índices para catálogo sistemático:
1. Psicologia junguiana 150.1954
Eliane de Freitas Leite – Bibliotecária – CRB 8/8415

Direitos de tradução para o Brasil adquiridos com exclusividade pela
EDITORA PENSAMENTO-CULTRIX LTDA., que se reserva a
propriedade literária desta tradução.
Rua Dr. Mário Vicente, 368 — 04270-000 — São Paulo, SP —Fone: (11) 2066-9000
http://www.editoracultrix.com.br
E-mail: atendimento@editoracultrix.com.br
Foi feito o depósito legal.

Para Richard Arnold Underwood

"Porque mantivemos um diálogo e pudemos ouvir um ao outro."

Sumário

Christine Downing – Prólogo 11

PARTE 1
Figuras Arquetípicas do Mundo Interior

C. G. Jung: O Ego – A Dimensão Consciente da Personalidade 35

Edward C. Whitmont: Persona – A Máscara que usamos para o
Jogo da Vida 38

Robert Bly: A Sombra – O Self Rejeitado 43

Patricia Berry: A Sombra – Agente Provocador 46

Edward C. Whitmont: Anima – A Mulher Interior 49

James Hillman: Anima – Guia da Alma 55

Demaris Wehr: Animus – O Homem Interior 58

Mitchell Walker: O Duplo – O Auxiliar Interno de Mesmo Sexo 75

David DeBus: O Self é um Alvo Móvel – O Arquétipo
da Individuação 80

PARTE 2
A Família Arquetípica

T. Mark Ledbetter: Filhos e Pais – Ou por que Filho é um Verbo 98

Murray Stein: O Pai Devorador 105

Helen M. Luke: Mães e Filhas – Uma Perspectiva Mitológica 109

Linda Schierse Leonard: A Redenção do Pai 113

David DeBus: Pais e Filhas – "Andando em Nossa Rua" 120

David L. Miller: Grandes Mães e Avós 122

Jane Rule: Avós Amorosas 125

Alma Luz Villanueva: A Canção do Self – A Avó 127

River Malcolm: O Arquétipo do Avô – Seu Reino por uma Mão 129

Christine Downing: Enfim o Acordo Conjugal – Uma Perspectiva Mitológica 134

Christine Downing: Irmãs e Irmãos 141

Adrienne Rich: Os Mistérios Fraternos 150

Galway Kinnell: A Tristeza dos Irmãos 156

Howard Teich: Os Gêmeos – Uma Perspectiva Arquetípica 158

Eileen Simpson: Órfãos 167

Olga Cabral: Ocupação – Solteira 170

Robert H. Hopcke: O Relacionamento Homossexual como Veículo para a Individuação 172

Caroline T. Stevens: Família Lésbica, Família Sagrada – A Experiência de um Arquétipo 180

PARTE 3
Dimensões Arquetípicas do Ciclo Vital

C. G. Jung: O Arquétipo da Criança 195

Marie-Louise von Franz: Puer 201

James Hillman: Senex 207

Robert M. Stein: Príapo e a Psicologia do Masculino 213

M. Esther Harding: A Virgem 220

Connie Zweig: O Feminino Consciente – Nascimento de um
   Novo Arquétipo 225

Christine Downing: A Velha Sábia 236

Parte 4
Papéis Arquetípicos

Daniel C. Noel: A Reformulação do Arquétipo de Herói 248

Annis Pratt: A Heroína 259

Denyse Beaudet: O Monstro 267

Lyn Cowan: A Vítima 274

William G. Doty: O Embusteiro 287

Jan Clanton Collins: O Xamã 292

Christine Downing: O Curador 296

Adolf Guggenbühl-Craig: O Inválido 305

Mary E. Hunt: O Amigo 313

Epílogo 320

Notas 323

Os Colaboradores 335

Permissões e Copyrights 339

Christine Downing

Prólogo

As imagens arquetípicas são um rico espelhamento de nossa experiência interior e de nossas interações com o mundo à nossa volta. Como o descobriu Jung quando se pôs em busca "do mito que o vivia", o encontro de uma dimensão do inconsciente que é a fonte viva, criativa e transpessoal de energia e direcionamento inesgotáveis tem a capacidade de transformar a vida da pessoa.

Para muitos, já em sua primeira leitura de Jung, acontece o imediato reconhecimento dessa dimensão da experiência para a qual ele usava a palavra *arquetípica*. Lembro-me da primeira vez que li um de seus trabalhos; mais ou menos aos 20 anos, imaginando-me então plena e satisfatoriamente definida pelos papéis de esposa e mãe. De repente, o que eu compreendia a meu respeito expandiu-se e comecei a prestar atenção aos meus sonhos, o que me introduziu a uma até então insuspeitada multidão de potencialidades virtuais que aguardavam serem reconhecidas e alimentadas. Também descobri como esses papéis possuíam dimensões arquetípicas e numinosas (tanto ameaçadoras como vivificantes) diante das quais me mantivera cega em razão de meu envolvimento com seus aspectos mais triviais. Senti-me entrando em contato com elementos de minhas próprias vivências que, porém, não eram apenas meus. A constatação de que comungava meus mais profundos sentimentos, esperanças e temores, meus mais valiosos feitos e mais abominados fracassos com outras pessoas proporcionou-me um senso inteiramente novo de ligação com a humanidade inteira, não só por meio dos relacionamentos externos, mas a partir do cerne mesmo do meu ser.

Essa experiência foi muito real. Jung me apresentara uma palavra nova e, o que era mais importante, uma nova visão de mim mesma que eu sentia como igualmente libertária e desafiadora. Embora alimente muitas reservas teóricas acerca dos detalhes de sua exposição, refletir sobre a teoria dos arquétipos de Jung me infunde novamente gratidão pelo modo como nos auxilia – pessoal e teoricamente – a nos encaminharmos para mais além dos limites de uma psicologia centrada apenas na história pessoal e nos temas patológicos.

Jung denominou de "imagens arquetípicas" aquelas pelas quais o inconsciente coletivo se manifesta. Usou o termo *arquetípicas* para transmitir o poder que algumas dessas imagens têm de nos pôr em contato com o que parece ser a própria fonte do nosso ser. O radical grego *arche* se refere a início, a origem; *tipo* vem de um verbo grego que significa "golpear" e do substantivo que lhe é correlato, e se refere a uma impressão ou modelo. Assim, *arquétipo* significa o modelo a partir do qual são impressas as cópias, o padrão subjacente, o ponto inicial a partir do qual alguma coisa se desenvolve. Embora às vezes Jung escreva que os arquétipos estão impressos na nossa psique, também aplica a mesma etimologia, de maneira mais dinâmica, quando define as imagens arquetípicas como dinamismos dotados do poder de nos impressionar: "Essas imagens e associações típicas... nos impressionam, influenciam e fascinam".[1]

Jung fazia distinção entre arquétipo e imagens arquetípicas. Ele reconheceu que aquilo que ocorre na consciência individual são sempre *imagens arquetípicas* – manifestações concretas e particulares que sofrem a influência de fatores socioculturais e individuais. No entanto, em si, os arquétipos são desprovidos de forma, são irrepresentáveis, são psicoides mais do que psíquicos, propriamente falando: "Enquanto tal, o arquétipo é um fator psicoide que, por assim dizer, pertence à porção ultravioleta invisível do espectro psíquico [...]. Devemos ter constantemente clara a noção de que aquilo que entendemos por 'arquétipo' é em si irrepresentável, mas tem efeitos que nos permitem visualizá-lo, ou seja, produz as imagens arquetípicas".[2] Segundo Jung, os arquétipos são em si vazios, sem forma; jamais podemos vê-los de fato exceto na medida em que se tornam conscientes, exceto quando se preenchem de conteúdo individual.

O que significa postular a realidade dos arquétipos à parte de suas manifestações é um tema altamente polêmico cujas implicações metafísicas deixarei de lado. Uma vez que minha tendência é ver os arquétipos como uma abstração de imagens concretas e diversificadas, apoiando uma linha recente de estudo e crítica da contribuição junguiana, não me considero muito interessada por eles, justamente porque me interesso pela psique, pela alma e pela atividade da imaginação que considero a mais característica das atividades psíquicas.

O interesse de Jung pelas imagens arquetípicas reflete sua ênfase na *forma* do pensamento inconsciente em vez de seu conteúdo. Nossa capacidade de responder às experiências na qualidade de criaturas geradoras de imagens é herdada, é nos outorgada pela nossa própria condição de humanos. As imagens arquetípicas não são resquícios de um pensamento primitivo, não são um depósito morto, mas sim parte de um sistema vivo de interações entre a psique humana e o mundo exterior. As imagens arquetípicas que aparecem em meus sonhos provêm da mesma capacidade humana que gerou as antigas mitologias de nossos ancestrais mais remotos. Os mitos não são as causas das manifestações individuais e contemporâneas; existem, ao contrário, como analogias no mesmo plano.

O foco sobre o arquetípico enfatiza a importância de nossas imagens em nos tornar quem somos. Nossas vidas são moldadas pelos nossos pensamentos e atos, e, de maneira ainda mais poderosa, pelas nossas fantasias e sonhos bem como pelas complexas associações carregadas de sentimentos com as quais reagimos às pessoas e aos eventos com que nos deparamos todos os dias. Não sou só o que penso, como propôs Descartes, nem tampouco o que fiz, como alegam os existencialistas; sou também, como aliás Gaston Bachelard tão veementemente mostrou, aquilo que imagino e recordo.[3]

Quando falamos de imagens arquetípicas não estamos nos referindo simplesmente a imagens oníricas, mitológicas ou literárias. No lugar disso, estamos falando de uma maneira de responder à nossa vida comum com a nossa imaginação em vez de com os nossos recursos pragmáticos ou lógicos. Estamos falando de um jeito de ser no mundo que está aberto a muitas dimensões de significado, a ressonâncias, a ecos, a conexões associativas ou sincrônicas e não apenas às causais. Estamos falando de um mundo que é repleto de significados — signos, símbolos, metáforas e imagens.

Nessa medida, a razão pela qual damos valor ao arquetípico é porque ele nos faz apreciar e mobilizar a capacidade humana natural de responder ao mundo não só de forma conceitual, mas também simbolicamente. A geração de imagens é uma maneira humana tão fundamental de reagir ao mundo quanto o são as categorias de espaço, tempo e causalidade, descritas por Kant. O pensamento simbólico é de natureza associativa, analógica, concreta, sentimental, animista e antropomórfica. Pode dar a impressão de ser mais passivo e simplesmente mais receptivo do que o pensamento organizador conceitual porque, diferentemente das ideias, as imagens nos parecem ter sido dadas em vez de criadas por nós, a ponto de talvez, como o sugere Jolande Jacobi, poderem parecer revelações, que "nos convencem pela sua proximidade".[4] Nosso envolvimento com as imagens arquetípicas pode nos fazer sentir comprometidos com um mundo *interior*, com um mundo de objetos internos. Na realidade, porém, como o viu Jung com tanta clareza, o pensamento simbólico ou arquetípico é uma modalidade de resposta ao mundo que pode nos ajudar a desfazer a ilusão de que existe uma separação entre interior e exterior, uma disjunção entre sujeito e objeto.

Para Jung, a capacidade de gerar símbolos, e não tanto a de raciocinar, constitui a função verdadeiramente humanizante. A atenção a tais imagens (que não são ideias traduzidas, mas sim o discurso natural da alma, seu *logos* autêntico) ajuda-nos a transcender a tirania das modalidades verbal e racional, que colaboraram na supressão daquelas faculdades humanas as quais percebemos como "inconscientes".

Quando insistimos no adjetivo *arquetípico*, em detrimento do substantivo *arquétipo*, a questão – como disse James Hillman – torna-se a seguinte: "O que existe em uma imagem que atrai o modificador arquetípico?"[5] A resposta que ele oferece é a seguinte: a riqueza possível de ser assim experimentada é de tal magnitude que essa imagem é vivida como rica, fecunda, profunda e produtiva. A palavra *arquetípico* conota o valor e a importância que atribuímos a certas imagens. Ela quer dizer que as dotamos da mais profunda significação possível. Chamar algo de arquetípico é um procedimento de *valorização*, não a postulação de um fato ontológico. Assim, *arquetípico* se refere a um modo de enxergar. Nós não olhamos *para* arquétipos, nós vemos *através* deles. Chamar uma imagem de arquetípica significa um modo diferente de vê-la, de atribuir-lhe valor, não que seja especial ou diferente de algum modo.

Determinar se a imagem é ou não arquetípica é um processo que depende basicamente da atitude da consciência que observa, da *resposta* à imagem, e não tanto de seus atributos intrínsecos. Também acredito que existam certos traços comuns da vida humana, como o nascimento do primeiro filho, o aparecimento de um arco-íris depois da chuva, que parecem convidar a esse tipo de reação e, muitas vezes, o evocam. Existem situações em que é difícil responder de forma racional ou pragmática, e são essas as circunstâncias que nos mobilizam por completo como seres humanos. Embora se diga com frequência que as imagens arquetípicas são formadas como resposta a experiências típicas e recorrentes bem como a aspectos relativamente constantes, gerais e consequentes da experiência humana, Hillman inverte essa teoria: as imagens que merecem a nossa mais reiterada atenção são arquetípicas. A repetição pertence não ao que instiga a imagem, mas ao que ela desencadeia.

Quando nos detemos na *imagem* arquetípica, fica claro que não existe uma distinção absoluta entre o pessoal e o coletivo, pois a imagem arquetípica assinala a encruzilhada em que se integram o interno e o externo, o pessoal e o coletivo. Ela representa a interação dinâmica contínua entre o consciente e o inconsciente, entre o individual e o coletivo. Jacobi sugere que as imagens arquetípicas existem num *continuum*, desde as mais particularizadas até as mais gerais: "Quanto mais pessoal e vigente é o problema, mais intrincada, detalhada e claramente definida é a figura arquetípica expressa por ele; quanto mais impessoal e universal é a situação que essa figura concretiza, mais simples ou indistinta ela será".[6]

O aspecto que viermos a enfatizar dependerá de nossa finalidade, de nossas circunstâncias, de nossas necessidades. Não obstante, é importante reconhecermos que as imagens arquetípicas sempre contêm uma valência pessoal e aparecem em um contexto específico. A apreensão do seu significado sempre cobrará de nós uma atenção às suas particularidades, não somente a seus traços gerais.

Então o que nos faz reagir à imagem como dinamismo arquetípico? Ao recordar-me do momento em que descobri a força do envolvimento com o mundo da imaginação para a transformação de minha própria pessoa, concluo que o importante não é que as imagens arquetípicas *sejam* um conteúdo, a *priori*, universal ou numinoso, mas que nós as *sintamos* como tais. As imagens arquetípicas nos parecem básicas, necessárias e fecundas.

Elas estão ligadas a alguma coisa original, não no sentido de algo que as causa, mas no sentido de que ajudam a desencadear ou a possibilitar algum processo. As imagens arquetípicas dão margem a associações e nos levam a outras imagens; portanto, nós as vivenciamos como dinamismos dotados de ressonância, complexidade e profundidade.

Parecem ser universais. Jung diz: "Emanam do inconsciente influências determinadoras... que, independentemente da tradição, garantem em cada indivíduo isolado uma similaridade e até mesmo uma igualdade de vivências e também de maneiras por meio das quais estas são representadas pela imaginação".[7] Embora eu questione a exatidão (e até a relevância) da alegação de uma universalidade literal, acredito, apesar disso, que a sensação de estar em contato com algo que dá a impressão de ser coletivo, partilhado, faz realmente parte da conotação de *arquetípico*. Talvez "transpessoal" seja uma designação melhor que "universal" para esses conteúdos, porque essa palavra não implica que a sua experiência ou a representação pela imaginação seja necessariamente peculiar a todas as culturas ou a todas as pessoas.

À parte, porém, a possibilidade de se estabelecer uma universalidade literal, incomoda-me a maneira como essa alegação de universalidade muitas vezes é proposta por uma visão de mundo para a qual os aspectos sociais (ou individuais) específicos de uma imagem arquetípica, de alguma forma, não são essenciais. Essa visão implica que se prioriza o abstrato em detrimento do concreto, o espiritual mais do que o corporal. Essa perspectiva também ignora as opressões sociais que podem parecer sancionadas pela imagem universal supostamente sacrossanta, pois todos corremos o risco de não termos consciência de nosso envolvimento com os pressupostos de nossa própria cultura. Relegar as mulheres a papéis subalternos, por exemplo, pode parecer sancionado por noções tradicionais da feminilidade arquetípica.

As imagens arquetípicas parecem objetivas e, sob certos aspectos, independentemente de experiência pessoal anterior, inexplicáveis se tomarmos como base o nosso conhecimento consciente. Sentimo-nos em contato com algo até então desconhecido e muitas vezes nos espantamos ao descobrir paralelos entre as imagens e os motivos que aparecem nos nossos sonhos, e os que figuram com destaque em mitos e contos folclóricos que desconhecemos. O impacto dessas correspondências é poderoso. Vivenciar o inconsciente como objetivo em vez de como apenas subjetivo pode ajudar a nos libertar da visão que o ego tem de um inconsciente que é "meu".

Essas imagens dão a sensação de serem numinosas, mágicas, fascinantes, daimônicas, divinas. Parecem ter uma origem transcendente, autônoma, que ultrapassa a consciência individual, que vai além de nós. Há um aspecto perigoso nessa sensação, que é o de deixar-se inflacionar ou possuir, o perigo de pensar que essa vivência significa que as imagens são sagradas, por isso invioláveis, imutáveis, e que vêm imbuídas de um endosso cósmico.[8]

Todas as imagens arquetípicas parecem evocar em nós uma ambivalência. Somos tanto atraídos como repelidos por elas; elas têm aspectos sombrios, amedrontadores, destrutivos, bem como lados criativos e benignos. Em geral, tentamos negar essa circunstância e enfatizar apenas a dimensão criativa ou moralizar e dividir o arquétipo em partes boas e más – por exemplo, a mãe positiva e a mãe negativa – perdendo assim um tanto da energia dinâmica intrínseca às imagens.

Parecem transformadoras. Jung sempre enfatizou que as imagens arquetípicas estão vinculadas ao futuro e ao passado: "O self... contém não só o depósito e a totalidade da vida passada, como é ainda um ponto de partida, o solo fértil do qual brotará toda a vida futura. Essa premonição do porvir está tão claramente impressa nos nossos sentimentos mais profundos quanto o aspecto histórico".[9] E adverte para não se considerar literalmente essa dimensão teleológica. Não devemos pensar que as imagens arquetípicas têm um significado já pronto; em vez disso, devemos concebê-las como indicadores para não incorrermos no erro de degradá-las ao *status* de equivalentes mentais das cartomantes. As imagens oferecem-nos diretrizes existenciais a serem seguidas em caráter provisório, pois "a vida não obedece a um rumo linear, reto, nem se pode prever com antecedência para onde esse rumo leva".[10]

É, porém, importante nos lembrarmos de que *nós* damos esse valor, essa significação, às imagens arquetípicas. Para nós é muito fácil separar o arquétipo da psique, e agir como se pudéssemos imobilizar o sempre novo contexto em que as imagens aparecem.

As imagens arquetípicas não são absolutas nem imutáveis. Aliás, quando as tratamos como se o fossem, fazemos com que se tornem *estereótipos*. Em sentido literal, um estereótipo é uma duplicata mental de uma impressão em relevo, a cópia extraída de um molde. Os estereótipos são rígidos, perderam a flexibilidade do arquétipo vivo, o dinamismo inerente à imagem. Os arquétipos podem se tornar estereótipos quando as imagens não estiverem mais funcionando como imagens vivas. O paradoxal é que, justamente quando o aspecto de ordem social ou subjetiva da imagem arquetípica é ignorado, quando ela é ontologizada e recebe uma sanção normativa, universal, pode vir a funcionar como estereótipo. Quando isso acontece, sentimos que as imagens arquetípicas são constritoras, confinadoras, amoldando-nos em formas incompatíveis com os nossos ideais de ego ou com os mais profundos anseios da nossa alma. Por exemplo, o arquétipo de herói pode ser mutilador quando se torna enrijecido dessa maneira, e o arquétipo da mãe pode ser opressivo para a mulher moderna em busca da sua alma.

Jung trabalhava com as imagens arquetípicas, não pela interpretação, pela tradução destas em linguagem conceitual, ou pela sua redução a uma imagem mais abstrata e geral; ele usava o que chamou de *amplificação*, a conexão da imagem com tantas outras imagens associadas quantas possível, mantendo assim o fluxo da imaginação. O propósito desse procedimento é proporcionar acesso à multiplicidade, à fecundidade das imagens, ao seu senso de interligação, e não rastrear sua dependência de alguma origem comum. A amplificação nos ajuda a ultrapassar o nosso estreito horizonte pessoal e leva-nos a "nos lembrarmos de nós com uma imaginação mais ampla".[11]

As imagens arquetípicas nos dão um autorretrato da psique e revelam seu caráter multifacetado, multiforme. Elas contribuem com energia e direção para a contínua renovação da vida. Atentar para elas é honrar as muitas partes que nos compõem e que enriquecem e aprofundam nossas vidas, mas também trazem complexidade e confusão. Existem aspectos em nós que não vemos. Quando os vemos, não os apreciamos ou não sabemos como integrá-los de modo harmonioso aos outros aspectos que nos são mais familiares. Alguns deles podem aparecer em determinados períodos da nossa vida e depois dão a impressão de terem sumido. Alguns nos parecem conhecidos, amistosos, enquanto outros nos parecem estranhos e assustadores.

Não existe, nem pode haver, uma lista definitiva dos arquétipos ou das imagens arquetípicas. Depois de sua ruptura em relação a Freud, Jung falou de ir em busca do mito que o estava vivendo. Na realidade, nossas vidas são configuradas por uma *pluralidade* de imagens arquetípicas. Ser informado por apenas um deles é estar em suas malhas e abdicar da tensão vivificante da interação de todos, pois as imagens na sua variedade nem sempre se dispõem em um panteão ordenado e hierarquizado. Muitas vezes constataremos que entram em conflito umas com as outras. Muitas artistas, por exemplo, em seus depoimentos pessoais falam da dilacerante tensão entre as imagens arquetípicas da mulher e da artista.

Jung disse que existem tantos arquétipos quantas são as situações típicas da vida.[12] Este livro aborda um grupo particular de imagens arquetípicas que servem como espelhos do Self, imagens que nos ajudam a nos enxergar de vários ângulos. A psique é composta por várias subpersonalidades em interação que vivem dentro de nós. Veremos como figuras arquetípicas familiares – a mãe e o pai, a criança órfã, o avô benevolente – desempenham papéis ativos na nossa vida interior. Iremos descobrir os aspectos arquetípicos dos vários estágios da vida que atravessamos ao passar pela infância, pela juventude, pela maturidade e pela velhice. Investigaremos também a dimensão arquetípica dos papéis que definem nossas identidades sociais e moldam nossas interações com os demais.

Ao longo de todo o texto, examinaremos imagens personificadas, como o Self aparece na qualidade de interação dramática entre as várias formas de natureza pessoal: o ego pomposo, empertigado, cheio de sua própria importância; a *persona* socialmente dócil; a *anima* esquiva e fascinante. Iremos estudar não a juventude, mas o *puer* e a virgem; não a velhice, mas o *senex* e a velha. Nenhuma dessas figuras existe isolada. Cada uma delas está em uma dramática interação com as outras. Como se expressou Jung: "No inconsciente, os arquétipos individuais não estão ilhados uns dos outros; eles existem em um estado de contaminação, de completa e recíproca interpenetração e fusão".[13] Considera ele que, no mais das vezes, é um "empreendimento totalmente impossível de extrair um único arquétipo do tecido vivo da psique".[14]

Precisamos aprender a ver as imagens por um prisma ecológico, percebendo então como uma interpreta e modifica a outra. É provável que todos tenhamos passado pela experiência de constatar como uma situação da nossa vida, ou uma figura do nosso sonho, muda de significado assim que a encaramos dentro de um outro mito ou segundo uma nova imagem arquetípica. Em geral, as figuras arquetípicas aparecem como parte de um tandem: *anima* e *animus*, *puer* e *senex*, mãe e filho.[15] A *anima* aparece diferente, conforme a vinculamos ao *animus* ou à sombra. As mães parecem diferentes aos filhos e às filhas, e ser uma filha significa algo diverso para ela e para sua mãe.

Nesse sentido, dá-se um espelhamento infinito entre as muitas e diferentes imagens arquetípicas. Como em uma sala de espelhos ou no Teatro Mágico de Hesse, essas imagens refletem e moldam umas às outras, às vezes com distorções.

Às vezes agimos como se a descrição que Jung fez da psique fosse um mapa sagrado que não pode ser redesenhado. Tentei deliberadamente transgredir a noção de que uma descrição arquetípica emite entidades canonicamente fixas, incluindo o ensaio de James Hillman sobre a *anima* e o de Demaris Wehr sobre o *animus*, pois ambos desafiam de forma radical o entendimento consagrado das duas figuras; além disso, incluí trabalhos que tratam de figuras como a do duplo e a do amigo, não citadas por Jung. Com essa atitude, espero participar da recuperação da noção da psique como uma atividade – a atividade que cria imagens – e das imagens arquetípicas como padrões em movimento mais do que como coisas estáticas.

Jung sempre admitiu a importância do envolvimento ativo e consciente com as imagens arquetípicas, da abertura de um diálogo entre a consciência e o inconsciente, o que não implica nem o repúdio, nem a identificação com a imagem ou com o ego. A importância do envolvimento consciente com as imagens arquetípicas está não no fortalecimento do ego, mas na sua relativização, em chegar a ver que o ego também é um arquétipo. Por esse motivo, ao examinar as imagens arquetípicas que configuram o Self, precisamos começar com o ego. A perspectiva arquetípica liberta-nos da limitação de considerar como única a perspectiva do ego. O plano arquetípico é inerentemente pluralista, politeísta e, dessa forma, inevitavelmente crítica a dominação da psique pelo ego, pelo herói, pelo rei, pelo pai. A própria noção de arquétipo desafia a supremacia da mente consciente, literal, fixa.

A essência das imagens arquetípicas, como dos mitos, não é solucionar problemas, mas "imaginar, questionar, aprofundar".[16] As imagens arquetípicas nos libertam da identificação com nossos êxitos e fracassos literais, nos libertam da obrigação de entender nossas vidas como banais ou triviais. A finalidade de atentar para essas imagens é despertar em nós a percepção de nossas possibilidades latentes, ainda irrealizadas, é salvar-nos de nossa sensação de isolamento e ausência de significado, é abrir como janelas as nossas vidas, de par em par, para a renovação e a transformação.

Prestar atenção nessas imagens cria um novo elo entre a nossa vida pessoal e a experiência coletiva da humanidade, e é isso que está por trás da vivência libertadora testemunhada com tanta frequência. Como disse Jung: "A vida é louca e significativa, ao mesmo tempo. E quando não rimos de uma coisa e especulamos sobre a outra, viver se torna excessivamente monótono e tudo se reduz à menor escala possível. Nesse nível, há pouquíssimo sentido e também pouquíssima falta de sentido".[17]

Existem muitas modalidades de acesso às imagens arquetípicas que configuram nossas vidas e têm o poder de nos ajudar a transformá-las. Entre as situações que servem para constelar ou ativar a produção dessas imagens estão nossos próprios sonhos e fantasias, nossos relacionamentos com as demais pessoas, os momentos em que vivemos nossos fracassos e nossas glórias. Às vezes, uma peça literária que nos vêm às mãos por acidente, ou um mito que buscamos com insistência, terminam despertando nosso processo de imaginação, e percebemos analogias entre a nossa vivência e aquela registrada no trabalho à nossa frente. Às vezes, ler o relato da experiência de uma pessoa – como os que constam deste volume – pode nos abrir para possibilidades até então ignoradas, em nossas próprias vidas. Às vezes, é só uma questão de sorte, de bênção [...].

Parte 1

Figuras Arquetípicas do Mundo Interior

Ingressar na perspectiva arquetípica, para a maioria das pessoas, acompanha a descoberta de que, profundamente, *eu* sou *nós*. Aquele aspecto de mim mesmo que, com ingenuidade, concebi como *mim*, como ego, é uma dimensão de aparecimento tardio, uma figura com sua importância própria, entre muitas outras. Jung compara o ego ao "demiurgo ignorante que imaginava ser a mais alta divindade".[1] Ele sugere que descobrir os outros aspectos da psique é como descobrir, depois do ocaso, "o céu noturno forrado de estrelas".[2]

Descobrimos o âmbito arquetípico quando começamos a nos encaminhar no sentido de um entendimento mais complexo da nossa vida interior. Aprendemos que nossa personalidade como um todo inclui não só o tão prontamente identificável ego, mas também a máscara que envergamos para conquistar a aceitação social – a *persona*. Com relutância, travamos conhecimento com outra figura do mesmo sexo que encarna aqueles atributos renegados pelo ego – a sombra – e podemos além disso vir a conhecer um *alter* ego também do mesmo sexo – o duplo – que nos oferece sua solidariedade e presença. Encontramos uma figura interior contrassexual que nos ensina que as forças e fraquezas que atribuímos às mulheres (se somos homens) e aos homens (se somos mulheres) fazem efetivamente parte de nossa potencialidade psicológica própria: a *anima* e o *animus*. Descobrimos que trazemos em nós indícios de um Self total que jamais se tornará plenamente consciente ou realizado, mas que nos conduz a uma vida mais rica e plena. E percebemos que essas muitas figuras interiores não são peculiares a nós, e sim que são imagens arquetípicas, figuras de incidência típica, ou talvez mesmo universal.

Depois de apresentados ao âmbito arquetípico por essas figuras do nosso mundo interior, estamos preparados para que nossas respostas aos que nos são próximos, aos vários estágios da vida que atravessamos, e aos vários papéis que desempenhamos também comportem uma dimensão arquetípica. Todas elas vêm coloridas por associações, lembranças e expectativas até então inconscientes, por conexões imagéticas que não são apenas pessoais, mas que têm uma dimensão coletiva.

A psicologia junguiana dos arquétipos oferece-nos uma fenomenologia do Self, uma descrição baseada nos elementos que aparecem e no modo como a psique inconsciente *se mostra* à consciência. Jung busca fazer psicologia a partir da perspectiva da psique, e não a partir do ego; a partir de dentro, não de fora. Ele nos convida a ver com a ajuda do inconsciente, em vez de apenas o contemplarmos.

Uma vez que Jung tenta descrever como a psique nos aparece assim que adotamos um ângulo arquetípico de visão, ele apresenta a psique como um elenco de *dramatis personae*. A versão da psique sobre si mesma é animada, antropomórfica, dramática, como se consistisse em um grupo de pessoas em ativa interação grupal, apoiando, desafiando, sabotando, traindo, complementando-se entre si.

Jung admite que, embora cômica, essa é uma versão exata porque o inconsciente sempre se mostra à consciência através de imagens personificadas.[3] O símbolo que a própria psique considera seu por excelência é o de um enredo dramático, e não o de um espaço dividido em áreas, com a consciência representando um subcampo, e o inconsciente pessoal e o coletivo, outros subcampos. A maneira como Jung representa a psique ajuda-nos a enxergá-la como um campo energético, como um processo dinâmico, e não como uma estrutura estática.

As pessoas particulares, ou subpersonalidades, que Jung inclui em seu elenco de personagens são extraídas de sua experiência pessoal. No capítulo intitulado "Confronto com o Inconsciente", de seu *Memórias, Sonhos e Reflexões*, Jung recorda as figuras oníricas que lhe serviram de base vivencial para seu trabalho teórico acerca da sombra, da *anima*, do velho sábio, e do Self. No decorrer de seu trabalho clínico, ele descobriu que os sonhos de seus pacientes estavam repletos de figuras semelhantes, e assim ele pôde acreditar que elas eram de fato universais e arquetípicas mais do que peculiares à sua pessoa, que essas pessoas representam processos psicológicos naturais, são uma ocorrência típica.

Ao reconhecer essas figuras, torna-se possível retratar os arquétipos do inconsciente de um modo personificado. É esse procedimento que transforma "a acelerada fantasmagoria de imagens fugazes"[4] em figuras com as quais o ego consciente pode manter diálogo, de tal modo que a função complementar e compensatória do inconsciente seja eficiente. Descobrir a atuação dessas figuras em nossa vida interior é libertar-se da restritiva identificação de nossa pessoa com apenas os aspectos mais familiares de nossa personalidade. Somos levados a conhecer outros modos de percepção e sentimento, a entrar em contato com lembranças esquecidas, com capacidades negligenciadas ou desvalorizadas, com energias reprimidas, que têm o poder de enriquecer e de aprofundar a nossa vida.

Quando encontramos essas outras partes de nós mesmos na forma de pessoas interiores, podemos interagir com elas da mesma forma que com as do mundo exterior. Aliás, pode ser que nossos primeiros contatos com as figuras internas aconteçam por meio de nossos envolvimentos com pessoas reais nas quais tenhamos projetado partes de nós. A intensa irritação que experimento com um colega autoritário e excessivamente crítico, e que reconheço ser exagerada, pode introduzir-me à minha própria sombra arrogante. A atração erótica que sinto por homens delicados, poéticos, pode ensinar-me que aquilo que busco neles eu posso descobrir em mim mesma. Quando prestamos atenção em nossas respostas mais intensas aos outros estamos tendo pistas a respeito de nós mesmos, tal como acontece quando atentamos para as figuras que nos aparecem em sonhos. O farmacêutico sinistro ou a sedutora cantora de cabaré de quem me lembro com uma clareza surpreendente ao acordar pela manhã conduzem-me a aspectos insuspeitados de mim mesma.

Podemos estimular essas figuras interiores a falarem de modo mais claro e direto conosco, comunicando que estamos realmente prontos para ouvir. Inicialmente, podemos apenas observar nossas reações emocionais e nossos sonhos mais de perto, com mais amorosidade. A seguir, podemos imaginar que essas figuras estão presentes de forma ativa, disponíveis para uma conversa, para um diálogo no qual vamos aprender mais acerca de nós. Podemos tentar saber quais são as necessidades *delas*, entender quais são *suas* perspectivas, valorizar *suas* forças. Ao criar uma relação mais consciente com essas imagens arquetípicas que vivem dentro de nossas almas, podemos nos libertar do jugo de *seus* medos e desejos, ficar livres daqueles impulsos cujo poder sobre nossas vidas talvez nunca tenhamos ainda confrontado de modo direto. Além disso, podemos aprender como utilizar sua sabedoria e energia.

A descrição arquetípica mais claramente elaborada por Jung a respeito da psique aparece em *Aion* (*Aion: Estudos Sobre o Simbolismo do Si-Mesmo*), trabalho editado em 1950 cujo subtítulo no original é *Investigações sobre a Fenomenologia do Self*. Ali estão inclusos capítulos breves sobre o ego, a sombra, a sizígia (*anima* e *animus*) e o Self. Vali-me dessa organização e ampliei-a. Parece, porém, importante insistir no fato de que raramente encontramos essas figuras em uma disposição simples e nítida. Não acontece de primeiro nos havermos com a sombra, depois passarmos para a *anima* e, finalmente, percebermo-nos prontos para o trabalho de integração com o Self. Em lugar disso, constatamos que estamos envolvidos ao mesmo tempo em várias frentes de trabalho e, muitas vezes, incapazes de discernir com clareza o que ou quem é sombra, o *animus* ou o duplo.

Começamos com a descrição dada pelo próprio Jung para o ego, a parte consciente do Self. Jung quer que compreendamos que, embora vivenciemos o ego como o aspecto mais peculiar e individual de nossa personalidade, a própria insistência sobre a nossa individualidade é um fenômeno arquetípico! A voz que grita em mim "eu, eu, eu" é, na verdade, uma voz coletiva. A necessidade de insistir na minha particularidade como ser é algo que tenho em comum com praticamente todas as outras pessoas. O desejo de que tudo que preciso reconhecer como "mim" é aquilo que for familiar e aceitável, a parte racional incumbida do controle, também é quase universal. O ego é aquela parte em nós que afirma ser o todo, mas que, na verdade, é somente uma parte da personalidade total (que Jung chama de Self). A psicologia profunda *relativiza* o ego ao nos tornar conscientes do quanto de nossa psique existe para além do alcance de nossa consciência.

Passemos, a seguir, a uma descrição da *persona* executada pelo analista junguiano Edward C. Whitmont, extraída de seu livro *A Busca do*

Símbolo,* por ser um dos resumos mais claros, uma das mais transparentes interpretações da perspectiva junguiana clássica. Como observa Whitmont, muitas vezes acontece de sermos apresentados à dimensão arquetípica pela descoberta do fato de nos havermos identificado com a máscara que adotamos para nos conformar às expectativas sociais.

Esse momento de lucidez nos abre para admitir o quanto mais existe em nós afora a máscara e para descobrirmos a *sombra*, todos aqueles aspectos de nós mesmos que descartamos e rejeitamos – nossa ira, nossa sexualidade, nossa fragilidade. Jung sugere que a sombra é um equivalente próximo do inconsciente reprimido de Freud e do que ele mesmo chamou de "o inconsciente pessoal". Mas enfrentar esses nossos aspectos como sombra é encontrá-los como presença vívida, como forma personificada condensada, e é ainda considerá-la como uma dimensão típica da psique humana, não como uma carga peculiar e vergonhosamente discriminadora.

A sombra é o meu eu, o eu oculto, e, como sugeriu Jung, aparece em geral como uma figura do mesmo sexo. É possível encontrar a sombra primeiro em nossos sonhos, mas o mais provável é depararmo-nos com ela projetada em alguém do mundo externo por quem nutrimos sentimentos exageradamente negativos. Infidelidade, raiva, vulnerabilidade são mais facilmente localizadas nos outros que em nós. Assim que as identificamos como figuras internas, no entanto, somos forçados a reconhecer a presença de uma entidade até então ignorada, de natureza pessoal, que tem lembranças, desejos e temores tão organizados em sua complexidade quanto os de nosso ego-self conhecido, embora de conteúdos radicalmente diferentes. Esse self-sombra vingou apesar da pouca atenção e dos parcos cuidados e é uma criatura estranhamente deformada. Na primeira vez que a encontramos, a sombra é feia, perturbadora, assustadora, como o sapo que a princesa deve levar para sua cama, no conto dos Irmãos Grimm. Porém, se pudermos aprender a admitir que "isso também sou eu", a sombra pode nos fornecer novas energias e perspectivas, de uma forma constante.

O excerto do poeta e contista Robert Bly, *A Little Book in the Human Shadow*, nos apresenta uma vívida noção do que ele chama de "a imensa sacola que arrastamos atrás de nós". Bly nos ajuda a ver como é formada

---

* São Paulo, Cultrix, 2ª ed, 2023.

a sombra, por que é tão assustadora quando a vislumbramos na vida adulta, e o preço de a continuarmos rejeitando. A seguir vêm excertos do livro *O Corpo Sutil de Eco*, da analista junguiana Patricia Berry, que sugerem que o aspecto verdadeiramente ameaçador da sombra – e, portanto, aquele com o poder de criar tensão psíquica e estimular a transformação – não é o óbvio, o ordeiramente disposto e já esperado oposto polar do nosso ego ideal, nem o estranho total já aguardado, mas um primo próximo, mais inesperado e bastante indesejável.

Jung introduziu os termos *anima* e *animus* para fazer referência ao que chama de os elementos contrassexuais inconscientes da psique: *anima* designa os aspectos femininos (ou mulher interior) dentro da psique masculina, e *animus* os aspectos masculinos (ou homem interior) na psique feminina. Jung parece ter assumido como inquestionável que os homens são socializados para uma identificação consciente com aquelas capacidades psicológicas que nossa cultura considera masculinas, deixando subdesenvolvidas ou inconscientes as capacidades psicológicas muitas vezes consideradas femininas. Ele acreditava que um processo paralelo se desenvolvesse nas mulheres. A descoberta de que essas capacidades conscientemente renegadas vivem, não obstante, como potencialidades nascentes no interior da psique pode a princípio ser ainda mais assustadora do que o envolvimento com nossa sombra. Para o homem, admitir sua própria feminilidade até agora oculta – seus recursos ternos, receptivos, acolhedores – pode significar uma ameaça à sua identidade masculina. No entanto, esse reconhecimento pode abrir o acesso para uma imensa fonte de energia ainda desconhecida. A mulher interior pode, nesse sentido, parecer perigosa, mas fascinante; ela ameaça o ego de dissolução e ao mesmo tempo promete servir de guia até as profundezas da alma.

Os papéis de gênero não estão mais tão claramente definidos como na época de Jung. Hoje, nossas próprias noções do que são o masculino e o feminino são questionáveis. Portanto, essa parte da sua teoria tem suscitado várias discussões e muitas revisões, nos últimos anos. Uma parte do que ele escreveu a respeito da *anima* e do *animus* continua bastante correto e libertador, enquanto outras parecem erradas e até opressivas. Mais uma vez retomamos Edward C. Whitmont e o seu *A Busca do Símbolo* para uma apresentação lúcida e vibrante da perspectiva junguiana, embora até mesmo esse autor sugira que talvez seja proveitoso denominar tal aspecto da psique de o "elemento yin", em lugar de "feminino".

Uma versão mais radical da teoria da *anima* é a proposta por James Hillman, que tem escrito ensaios polêmicos a respeito de muitos aspectos da teoria dos arquétipos. Em seu livro *Anima – An Anatomy of a Personified Notion*,* do qual extraí algumas páginas, ele propõe que seria melhor ultrapassarmos os pressupostos da contrassexualidade, culturais em sua essência, tais como Jung os apresenta em sua teoria, assumindo em lugar deles a *anima* como uma "estrutura arquetípica da consciência", presente na psique das mulheres tanto quanto na dos homens. Ele enfatiza não o aspecto da "mulher interior" peculiar à *anima*, mas sim sua função de "guia da alma", representando aquela parte da nossa personalidade que poderia nos ensinar a estar presentes no mundo, não a partir de uma diretriz racional, ego-consciente, mas sim de *forma imaginal*. Segundo Hillman, a *anima* "oferece um modo de estar no mundo especificamente estruturado, um modo de se comportar, de perceber e de sentir que dá aos eventos o significado não do amor, mas da alma". É a *anima*-consciência que empresta um significado mobilizador da alma aos eventos da vida cotidiana. Como qualquer homem, eu, enquanto mulher, tenho muito a aprender com essa figura que vive dentro de mim, e ser mulher não significa que posso ir adiante sem a sua orientação.

Hillman observa que todo arquétipo sempre parece implicar outro, embora não necessariamente o mesmo outro. Nosso entendimento é estimulado e aprofundado se considerarmos que a *anima* coligada, primeiro, ao ego e, depois, à sombra, contrasta com a *persona* e com o Self. Na maioria das vezes, contudo, ela é coligada ao *animus*, "como se, para fazer justiça à *anima*, deve-se despender tempo igual com o *animus*".[5] Mas *animus* e *anima* não são tão paralelos quanto poderia parecer, pois essa coligação supõe que a psicologia feminina pode ser *deduzida* da psicologia masculina e que a psique da mulher é tão somente o inverso lógico da do homem. Muitos autores recentes têm observado que a contrassexualidade pode desempenhar um papel menos central na psicologia da mulher do que na do

---

* *Anima: A Psicologia Arquetípica do Lado Feminino da Alma no Homem e sua Interioridade na Mulher.* São Paulo, Cultrix, 2020.

homem, em parte porque a primeira figura de ligação afetiva significativa da mulher é a mãe, quer dizer, uma pessoa de mesmo sexo.

Jung descobriu a *anima* refletindo sobre suas experiências pessoais, mas inferiu que uma figura contrassexual comparável, o *animus*, deve desempenhar um papel paralelo dentro da psicologia feminina. A teoria tradicional do *animus* parece nos dizer mais acerca do que os homens pensam sobre as mulheres do que a respeito do autoentendimento das próprias mulheres. Em um ensaio que originalmente apareceu em *Anima*, Demaris Wehr, professora de religião e psicologia bem como autora de *Jung and Feminism*, examina o que Jung tem a dizer a respeito do *animus* e tenta articular por que tantas mulheres, a começar pelas próprias pacientes de Jung, vêm rejeitando a definição que ele dá para esse arquétipo. Não obstante, Wehr admite que um "homem interior" sem dúvida figura na nossa vida interior, apesar de não como o guia para as profundezas da alma, e sem o papel central que a *anima* exerce na vida interior dos homens.

Pode inclusive ser, como sugeriu Hillman, que assim como a *anima* aparece na psique do homem e da mulher, o *animus* também o faça. Ele sugere que aquilo que queremos dizer com *animus* é realmente o ego, livre de suas próprias pretensões, da sua alegação de ser a totalidade do Self. O *animus* torna-se então a denominação de um ego em contato com a *anima*, de um ego coligado à *anima*. O ego sofre uma transformação radical quando as qualidades que lhe são tradicionalmente atribuídas – consciência, atenção concentrada, intelectualidade, vontade, autossegurança – são vinculadas a uma função consciente mais difusa e de base imaginal, a sentimentos e à receptividade.[6] Essas revisões nos ajudam a pensar sobre até que ponto as descrições tradicionais dos arquétipos correspondem às nossas experiências pessoais e também nos ajudam a verificar como tentar enquadrá-las em definições já prontas distorce as vivências. Apesar disso, a concepção mais tradicional de *anima* e *animus* está agora tão consagrada que *anima* continuará significando, principalmente, "a mulher interior", e *animus*, "o homem interior".

Segundo a visão junguiana tradicional, a *anima* é uma função da psique masculina, e o *animus*, da psique feminina. Jung e os junguianos[7] que adotam essa concepção falam em geral do andrógino, que é a figura em que ambas as potencialidades masculinas e femininas se encontram plenamente realizadas, constituindo-se assim na imagem privilegiada do Self integrado. A totalidade humana é então definida em termos contrassexuais: o desafio da individuação para o homem está em estabelecer uma relação consciente com sua *anima*; para a mulher, em formar um elo consciente com seu *animus*. Uma dificuldade dessa perspectiva, evidentemente, é que se confirmam assim os estereótipos sociais e acata-se a noção de que a capacidade intelectual, a concentração da energia de vida em torno de um objetivo dado, a energia criativa, a coragem e a autoconfiança são, de alguma maneira, atributos inerentemente masculinos, e que as outras qualidades, como a sintonia com os próprios sentimentos e sensações, são intrinsecamente femininas.

Outra dificuldade dessa concepção tradicional é o fato de assumir que as mais importantes figuras internas de ajuda serão sempre contrassexuais. As imagens do sexo oposto presentes na psique são consideradas guias da alma porque a sombra, que é a mais importante figura do mesmo sexo incluída na descrição apresentada por Jung para a psique, é definida primariamente em termos negativos. Muitos estudiosos, porém, tanto hétero como homossexuais, podem atestar o papel positivo desempenhado pelos auxiliares internos do mesmo sexo. É assim que chegamos a Mitchell Walker, terapeuta de orientação junguiana e autor de *Between Men: A Sex Guid and Consciousness Book*, que propõe a existência de uma "figura da alma" singularmente importante, que Jung não incluiu na sua fenomenologia: o *duplo*, capaz de ser distinguido tanto da sombra como da *anima*, como parceiro solidário de mesmo sexo, ou *alter* ego. Seu ensaio nos ajuda a lembrar como é importante não considerar a descrição da psique feita por Jung como definitiva.

O último ensaio, do terapeuta de orientação junguiana e poeta David DeBus, é um relato sensível da individuação, aquele processo que envolve todas as partes do Self e se encaminha para certo nível de totalidade e integração. A Parte 1 deste livro nos ajuda a ver como a perspectiva arquetípica sobre o Self engendra uma visão *policêntrica*. Superamos a visão segundo a qual as outras partes da psique – a sombra, o *animus*, a *anima*, o duplo – gravitam, todas, simplesmente em volta de um centro estável, o ego, e descobrimos, em vez disso, que cada uma dessas figuras no seio da pessoa pode, de tempos em tempos, ocupar o centro do palco.

C. G. Jung

O Ego:
A Dimensão Consciente
da Personalidade*

Embora suas bases sejam em si mesmas relativamente desconhecidas e inconscientes, o ego é, por excelência, um fator consciente. É inclusive adquirido, em termos empíricos, ao longo da vida. Parece surgir, em primeiro lugar, da colisão entre o fator somático e o meio ambiente, e, depois de estabelecido como sujeito, prossegue desenvolvendo-se a partir de outras colisões com o mundo exterior e o interior.

Apesar da ilimitada extensão de suas bases, o ego nunca é mais e nunca é menos que a consciência como um todo. Como fator consciente, o ego poderia ser, pelo menos no plano teórico, descrito de forma completa. Isso, porém, nunca chega a ser mais do que uma imagem da *personalidade consciente*; todos os aspectos desconhecidos ou inconscientes para o sujeito estarão ausentes. A imagem completa teria que incluí-los. Mas uma descrição total da personalidade, mesmo teórica, é absolutamente impossível porque a porção inconsciente que a compõe não pode ser apreendida pelos recursos cognitivos. Essa porção inconsciente, como a experiência o tem generosamente comprovado, não é de maneira alguma destituída de importância. Pelo contrário, as qualidades mais decisivas de uma pessoa são,

---

* O texto integral, em português, deste ensaio encontra-se em *Aion: Estudos sobre o Simbolismo do Si-mesmo*, C. G. Jung, Editora Vozes, RJ, 1982, Obras Completas de C. G. Jung, vol. IX/2, pp. 1-5. (N. da T.)

em geral, inconscientes e podem ser percebidas apenas pelos outros, ou têm que ser laboriosamente descobertas com ajuda externa.

Está claro, então, que a personalidade como um fenômeno total não coincide com o ego, isso é, com a personalidade consciente, mas forma uma entidade que precisa ser distinguida do ego. Sem dúvida, a necessidade dessa distinção só recai sobre uma psicologia que admite o fator do inconsciente e, para ela, essa diferenciação é de suma importância.

Sugeri que se chamasse a personalidade total que, embora presente, não pode ser plenamente conhecida, de Self (si-mesmo). Por definição, o ego está subordinado ao Self e mantém com ele uma relação de parte para o todo.

Dentro do campo da consciência, como dissemos, ele tem livre-arbítrio. Com isso não estou querendo dizer nada de filosófico, apenas me refiro ao bem-conhecido fato psicológico de se ter "liberdade de escolha" – ou melhor, o sentimento subjetivo de liberdade. Mas, da mesma forma que nosso livre-arbítrio choca-se com as necessidades que vêm do mundo externo, também no mundo interior subjetivo essa função encontra seus limites fora do campo da consciência, ao entrar em conflito com os fatos do Self. E, assim como as circunstâncias e eventos externos "acontecem" conosco e limitam nossa liberdade, também o Self atua sobre o ego como uma *ocorrência objetiva* diante da qual o livre-arbítrio pode fazer muito pouco. Na realidade, é bem sabido que o ego não só nada pode fazer contra o Self, como é às vezes realmente assimilado por componentes inconscientes da personalidade em seu processo de desenvolvimento, sendo por eles profundamente alterado.

Diante da natureza dessa função, é impossível oferecer uma descrição geral do ego, exceto em termos formais. Qualquer outro modo de observação teria que admitir a *individualidade* que aliás se constitui em uma de suas principais características. Embora os numerosos elementos que compõem este complexo fator sejam em si os mesmos em toda parte, são infinitamente variados em sua clareza, tonalidade emocional e abrangência. O resultado de sua combinação – o ego – é, portanto, e até onde é possível julgar, individual e único, conservando até certo ponto sua identidade. Sua estabilidade é relativa porque às vezes podem ocorrer mudanças extensas na personalidade. Essas alterações não são necessariamente sempre patológicas, podem ser decorrentes do próprio processo de desenvolvimento e, nessa medida, pertencer à variação da normalidade.

Sendo o ponto de referência do campo da consciência, o ego é o sujeito de todas as tentativas bem-sucedidas de adaptação passíveis de serem alcançadas pela vontade. Portanto, o ego desempenha uma parte significativa dentro da economia psíquica. É tão importante a sua posição nesse sentido que há bons motivos para se alimentar a falsa noção de que o ego é o centro da personalidade e que o campo da consciência é a psique *em si*. Afora as alusões encontradas em Leibniz, Kant, Schelling e Schopenhauer, e os esboços filosóficos de Carus e von Hartmann, é somente a partir do final do século XIX que a moderna psicologia com seu método indutivo descobriu os fundamentos da consciência e comprovou empiricamente a existência de uma psique fora do campo consciente. Com essa descoberta, a posição do ego até então absoluta tornou-se relativa, o que quer dizer que, embora conserve seu atributo de centro do campo da consciência, é discutível se funciona ou não como centro da personalidade. O ego é parte da personalidade, não a personalidade como um todo. Como já disse, é simplesmente impossível estimar se sua parcela de participação é grande ou pequena, e até onde é livre ou depende das qualidades da psique "extraconsciente". Podemos dizer apenas que sua liberdade é limitada e sua dependência comprovada de maneira muitas vezes decisiva.

Edward C. Whitmont

Persona:[*]
A Máscara que Usamos para o Jogo da Vida

O termo latino *persona* refere-se, na Antiguidade, à máscara do ator que era usada nas peças ritualísticas solenes. Jung emprega o termo a fim de caracterizar as expressões do impulso arquetípico para uma adaptação à realidade exterior e à coletividade. Nossas *personas* representam os papéis que desempenhamos no palco do mundo; são as máscaras que carregamos durante todo esse jogo de viver na realidade exterior. A *persona*, como uma imagem representacional do arquétipo da adaptação, aparece em sonhos nas imagens de roupas, uniformes e máscaras.

Na infância, nossos papéis são determinados pelas expectativas paternas. A criança tende a se comportar de modo a receber aprovação dos mais velhos, e esse é o primeiro padrão de formação do ego. Esse primeiro padrão de *persona* é constituído por julgamentos de valor e códigos de comportamento culturais e coletivos, do modo como são expressos e transmitidos através dos pais; a essa altura, as exigências dos pais e as exigências do mundo externo em geral parecem idênticas. No decorrer do desenvolvimento psicológico adequado, é necessário que ocorra uma diferenciação entre o ego e a *persona*. Isso significa que temos de nos tornar conscientes de nós mesmos enquanto indivíduos separados das exigências

---

[*] Este texto também se encontra em *A Busca do Símbolo: Conceitos Básicos de Psicologia Analítica*, Edward C. Whitmont. São Paulo, Cultrix, 2ª edição, 2023, pp. 140-43. (N. da T.)

externas feitas em relação a nós, temos de desenvolver um senso de responsabilidade e uma capacidade de julgamento não necessariamente idênticos aos padrões e às expectativas externas e coletivas, embora, é claro, esses padrões devam receber a devida atenção. Temos de descobrir que usamos nossas vestimentas representacionais para proteção e aparência, mas que também podemos nos trocar e vestir algo mais confortável quando é apropriado, e que podemos ficar nus em outros momentos. Se as nossas vestes grudam em nós ou parecem substituir a nossa pele é bem provável que nos tornemos doentes.

Temos de aprender a nos adaptar às exigências culturais e coletivas em conformidade com nosso papel na sociedade – com nossa ocupação ou profissão e posição social – e ainda ser nós mesmos. Precisamos desenvolver tanto uma máscara de *persona* como um ego adequados. Se essa diferenciação fracassar, forma-se um pseudoego: o padrão de personalidade se baseia na imitação estereotipada ou em uma atuação meramente zelosa em relação ao papel coletivamente atribuído à vida da pessoa. O pseudoego é uma precipitação estereotipada dos padrões coletivos; uma pessoa "é" o professor universitário, o juiz, ou a dama da sociedade, em vez de um indivíduo que atribui ao papel o seu devido valor nos momentos necessários. Tal pseudoego é não apenas rígido, mas também extremamente frágil e quebradiço; a necessária energia psíquica de apoio proveniente do inconsciente não está disponível, mas sim em oposição ao consciente, já que tal ego está completamente separado das intenções do Self. O pseudoego está sujeito a pressões constantes que vêm de dentro, e não tem meio de ajustar o seu equilíbrio precário; frequentemente, ele beira o limite da psicose. Os elementos ameaçadores da psique objetiva opositora que lhe é contrária provavelmente serão vivenciados em projeções sobre o mundo exterior até o ponto em que surgem as ilusões paranoicas, e o pseudoego lida com elas retraindo-se ainda mais na identificação protetora do papel que representa; eis aí mais uma vez o círculo vicioso.

Um exemplo extremo da dissociação psíquica que acompanha o pseudoego identificado com a *persona* é fornecido por Bennet em sua descrição de uma menina que era perseguida por um duplo.[1] Quando criança, ela sentia que deveria ser perfeita para compensar a ausência da irmã morta e, quando atingiu a adolescência, entrou em um estado depressivo marcado por repetidas tentativas de suicídio para fugir de "Kathleen", seu pseudoego. Ela se via como "um bebê pequeno e pouco desenvolvido, vivendo ainda o primeiro momento da existência, incapaz de imaginar o amor e o ódio como originários da mesma fonte". Ela era inteiramente egoísta e carente de amor. "Kathleen, por outro lado, era uma estudante de 19 anos, bem adaptada socialmente, que apreciava a música e a pintura; era uma boa professora, muito interessada em literatura e com conhecimentos de francês e alemão – uma criatura falsa e vazia."[2] A identificação com a *persona*, origem de sua incapacidade de desenvolver um ego genuíno (o bebê pequeno e pouco desenvolvido), é claramente descrita em um sonho da moça extraído da descrição de Bennet: "Eu estava de pé em um grande *hall*. Fazia muito frio e eu estava... preocupada temendo ter ido ao lugar errado [...]. Senti-me assustada e virei-me para fugir, mas não conseguia escapar. Diante de mim, havia um grande espelho no qual eu podia me ver fantasiada. Estava usando um pijama de seda preta [...]. Queria arrancar o pijama, não de mim, mas do meu reflexo no espelho [...]. Rasguei uma jaqueta depois da outra, e parecia que a coisa não tinha fim pois, ao remover uma jaqueta, outra aparecia".[3]

O sonho descreve o mundo frio e despersonalizado (o *hall* frio) no qual ela se sente assustada pela vaga noção de que está no "lugar errado", como na realidade está. Ela não consegue fugir porque não consegue se apoderar de si mesma. Ela não está em contato consigo mesma, mas com sua imagem refletida. Logo, a identificação com a *persona* não pode ser "tirada", não pode ser superada. Por baixo de cada jaqueta há outra jaqueta; a individualidade nua não pode ser alcançada na fria atmosfera de uma mera realidade refletida.

Uma pessoa em tal estado precisa do impacto do sentimento individual, o qual desenvolve um sentido da própria identidade da pessoa. Mas ela se protegerá, com uma coleção impressionante de "vestimentas", contra a possibilidade de ter a sua verdadeira pele tocada, contra precisamente esse impacto de sentimento.

Quando a individualidade é assim confundida com o papel social, quando a adaptação à realidade não é individual o bastante, mas inteiramente coletiva, o resultado pode ser um estado de inflação. A vítima se sente esplêndida e poderosa porque é uma refinada figura da sociedade, mas não consegue ser um ser humano, ou mesmo dar os primeiros passos no sentido de se tornar humana. Tal confiança exagerada e inflacionada na *persona*, ou a identidade com ela, resulta em rigidez e em falta de uma genuína sensibilidade. Tal pessoa é apenas o papel que representa, seja o de doutor, de advogado, de administrador, de mãe, de filha, ou qualquer outro que seja representado de forma tão compulsiva. O exemplo de Eichmann mostrou como essa não personalidade identificada com o papel social é incapaz de desenvolver uma responsabilidade pessoal e moral; ela não possui princípios éticos ou sentimentos pessoais e valores próprios, escondendo-se atrás da moralidade coletiva e dos costumes estabelecidos. Ela não tem conflitos de consciência porque tudo é definido de antemão de uma maneira estereotipada.

É difícil para esse tipo de pessoa, que normalmente se considera fiel aos princípios mais elevados, dar-se conta de que, de fato, ela é imoral. É muito chocante descobrir que, bem no fundo do seu ser, algo possa exigir uma decisão individual, à custa de um risco individual. Existe tal tendência humana universal no sentido de confundir as vestes da pessoa com sua pele, que essa diferenciação se torna um problema ético crucial.

No extremo oposto do espectro, quando a formação do indivíduo é inadequada em razão de um treino social insatisfatório, ou à rejeição das formas sociais como resultado da exclusão do sentimento, ele não consegue ou se recusa a representar com sucesso o papel que lhe é destinado. Tal pessoa sofrerá de falta de segurança, de rebeldia desnecessária e de autoproteção excessiva.

O desenvolvimento da personalidade sofre assim uma interferência em ambos os extremos; uma *persona* malformada é tão limitadora quanto seu oposto. Um relacionamento inadequado com o arquétipo da *persona* pode abranger desde a fixação no seu aspecto puramente coletivo até a incapacidade ou a recusa rebelde de aceitar qualquer exigência ou adaptação coletiva. Exemplos de sonhos que exprimem o primeiro estado são aqueles em que o indivíduo é incapaz de tirar suas roupas, ou fica preso dentro de uma armadura pesada, ou está vestido demais, ou está usando uniformes espalhafatosos e decorados em excesso, ou tem uma pele demasiado dura e áspera. A condição oposta, a recusa do coletivo, poderia ser expressa em sonhos nos quais a pessoa está completamente nua em uma festa ou descobre repentinamente, ao andar na rua, que está usando um vestido transparente, ou que aparece em uma recepção usando trapos sujos, ou ainda que é uma ostra sem a concha ou uma massa flácida de gelatina.

Se a *persona* está "colada" de forma rígida demais, se falta à pessoa a distinção necessária entre a pele individual e as vestes coletivas, ela se encontra em uma posição precária; é como se a pele não pudesse respirar. Doenças de pele reais podem até coincidir com essas dificuldades. Havia uma moça que apresentava uma séria erupção cutânea na face, que resistia a todas as tentativas de tratamento. No decorrer da análise (iniciada por uma razão completamente diferente), ela descobriu que tinha um sério problema de adaptação; segundo sua afirmação, ao se candidatar a um emprego, ela já havia ocultado o fato de ser judia em uma tentativa de salvar as aparências. Do ponto de vista psicológico, era como se ela usasse o tempo todo uma máscara sobre o rosto. A reação inconsciente a essa incapacidade de revelar o rosto expressava-se na erupção cutânea real, que desapareceu quando ela se tornou capaz de expor seu rosto, em termos psicológicos.

A coletividade e a individualidade são um par de opostos polares; daí haver um relacionamento de oposição e de compensação entre a *persona* e a *sombra*. Quanto mais clara a *persona*, mais escura a sombra. Quanto mais a pessoa estiver identificada com seu glorioso e maravilhoso papel social, quanto menos este for representado e reconhecido simplesmente como um papel, mais escura e negativa será a individualidade genuína da pessoa, como consequência de ser negligenciada dessa forma. Por outro lado, a preocupação excessiva com a sombra, com o lado "mau" da pessoa – preocupação excessiva com a aparência, com o quanto a pessoa é pouco atraente e desajeitada –, pode acarretar uma *persona* bastante negativa, defensiva e infeliz. Essa *persona* negativa – isto é, inadaptada – encontrará expressão na inflexibilidade, na incerteza e no comportamento primitivo e compulsivo.

Apesar de, à primeira vista, o ego se descobrir dentro da *persona* e através dela, vimos que os dois não foram feitos para permanecer em um estado de identidade. Somos atores no jogo social, mas também devemos participar de outro jogo. Também fomos feitos para ser nosso Self individual.

Robert Bly

A Sombra:
O Self Rejeitado

Com um ou dois anos de idade, temos o que se pode visualizar como uma personalidade de 360°. A energia irradia de todas as partes do nosso corpo e de todas as partes da nossa psique. Uma criança correndo é um globo vivo de energia. Tínhamos uma esfera de energia, tínhamos sim. Mas um dia percebemos que nossos pais não gostavam de determinadas partes dessa esfera. Diziam coisas como: "Não consegue ficar quietinha um pouco?" ou "Não é bonito tentar matar seu irmão". Atrás de nós existe um saco invisível, e aquelas nossas partes das quais nossos pais não gostam, nós – para conservar o amor deles – as colocamos no saco. Mais ou menos na época em que entramos na escola esse saco já é bem grande. Então, é a vez dos professores: "Boas crianças não ficam com raiva por causa de bobagens". Assim, pegamos nossa raiva e pomos no saco. Na ocasião em que meu irmão e eu tínhamos 12 anos e morávamos em Madison, Minnesota, éramos conhecidos como "os ótimos irmãos Bly". Nossos sacos já estavam com mais de um quilômetro cada um.

Depois, praticamos muito arremesso no saco na época do colegial. Dessa vez, não são mais os adultos malvados que nos pressionam, mas as pessoas da nossa idade. A paranoia do aluno com relação aos adultos pode então ser mal dirigida. Nesse tempo, eu mentia automaticamente para tentar ser mais parecido com os jogadores de basquete. Qualquer parte de mim que fosse um pouquinho mais lenta ia para o saco. Hoje são os meus filhos que passam por isso. Vi minhas filhas, que são mais velhas, viverem a mesma coisa. Desanimado, constatei quantas coisas punham no saco mas não havia nada que eu ou a mãe delas pudéssemos fazer. Frequentemente, minhas filhas pareciam estar decidindo por si assuntos de beleza e moda, escapando às referências coletivas, e sofriam tanto pressões das outras moças como dos homens.

Afirmo, por isso, que tendo começado com um globo inteiro de energia o jovem de 20 anos encontra-se com apenas uma fatia dele. Vamos imaginar que um homem tem uma fatia fininha de sobra – o resto está todo no saco – e que ele encontra uma mulher; vamos supor que os dois estão com 24 anos. A fatia dela é fina, elegante. Unem-se em uma cerimônia e essa união das duas fatias chama-se casamento. Mesmo juntos, os dois não compõem uma pessoa inteira! Quando o saco está grande, o casamento implica solidão na lua de mel, por essa mesma razão. Claro que todos mentem acerca disso. "Como foi a sua lua de mel?" "Maravilhosa! E a sua?"

Cada cultura enche o saco com conteúdos diferentes. Na cultura cristã, a sexualidade em geral vai para dentro do saco e, com ela, uma grande parte da espontaneidade. Por outro lado, Marie-Louise von Franz nos adverte para não termos ilusões românticas a respeito das culturas primitivas, presumindo que não têm sacos de qualquer espécie. Ela diz que, na realidade, elas têm, sim, sacos um pouco diferentes e, às vezes, até maiores. Lá dentro colocam a individualidade, ou a inventividade. O que os antropólogos chamam de "participação mística", ou de "mente comunitária misteriosa", é uma expressão adorável, mas pode significar que os membros da tribo sabem todos com exatidão a mesma coisa e que ninguém sabe nada diferente. É possível que os sacos de todos os seres humanos sejam mais ou menos do mesmo tamanho.

Passamos nossa vida até os 20 anos, aproximadamente, decidindo que partes pôr no saco, e o resto de nossos dias será dedicado a tirá-las de novo para fora. Às vezes, parece impossível resgatá-las, como se o saco estivesse lacrado. Vamos supor que ele permaneça lacrado: o que acontece? Uma excelente história do século XIX tem uma ideia a respeito disso. Certa noite, Robert Louis Stevenson acordou e contou à esposa um fragmento do sonho que havia acabado de ter. Ela insistiu para que ele o anotasse e ele o fez. Tornou-se depois "Dr. Jekyll e Mr. Hyde" ("O Médico e o Monstro"). Na nossa cultura idealista, o lado bom da personalidade se torna cada vez melhor. O homem ocidental pode ser um médico liberal, por exemplo, sempre pensando no bem dos outros. Do ponto de vista moral e ético, ele é uma pessoa maravilhosa. Mas a substância que está no saco assume uma personalidade própria, que não pode ser ignorada. A história diz que a substância trancada dentro do saco aparece um dia *em outra parte* da cidade. A substância no saco sente raiva e, quando você a vê, ela tem a forma de um macaco e se movimenta como tal.

A história diz então que, quando colocamos uma parte nossa dentro do saco, ela regride. Ela volta a um estado bárbaro. Vamos supor que um rapaz lacra o seu saco quando está com 20 anos e depois espera mais quinze ou vinte anos para tornar a abri-lo. O que encontrará? É uma pena, mas ali achará a sexualidade, a insubordinação, a impulsividade, a raiva, a liberdade, todas regredidas. Não que sejam apenas de temperamento primitivo, mostram-se também hostis à pessoa que abre o saco. O homem que o desata aos 45 anos ou a mulher que abre seu saco sentem um medo justificado. Ela olha rapidamente e vê a sombra de um macaco deslizando pela parede de um beco. Qualquer pessoa que visse isso sentiria medo.

Patricia Berry

A Sombra:
Agente Provocador

Sempre achei a sombra a mais difícil das experiências psicológicas, embora suponha-se que, por ser a primeira, seja a mais fácil. A sombra não é difícil de conceber como conceito. A ideia está baseada em um modelo de opostos e na noção de Jung de que o funcionamento consciente é unilateral. Aquilo que, no plano teórico, é fácil de entender, na prática, quando se trata das vivências, fica muito mais difícil. Para mim, parte dessa dificuldade tinha que ver, pensei, com minha geração dos anos 1950 e 1960, para as quais as identificações conscientes eram incertas já que a própria consciência era incerta. A geração para a qual Jung se dirigia parecia mais sólida, ainda um tanto vitoriana em suas convicções. Para ela, parecia existir uma clara distinção entre o que o ego abrangia e a sombra desfazia. Havia luz e escuridão. Havia realmente vários Dr. Jekyll e Mr. Hyde.

Na minha geração, estávamos todos "na estrada", com Kerouac, cantando os lamentos com Elvis, Fats Domino, Little Richard. As virtudes da ciência eram louvadas (havia uma corrida espacial, e o LSD era um composto químico). Éramos idealistas (fazíamos passeatas em prol da integração racial e queimávamos as requisições de alistamento militar).

Hoje, toda essa confusa emotividade ("*beatnik*", científica, idealista) faz da sombra uma entidade complicada. Primeiro, não existe *uma* sombra, mas, sim, muitas (assim como não existe um único ponto de vista consciente, mas muitos, todos igualmente sérios, dependendo do estado de ânimo e do momento). As estruturas da percepção consciente se modificam.

Aquilo que é relativamente consciente em um momento não o é mais no momento seguinte. Da mesma forma como a fonte de luz muda, como a posição ou a situação se modificam (conforme uma luz diferente é lançada sobre as coisas), também a sombra vagueia.

A sombra deve ameaçar a consciência, e nada *em geral* é de fato ameaçador. Só nos atinge com impiedade o que é específico e inesperado. O específico é íntimo (próximo, pequeno, imediato), e o inesperado é simplesmente o próprio inconsciente. Assim, a sombra surge em momentos específicos e inesperados – quando estou desnudando minha alma e também manipulando para granjear simpatia, ou quando estou sentindo amor e um afeto sincero pelo meu analisando, para depois perceber que a necessidade é *minha* e que eu também estou amarrando o analisando a mim; ou quando prevejo que um casamento está para acabar e percebo que minha previsão está desempenhando certo papel nessa tragédia, armando antecipadamente o esquema de seu desenrolar; ou, no âmbito dos pensamentos, quando estou falando intelectualmente e de repente dou-me conta de estar perdida em minhas próprias abstrações.

Talvez exista certo prazer masoquista na conscientização mobilizada pela sombra. Deve ser porque gostamos desse sofrimento, senão por que agir assim? Uma parte de nós deve exultar de alegria quando o chão foge debaixo de nossos pés. É possível que esse gozo doloroso da certeza perdida seja um prazer estético, como o deleite que sentimos diante de um bom texto de teatro ou de romance que transtorna, que abala a forma como vemos a vida e que, por meio da tensão que cria, nos força a adotar outra perspectiva.

Então, chegamos à tensão. A conscientização advinda pela sombra procede por tensões e, mais uma vez, constatamos que, quanto mais específico for o nosso foco nas nuanças da diferença, maior a tensão. É o cor-de-rosa que colide com o vermelho, porque são muito próximos. O azul não contrasta tanto com o vermelho; ele antes o compensa ou o equilibra, bloqueando a tensão íntima que destaca a forma específica de conscientização desencadeada pela sombra.

Como exemplo dessas tensões, lembro-me de uma mulher com quem trabalho em análise e que tem uma vida noturna selvagemente libidinosa, irracional, "liberada", e uma vida diurna racional, ponderada, responsável. Esses opostos, o vermelho e o azul, permanecem lado a lado, equilibrando-se mutuamente, de tal maneira que, por seu pouco movimento, dificultam o trabalho psíquico. Embora os lados azul e vermelho de sua personalidade sejam opostos em larga escala, não são sombras eficazes. Não criam tensão, nem dariam um quadro interessante de se pintar. Uma tensão psicologicamente funcional, uma tensão mobilizadora seria entre suas noções sentimentais suavemente róseas acerca do amor e suas noites vermelhas, ardentes e fogosas. Esse rosa e esse vermelho entrariam em tensão.

Essa ênfase estética sobre o particular é como a insistência que Jung faz sobre o individual: o singular contra aquilo que o coletivo impinge.

Edward C. Whitmont

Anima:
A Mulher Interior*

Como imagem numinosa, isto é, como imagem afetiva espontaneamente produzida pela psique objetiva, a *anima* representa o eterno feminino – em qualquer um e em todos os seus quatro aspectos possíveis e suas variantes e combinações como Mãe, Hetaira, Amazona e Medium. Ela aparece como a deusa da natureza, *Dea Natura*, e a Grande Deusa da Lua e da Terra, que é mãe, irmã, amada, destruidora, bela feiticeira, bruxa feia, vida e morte, tudo em uma só pessoa ou em aspectos diferentes da pessoa; portanto, ela surge em inumeráveis imagens de figuras femininas encantadoras, assustadoras, amigáveis, úteis ou perigosas, ou até mesmo em figuras de animais, como já vimos – principalmente como gato, cobra, cavalo, vaca, pomba, coruja –, que a mitologia atribui a certas divindades femininas. Aparece como sedutora, prostituta, ninfa, musa, santa, mártir, donzela aflita, cigana, camponesa, a vizinha do lado, ou como a Rainha do Paraíso, a Virgem Santa, para mencionar apenas alguns exemplos. Essas são algumas das muitas facetas nas quais a natureza feminina, o elemento Yin, sempre foi vivenciado pelo homem.

Como padrão de comportamento, o arquétipo da *anima* representa os elementos impulsivos relacionados à vida como vida, como um fenômeno natural, não premeditado, espontâneo, à vida dos instintos, à vida da carne,

---

* O texto integral deste excerto encontra-se em *A Busca do Símbolo, op. cit.*, pp. 165-78. (N. da T.)

à vida da concretude, da Terra, da emotividade, dirigida para as pessoas e as coisas. É o impulso para o envolvimento, a conexão instintiva com outras pessoas e a comunidade ou grupo que as contém. Enquanto a individualidade separada é personificada como um elemento masculino, sua versão conectada – o conteúdo inconsciente reunido como grupo e a comunidade – é experienciada e personificada como uma entidade feminina.

Como padrão de emoção, a *anima* consiste nos anseios inconscientes do homem, em seus estados de espírito, aspirações emocionais, ansiedades, medos, inflações e depressões, bem como em seu potencial para a emoção e o relacionar-se. Quando um homem age em identidade com sua *anima* – inconsciente dos estados de espírito que o "atraem" –, ele age como uma mulher de segunda categoria. Sob essa forma, a *anima* representa o mundo da natureza e do envolvimento emocional, dos amores e rancores, o mundo relativamente inadaptado e, portanto, inferior do homem. Consequentemente, a psique objetiva apresenta-se ao homem em primeiro lugar como uma tentação caótica inteiramente irracional, perigosamente primitiva, como uma sedução encantadora.

Isso de que estamos falando constitui um nível de operatividade que ainda não esteve presente na consciência e, em grande parte, não pode sequer ser inteiramente percebido de modo consciente, mas exige, ao mesmo tempo, que o percebamos e o confrontemos. Em consequência, o processo de conscientização da *anima*, ainda que parcial, constitui um meio indispensável de abordagem da dimensão não pessoal da psique objetiva.

Enquanto a *anima* permanecer em estado inconsciente, como todos os elementos inconscientes, seus meios de expressão são compulsivamente primitivos, através de complexos, identidade, inflação e projeção.

A *identidade* com a *anima* manifesta-se em todos os tipos de melancolia, de autopiedade, sentimentalismo, depressão, retraimento meditativo, acessos de paixão, hipersensibilidade mórbida ou efeminação *compulsivos*, isto é, em padrões emocionais e comportamentais que fazem o homem agir como uma mulher inferior.

A *inflação* pela *anima* é um estado no qual ambições, esperanças e desejos são confundidos com fatos e realidades acontecidos. Um pastor que ficou fanaticamente impressionado com a premência de sua missão teve o seguinte sonho: "Ouvi uma voz como se viesse das profundezas do espaço. Ela dizia que, se Suzy não abandonasse o presbitério, eu é que teria que deixá-lo". Sobre essa voz do além, com tamanho senso de autoridade, poderíamos dizer que era como a voz do Self. Suas associações com "Suzy" eram de que ela não era nenhuma amiga em particular. De fato, ele até desconfiava de que ela não se importava muito com ele como pessoa. Admirava-o, até mesmo imaginava-se apaixonada por ele, não por causa dele mesmo, mas porque era um "homem de Deus". Seu sonho, então, diz mais ou menos o seguinte: há em você um aspecto emocional da personalidade que está apaixonado pela auréola – pelo fato de ser o grande "homem de Deus". Porém, a menos que essa atitude cesse, a menos que você consiga estabelecer alguma distância dela, você falará como pastor e terá que abandonar o presbitério. Em razão da inflação, o fato de estarmos apaixonados por nossa própria grandeza nos priva do nosso senso de limitações humanas. Então, tornamo-nos irrealisticamente exigentes em relação a nós mesmos e intolerantes em relação aos outros.

É muito difícil lidar com o aspecto inflacionário da *anima* porque ele tende a ser agradavelmente convincente. Sua ilusão aparece como verdade óbvia; a pessoa se sente bem e convencida a respeito dessa verdade. Mas, como vimos até agora, é exatamente quando estamos mais convencidos de uma certeza que somos mais passíveis de estar nas garras de um poder inconsciente, por isso, mais passíveis de sermos enganados.

A *anima* em *projeção* é responsável pelo fato de um homem estar amando ou odiando. Ele encontrou a imagem de sua alma, a mulher ideal e única ou, ao contrário, uma megera absolutamente insuportável. Ambas as reações são fascinantes e irresistíveis. Em tais situações, tende a haver um envolvimento compulsório com o qual não conseguimos lidar e que também não podemos deixar de lado. Se fosse apenas o fato de que a mulher é maravilhosa ou horrível, poderíamos amá-la ou abandoná-la. Mas, se não podemos fazer nenhum dos dois, então estamos sob o encantamento arrebatador do arquétipo.

Os relacionamentos com o outro sexo estão sujeitos a ser iniciados pelas projeções da *anima* ou do *animus*. Mas o vínculo verdadeiro requer que ultrapassemos as projeções e alcancemos a realidade da outra pessoa. A verdadeira realidade da outra pessoa provavelmente estará em desacordo com as expectativas projetadas; por isso, enquanto as projeções continuarem a prevalecer, a pessoa ficará desapontada e será humilhada pelo parceiro quando ele ou ela não se amoldar à imagem. O verdadeiro relacionamento entre uma pessoa e outra, isto é, um encontro do "eu" com o "tu" é, portanto, impossível, a não ser que as projeções mais irrealistas da *anima* ou do *animus* tenham sido dissolvidas, e isso não é fácil de conseguir. Enquanto apenas a projeção da *anima* determinar o relacionamento, ela tenderá a produzir um pseudorrelacionamento – entre a ilusão e a ilusão – sob a forma de mútuas fascinações e/ou ressentimentos explosivos, e reações de fuga quando surgirem as projeções negativas (o fantasma puritano, o vampiro etc.). Mas é bom lembrar que as projeções e as relações ou pseudorrelações que elas engendram são estados nos quais nos encontramos; eles ocorrem por si sós e não podem ser evitados pela vontade ou por boas intenções. Nossa única oportunidade consiste em desenvolver uma consciência de quando eles acontecem e das características projetadas envolvidas.

A projeção da *anima* masculina sempre oferece uma grande tentação para a mulher. Ela terá tendência para identificar-se com a expectativa do homem e, portanto, representá-la, fingir que incorpora o ideal dele ou suas necessidades reais ou imaginárias. Como "mulher-*anima*", ela pode tornar-se todas as coisas para todos os homens, desde um flerte até uma esposa sábia ou a musa inspiradora, antecipando todas as necessidades e aspirações do marido ou amante, tornando-o, portanto, tão dependente dela que ele, por sua vez, acaba concordando com todos os seus planos e faz aquilo que ela espera dele. A mulher sábia, por exemplo, controla habilmente o marido e toda a situação entre eles. Mas, nas palavras de Harding, essa mulher sempre se refere ao *seu* marido, ao *seu* casamento [...] com ênfase no pronome possessivo.[1] São o seu impulso de poder e sua possessividade instintiva, ou sua necessidade de buscar segurança ao identificar-se com uma *persona* convencional ou um ideal angélico e inspirador, que podem induzir a mulher a representar esse papel – e podem fazê-la perder sua própria alma, sua própria identidade real, no processo.

Para tornar-se uma pessoa completa – e não um mero número em um contexto social, ou um animal macho – ou, às vezes, a fim de agarrar-se à sua masculinidade, o homem deve confrontar sua *anima* e tentar estabelecer com ela um relacionamento vivo e crescente. Sem dúvida, isso também é essencial nos seus relacionamentos com outras pessoas. Quando a consciência é mantida como escrava pela força do arquétipo, o complexo, formado em torno do núcleo do arquétipo, e sua projeção tornam quase impossível que essa consciência se aproxime da realidade da outra pessoa. Jung descreve o que acontece quando não há confronto entre o ego do homem e o "outro" interior:

> Muitas vezes, o ego vivencia um vago sentimento de derrota moral e então se comporta de modo mais defensivo, desafiador e confiante, construindo assim um círculo vicioso que só aumenta seu sentimento de inferioridade. Então, o âmago do relacionamento é destruído, pois como na megalomania, um sentimento de inferioridade torna impossível o reconhecimento mútuo e, sem isso, não há relacionamento.[2]

O confronto com a *anima*, ou com qualquer complexo ou impulso autônomo inconsciente, requer a percepção da natureza de suas expectativas autônomas e padrões de resposta pessoais. Ele exige que se estabeleça um relacionamento com o complexo como entidade autônoma, uma espécie de "tu" interior, que reconheça seus anseios e necessidades bem como se adapte a eles, canalizando seus impulsos quando e onde for possível para expressões compatíveis com a realidade exterior e com os preceitos éticos da consciência íntima da pessoa; portanto, que não apenas leve em conta os próprios hábitos usuais e exigências das responsabilidades comunitárias e familiares da pessoa, mas que também atenda às necessidades daquilo que está pedindo para nascer.

Entretanto, o encontro com a *anima* nunca é uma coisa simples; ela tende a aparecer com a velocidade de um reflexo, como uma reação emocional, antes que se possa prestar atenção e, no momento em que termina a inspeção interior, ela já se foi e o sentimento desapareceu. Uma dificuldade adicional reside no fato de que os arquétipos como tais – as fontes de todas essas reações – nunca podem ser integrados com alguma finalidade, mas continuam a exprimir-se em formas sempre novas. Apenas as suas manifestações podem ser integradas, na medida em que a pessoa chegar a conhecê-las, pois os arquétipos são em si mesmos as

> pedras fundamentais da estrutura psíquica, que na sua totalidade excede os limites da consciência e, portanto, nunca pode se tornar o objeto da cognição direta. Embora os efeitos da *anima* e do *animus* possam tornar-se conscientes, eles próprios são fatores que transcendem a consciência

para além do alcance da percepção e da volição. Portanto, permanecem autônomos apesar da integração de seus conteúdos e, por essa razão, devem ser constantemente guardados na memória.[3]

Um fato fundamental que facilmente perdemos de vista é que a *anima* e o *animus* não estão sujeitos à vontade e ao controle consciente. Nunca podemos domesticá-los ou eliminá-los; temos de estar sempre preparados para novos truques e surpresas. Todo afeto intenso indica que a *anima* ou o *animus* está em atividade. A menos que compreendamos isso, sempre seremos vítimas da ilusão de que os dominamos e, assim, que nos sentimos seguros desse domínio, já caímos na inflação que prepara a próxima armadilha.

James Hillman

Anima:
Guia da Alma*

A primeira noção de *anima* como o lado contrassexual do homem é concebida numa fantasia de opostos.[1] Homens e mulheres são opostos, consciente e inconsciente são opostos, masculinidade consciente e feminilidade inconsciente são opostos. Essas oposições são mais especificamente caracterizadas por outras: uma consciência jovial tem uma figura de *anima* mais idosa; um adulto forma o par com uma imagem de *sóror* semelhante a si em idade; a consciência senil encontra correspondência em uma menina. Assim, também um fator social entra na definição contrassexual. Em diversas passagens, "*anima*" refere-se à personalidade contrassocial, inferior. Há uma oposição entre o papel exterior que se representa na vida social e a vida interior e menos consciente da alma. Esse aspecto menos consciente, que está voltado para dentro e que é vivido como a sua interioridade pessoal, é a *anima* como "imagem de alma".

Quanto mais um homem se identifica com seu papel social e biológico de homem (*persona*), maior será a dominação interna da *anima*. Assim como a *persona* dirige a adaptação à consciência coletiva, a *anima* governa o mundo interno do inconsciente coletivo. Da mesma forma que a psicologia do homem, de acordo com Jung, depois da meia-idade desloca-se

---

* Excertos compilados pela autora a partir dos capítulos 1 (*Anima* e Contrassexualidade) e 2 (*Anima* e Eros) de *Anima: A Psicologia Arquetípica do Lado Feminino da Alma no Homem e sua Interioridade na Mulher*. São Paulo, Cultrix, 2020. (N. da T.)

em direção ao seu oposto feminino, também há uma suavização e um enfraquecimento fisiológico e social em direção ao "feminino", tudo isso ocasionado pela *anima*.

Não há dúvida de que a experiência realmente confirma essa primeira noção de *anima* que a considera como a linhagem feminina inferior do homem. De fato, ela primeiro aparece por meio de figuras de sonho, emoções, queixas sintomáticas, fantasias obsessivas e projeções do homem ocidental. *Anima* é "a sedutora glamourosa, possessiva, temperamental e sentimental que existe no homem".[2]

Hoje em dia as noções de "masculino" e "feminino" estão em disputa. Essa disputa ajudou a diferenciar papéis sexuais dos papéis sociais, e mesmo a diferenciar tipos de identidade sexual, isto é, se baseada em características sexuais primárias ou secundárias, manifestas ou genéticas, físicas ou psíquicas. Ficou difícil falar de *anima* como feminilidade inferior, já que não estamos mais seguros do que seja "feminilidade", que dirá feminilidade "inferior". Mais que isso, a psicologia arquetípica colocou em dúvida a própria noção de ego.[3] A identidade egoica não é uma coisa única, mas numa psicologia politeísta o "ego" reflete qualquer dos vários arquétipos e representa diversos mitologemas. Ele tanto pode ser influenciado por uma Deusa como por um Deus ou Herói, e também pode apresentar estilos "femininos" no comportamento, sem que isso seja um indicador de fraqueza egoica ou de uma incipiente perda do ego.

Porque a fantasia dos opostos mantém a *anima* em um tandem social com a *persona* ou com a sombra e num tandem sexual com a masculinidade, negligenciamos sua fenomenologia *per se* e assim encontramos dificuldade em compreendê-la exceto em contraste com essas outras noções (masculinidade, sombra, *animus*, *persona*). Estamos sempre encarando a fenomenologia da *anima* de dentro de uma armadura ou do prato oposto de uma balança. Nossas noções de *anima* são desenhadas compensando alguma outra coisa a que ela está sempre ligada.

Entender a *anima* em tandens já está implícito na sua fenomenologia. Assim, pensamos nela em noções tais como a ligação com o corpo ou com o espírito, ou no mistério mãe-filha, no par masculino-feminino, com compensação da *persona*, no conluio com a sombra, ou como um guia para o Self.

Nestes pares, como no imaginário mitológico, *anima* é o parceiro reflexivo; é o que oferece o momento de reflexão naquilo que está naturalmente dado. Ela é o fator psíquico na natureza, uma ideia formulada no século passado como "animismo". Sentimos esse momento de reflexão nas emoções contrárias que os fenômenos da *anima* constelam: fascinação mais perigo; pavor mais desejo; submissão a ela como destino mais suspeita; a profunda consciência de que esse caminho guarda a minha vida e a minha morte. Sem essas emoções que agitam a alma, não haveria significado nos lugares naturais e nas questões humanas aos quais ela está ligada. Mas vida, destino e morte não podem se tornar "conscientes", de forma que com ela constela-se a consciência da nossa inconsciência fundamental. Em outras palavras, a consciência dessa estrutura arquetípica nunca está distante da inconsciência. Seu vínculo primário é com o estado da natureza, com as coisas que simplesmente são – vida, destino, morte – e que podem apenas ser refletidas, mas nunca separadas de sua impenetrável opacidade. *Anima* fica perto desse terreno da mente inconsciente natural.

Demaris Wehr

Animus:
O Homem Interior

Jung entendeu o conceito de *anima* melhor que o de *animus* porque o vivenciou em si mesmo, ao passo que o conceito de *animus* só foi deduzido como função psíquica das mulheres uma vez que, por definição, não poderia tê-lo experimentado a partir de dentro. Suas descrições do *animus* vêm de fora, da experiência que um homem tem da mulher, segundo um determinado referencial intelectual, em lugar de esse conceito ter sido composto pelas próprias vivências internas da mulher.

Jung admitiu o caráter androcêntrico do modelo assim como a natureza prévia do conceito de *anima* e a natureza derivada do de *animus*.[1] Em sua autobiografia, ele diz que formulou seu conceito da *anima* a partir de sua experiência viva desse dinamismo, durante o período em que confrontou o inconsciente. Chamou-a de "Salomé" e descobriu que vinha sempre acompanhada de Filemon (um Velho Sábio). Mais tarde foi que compreendeu a parceria entre ambos. A natureza derivada do *animus* pode explicar em parte por que as mulheres nunca reagiram tão intensamente ao conceito de *animus* como aconteceu com os homens em relação ao de *anima*. Em vários pontos, Jung comenta que, enquanto os homens sempre entendem com relativa facilidade o que quer dizer *anima*, as mulheres têm dificuldade em aprender o que é o *animus* (*Two Essays, Aion*, "Marriage as a Psychological Relationship", entre outros"). Isso é interessante. A maior razão para isso deve ser a essência androcêntrica do conceito, isto é, o fato de ter sido gerado a partir da experiência masculina da mulher. Embora venhamos tentando há séculos fazê-lo, as mulheres têm uma dificuldade cada vez maior em se apertar para caber dentro dos moldes que os outros fizeram para nós. O próprio Jung estava ciente do problema de um modelo originalmente masculino para considerar as mulheres. Em seu "Marriage as a Psychological Relationship" [O Casamento como Relacionamento Psíquico] ele diz o seguinte:

> ...a maior parte do que os homens dizem acerca do erotismo feminino e, em especial, a respeito da vida emocional das mulheres deriva das projeções de sua própria *anima* e apresentam-se correspondentemente distorcidas. (Vol. 17, p. 198.)

Dentro do mesmo espírito, em seu *Mysterium Coniunctionis*, Jung diz:

> Declarações feitas por homens a respeito do tema da psicologia feminina sofrem em especial pelo fato de a projeção da feminilidade inconsciente ser sempre mais forte onde o julgamento crítico é mais necessário, ou seja, quando o homem está mais intensamente envolvido no plano emocional. (Vol. 14, p. 278.)

Não obstante, também Jung caiu na armadilha que criticou.

Natureza e Misoginia no Modelo

Outros fatores, como a misoginia pura e simples, podem responder junto com o androcentrismo pela qualidade mais problemática do *animus*. As primeiras formulações teóricas da polaridade *animus/anima* baseiam-se na noção de que, por definição, as mulheres pensam de modo inferior, e que, por definição, os homens são deficientes em sua capacidade de vincular-se de modo pessoal, afetivo. As primeiras declarações acerca do *animus* associam sua função ao estado deplorável do pensamento feminino quando não está integrado como dinamismo psíquico. O seguinte excerto é extraído de *Two Essays*, da conclusão em que Jung discute, a respeito de "*Animus* e *Anima*", o fato de o geral significar para os homens mais do que o pessoal. Em suas palavras:

> ...o mundo dele consiste de uma multidão de fatores coordenados, ao passo que o mundo dela, fora do marido, termina em uma espécie de névoa cósmica (p.. 210).

A tarefa do *animus*, portanto, segundo os teóricos dessa fase inicial (e para muitos outros estudiosos posteriores também) é conduzir a mulher até que saia dessa névoa cósmica e alcance uma consciência diferenciada e discriminadora, algo que lhe é severamente necessário.

Ainda nessa primeira discussão do tema, ficam nitidamente insinuados o pensamento inferior da mulher e a capacidade inferior do homem para vínculos emocionais; como no seguinte trecho:

> Se eu quisesse resumir ao máximo a diferença entre homem e mulher, a este respeito, ou seja, o que caracteriza o *animus* em oposição à *anima*, poderia dizer apenas isto: assim como a *anima* produz *estados de ânimo*, o *animus* produz opiniões (p. 206).

Esse é o modo clássico de compreender o *animus*, e tanto este como a *anima* são fatores de compensação para o que está faltando na consciência de ambos os sexos.

Além dessa diferença fundamental nas características dos homens e das mulheres, e em termos de *anima* e de *animus*, as formulações iniciais e posteriores de Jung acerca do *animus* colocavam-no como plural, enquanto a *anima* era singular. Há pelo menos duas razões para que seja assim. A primeira é que a *anima* inverte a situação social consciente na qual os homens têm um pendor polígamo, pelo menos em seus desejos, e portanto são no inconsciente de inclinação monogâmica, concentrando-se em uma única mulher. O inverso é o caso da mulher.

O modelo *anima/animus* é ainda escorado por vários outros pressupostos. Um deles é o de que a biologia funciona como boa analogia para a psicologia, como se o pensamento do homem fosse caracterizado por uma qualidade penetrante, nítida, incisiva, e a consciência da mulher fosse caracterizada pela receptividade, pela produtividade e pela passividade. A analogia biológica é levada a seus extremos, segundo as informações de que disponho, por Hilde Binswanger que, em um ensaio intitulado "The Positive Animus" [O *Animus* Positivo], publicado na revista *Spring*, em

1963, corrobora ainda mais a diferença entre *animus* e *anima* porque são necessários muitos espermas para alcançar um único óvulo. A autora encontra, no nível biológico, evidências que justificam por que o princípio masculino seria plural e o feminino, singular (pp. 90-1). Embora Jung não tenha usado essa analogia em particular, ele de fato menciona a carga genética contrassexual, presente em todas as pessoas. Os outros pressupostos que dão base a esse modelo são debatidos em *Two Essays*.[2]

Muitas vezes, ao discutir a *anima* nos homens, Jung refere-se à possibilidade de as mulheres não terem alma. Faz nesse sentido uma rápida alusão em *Two Essays*: "Temos o testemunho da arte de todos os tempos e, além disso, a famosa indagação '*Habet mulier animam?*' [A Mulher Tem Alma?]".

Em *O Casamento como Relacionamento Psíquico*, escrito em 1925, Jung apresenta essa questão com total seriedade. Ao discutir o conceito de *anima* nos homens, diz o seguinte:

> Chamei de *anima* essa imagem e considero a indagação escolástica *Habet mulier animam*? especialmente interessante pois, segundo vejo, é inteligente na medida em que a dúvida parece justificada. A mulher não tem *anima*, ou alma, mas tem um *animus*. A *anima* tem um caráter erótico, emocional, e o *animus*, um caráter racionalizador. (Vol. 17, p. 198.)

Em outro ensaio, intitulado "Mind and Earth" [Alma e Terra], Jung diz o seguinte:

> Se examinar com cuidado as emoções descontroladas de um homem e tentarmos reconstruir a personalidade provável que lhe serve de base, logo chegaremos a uma figura feminina que, como disse, chamo de *anima*. Pelo mesmo motivo, os antigos conceberam uma alma feminina, uma "psique" ou "*anima*", e não sem bons motivos psicológicos os eclesiásticos da Idade Média propuseram a questão *Habet mulier animam*? (Vol. 10, p. 41.)

Afora o molde androcêntrico da teoria do *animus*, outra razão pela qual este conceito não parece coadunar-se com as vivências femininas tão bem quanto o de *anima* em relação às dos homens, pode ser devida à reiterada dúvida sobre a existência da alma na mulher. Embora Jung tome sempre o cuidado de afirmar que não se refere a *alma* no sentido teológico, esse termo contém tal conotação, e a questão *Habet mulier animam?* que ele tanto gostava de citar é teológica.

Os Seguidores de Jung

Os seguidores de Jung percorreram a trilha de sua teoria em vários níveis de concordância. A maioria das seguidoras adotou-a sem restrições e, imitando Jung, descreveram o *animus* em termos de como ele era visto de fora, isto é, adotaram elas mesmas uma perspectiva masculina e, assim, consideravam as mulheres, vendo-as de fora. A descrição da mulher dogmática em suas opiniões tornou-se famosa. É muito interessante que Emma Jung, a esposa de Jung, tenha procedido à primeira – e, a meu ver, à melhor – descrição do *animus* a partir de dentro, a partir da perspectiva da *própria* mulher diante de suas vivências. Em seu livro *Animus and Anima*,* o princípio masculino é representado por quatro possibilidades: a Palavra, o Poder, o Significado e o Ato. Essas funções são notavelmente pertinentes em termos das capacidades que as mulheres precisam desenvolver em si. Emma Jung foi a primeira a descrever o *"animus negativo"* a partir de dentro, que ela descreve como uma voz autodepreciadora que, depois de arruinar a mulher, às vezes se transforma em autoelogios rasgados. Diz ela:

> Até onde pude observar, essa voz manifesta-se principalmente em duas tonalidades; numa avaliação *crítica, em geral negativa*, de qualquer emoção, numa pesquisa minuciosa de todos os motivos e intenções que sem dúvida sempre provoca sentimentos de inferioridade e costuma sufocar cada iniciativa, cada desejo ainda em gérmen. Como variação, até agora fizeram-se elogios exagerados, e o resultado desse julgamento extremo é que se oscila entre a consciência de total nulidade e um elevado sentimento de valor e de si mesmo (p. 38).

---

* *Animus e Anima*. São Paulo, Cultrix, 2ª edição, 2020. (N. da T.)

Suspeito que a descrição de Emma Jung ecoe melhor as experiências que as mulheres têm de si mesmas do que a do próprio Jung, antes de qualquer coisa porque procede de suas vivências e, por isso, é uma pedra de toque para a experiência de outras mulheres. Também é mais solidária em sua compreensão da mulher dominada pelo *"animus* negativo". O próprio Jung, no final da vida, modificou em parte seu uso de ambos os conceitos. Em *Aion*, por exemplo, falou dos dois, *anima* e *animus*, muito mais frequentemente em conjunto um com o outro do que em trabalhos do início de sua carreira. No final, enfatizava a sizígia em ambos os sexos mais do que o elemento contrassexual em si. Não obstante, no mesmo *Aion*, ainda fala da natureza do *animus*, mais difícil de ser apreendida: "Não é tão fácil reconhecer o *animus* da mulher, pois seu nome é legião" (p. 267).

O Modelo do Equilíbrio

O modelo da contrassexualidade de Jung estava baseado na noção de que o que constituía a experiência consciente de um sexo era necessariamente o componente inconsciente do outro, ou que a experiência masculina da feminilidade no inconsciente é a mesma coisa que a experiência consciente da mulher acerca de sua feminilidade. Por exemplo, em *Mysterium Coniunctionis*, ele diz o seguinte:

> Nas descrições metafóricas dos alquimistas, a Luna é primariamente um reflexo da feminilidade inconsciente do homem; ela, porém, também é o princípio da psique feminina, no mesmo sentido em que o Sol o é para a do homem [...]. Se então Luna caracteriza a psique feminina e o Sol a Masculina, a consciência seria um atributo exclusivamente masculino, o que evidentemente não é o caso, uma vez que a mulher também é dotada de consciência. Mas, como já identificamos antes Sol com a consciência e Luna com o inconsciente, seríamos agora levados à conclusão de que a mulher não pode ter uma consciência (pp. 178-79).

Para corrigir essa situação, Jung sugere que a lua caracteriza o inconsciente de um homem, enquanto na mulher marca a sua consciência. "A consciência (dela) tem um caráter lunar, e não tanto solar. Sua luz é o 'suave' fulgor da lua, que funde as coisas em vez de as separar" (p. 179). Muitos junguianos adotaram essa passagem como uma descrição da consciência da mulher, bem como do caráter geral do feminino. Mas em outros lugares, como vimos, Jung sabe que as experiências e descrições dos homens que diz respeito às mulheres não podem deixar de ser distorcidas, uma vez que são vistas por trás do véu das projeções. Ann Ulanov, em seu livro *Receiving Woman* [Mulher Receptiva], esclarece bastante essa questão, bem como outros teóricos recentes. Ela diz: "Assim como a feminilidade da *anima* difere da mulher de carne e osso, também as qualidades masculinas do *animus* diferem do homem real" (p. 129).

A afirmação de Ulanov deixa claro que a feminilidade inconsciente do homem *não* é a mesma coisa que a feminilidade consciente da mulher, e vice-versa para o *animus* e a consciência do homem. Elaborando as implicações da afirmação de Ulanov, vemos a advertência contra criar-se uma psicologia das mulheres a partir das projeções da *anima*.

O modelo de Jung tem como certo que as mulheres são o inverso – o oposto dos homens – tanto biológica como psicologicamente. E admite também que o pai e a mãe são os continentes das primeiras projeções do bebê. Vimos em *Aion* que "A mãe parece ser a primeira receptora do fator produtor de projeções do filho, enquanto o pai o é para a filha" (p. 14).

As constatações acadêmicas na psicologia e na antropologia indicam que isso não é verdade. A mãe é o primeiro objeto das projeções do bebê, em ambos os sexos. Esse fato sem dúvida reveste o "feminino" de numinosidade, tanto para homens como para mulheres. O fato de a mãe ser o primeiro objeto das projeções de ambos os sexos tem implicações para o conceito de *animus* e para o de *anima*. Como Dorothy Dinnerstein sugeriu em *The Mermaid and the Minotaur*, se os pais assumirem um papel ativo desde o início da vida do bebê, então talvez as projeções infantis (necessidades), que até aqui vão integralmente para a mãe, começarão a ser direcionadas também para o pai e modificarão nossas atitudes com respeito aos homens e às mulheres. Algumas pessoas estão se encaminhando neste sentido, mas ainda não temos de modo algum uma geração de crianças que tenha vivenciado os cuidados igualmente dispensados por homens e mulheres desde os seus primeiros instantes de vida. As mulheres continuam sendo as principais agentes da satisfação das necessidades do bebê, em sua fase mais intensa e primitiva. Essa é outra razão pela qual a teoria da *anima* "funciona" melhor do que a do *animus*. Se as mulheres são o primeiro objeto das projeções de ambos os sexos, então em um sentido muito real ambos os sexos podem responder ao conceito junguiano de *anima*, em particular na sua forma maternal e de deusa.

O arquétipo do feminino tem numinosidade para ambos os sexos porque tanto os homens como as mulheres viveram dentro do útero de uma mulher e, à exceção de alguns casos de séria privação, foram alimentados, cuidados e atendidos primariamente por mulheres em seus primeiros anos de vida. Muito raro é o caso em que o pai é o primeiro objeto primário das projeções da filha, embora mais tarde se torne o objeto de sua afeição e projeções. Esse fato também pode explicar a ênfase que a literatura empresta às imagens da *anima*, em oposição às do *animus*. A experiência da mãe é básica, primária e numinosa por causa de sua natureza essencial, independentemente do sexo da criança. Ambos os sexos têm dificuldade para retirar o elemento numinoso das mulheres, para chegar a um acordo com elas (ou seja, retirar as projeções a elas destinadas), em virtude desse fato.

O *Animus* Negativo

O *animus* é um arquétipo.[3] O modo como entendemos o que seja um arquétipo tem algo a ver com a nossa aplicação da teoria do *animus* à nossa vida. Será o arquétipo um instinto, a imagem que o instinto tem de si mesmo, ou uma metáfora, uma categoria *a priori*? Faz diferença o modo como concebemos o que é o arquétipo porque, segundo penso, isso vai determinar a extensão em que consideramos "divino" o *animus*. Se, por exemplo, o arquétipo contrassexual é o nosso acesso ao divino, estamos correndo o risco de sancionar de forma junguiana peculiarmente religiosa imagens internalizadas de uma sociedade hierárquica e patriarcal que, para as mulheres, é opressiva. Existem evidências suficientes nos trabalhos de Jung para sustentar essa visão do arquétipo, quer dizer, que é uma manifestação do "divino" na vida humana.

Se o arquétipo é uma imagem do nosso outro contrassexual, a questão fica diferente até certo ponto, embora ainda haja a possibilidade de culpar a vítima pela sua própria vitimização nas mãos dessa concepção, na medida em que podemos localizar arquetipicamente a fonte dessa vitimização da mulher "dentro dela" como um "*animus* negativo" de algum tipo. A maioria de nós mulheres é tão dura consigo mesma, vivendo em uma sociedade patriarcal em que os valores femininos não são valorizados, que temos a tendência de nos culpar, mais uma vez, se nos disserem que possuímos um mecanismo interno autodestrutivo, em vez de entendermos que internalizamos o sexismo de uma sociedade patriarcal. Esse é um aspecto fundamental de desacordo entre mim e a maioria dos junguianos, senão todos, pois, para a perspectiva junguiana, a "desvalorização do feminino" também é arquetípica, representada pelo *animus* negativo nas mulheres e pela *anima* negativa nos homens, ou pelo arquétipo da Mãe Terrível em ambos os sexos. Decerto os junguianos sustentam que isso é algo que temos de assimilar, mas sua origem é tida como *arquetípica,* e não social (exceto na medida em que o social *for* arquetípico). Os junguianos não costumam considerar que a "desvalorização do feminino" seja, primeiramente, uma função da experiência masculina projetada nas mulheres.

Também não existe muito espaço dentro de toda a teoria junguiana para considerar que o inconsciente coletivo replica as imagens de homens e mulheres favorecidas pela sociedade.[4] Jung fala dessa questão de modo bastante incisivo. O inconsciente coletivo existe *a priori*. Contudo, por outro lado, existe muita possibilidade, dentro da teoria dos arquétipos, para interpretar as imagens psicológicas e as imagens da sociedade na sua reciprocidade, deixando o aspecto apriorístico no nível da forma vazia ou como tendência predisponente, sem um conteúdo determinado particular. A descrição feita por Jung e pelos junguianos acerca dos arquétipos e das imagens arquetípicas varia tremendamente nesse sentido.

A "Forma Interior": Autodesvalorização

Acredito que, se uma mulher é vítima de um "*animus* negativo", que fala de dentro dela, uma voz autodepreciativa como descreveu Emma Jung, para ela é mais proveitoso perceber que essa voz autodesvalorizadora interior (que aliás pode ser tanto de homem como de mulher) é uma internalização da visão que a sociedade tem das mulheres, em vez de alguma voz terrível da sua própria lavra. Esta última pode ser o modo como ela a ouve, se você lhe disser: "Existe no seu inconsciente". Se, por exemplo, ela ouve

"Você é burra", "Você não pensa direito", "Você não argumenta com lógica", e assim por diante, como uma ladainha interminável que fica ecoando em seus ouvidos sempre que tenta executar algum projeto intelectual, ao alimentar esses pensamentos, ela acabará desencadeando uma profecia que se realiza e, em segundo lugar, está endossando a visão que a nossa sociedade tem das mulheres. O que ela precisa fazer é descartar esses supostos fundamentais, não acatá-los. Ela precisa desfazer-se desses conceitos de uma forma que desafie as definições da sociedade, por certo uma tarefa difícil. E aqui se encontra o ponto em que me distancio dos junguianos tradicionais. Eles concordam que a mulher deve diferenciar-se do *animus* negativo, ou seja, não se identificar com a voz dele. Mas não acrescentam o fator da consciência sociológica, ou seja, as origens sociais do assim chamado "*animus* negativo", que estou sugerindo aqui.

Estaremos prestando um serviço à mulher se a alertarmos para o fato de ter comprado a definição vigente de mulher promulgada pela sociedade e que não valoriza propriamente a mulher. Essa mesma sociedade também alega que o pensamento lógico pertence aos homens e ao modo masculino de ser, e o valoriza muitíssimo. Não estamos servindo a mulher se a incentivarmos a pensar que tem um mecanismo interior para se rebaixar (*animus* negativo) – mesmo que usemos essa noção como ponto de partida para ajudá-la a detê-lo, ou pior ainda, se tentarmos fazê-la adaptar-se às suas incapacidades. A razão pela qual é importante chamar a autodepreciação por outro termo que não *animus* negativo é que enxergar nas entrelinhas o que tem acontecido constitui o primeiro passo da libertação. Tem sido crucial para o pensamento de libertação identificar a opressão internalizada que atua na psique de todos os grupos afastados da criação da cultura, conhecidos também como minorias. Para a liberdade, é essencial ultrapassar o cerco da alienação e da falta de vigor de certas categorias mentais, em vez de considerá-las como naturais à mulher, como decorrentes de suas próprias vivências, já que, na realidade, não são naturais para ninguém se essa pessoa for membro de um grupo subordinado em uma dada sociedade, e não membro do grupo dominante. Sendo assim, a desalienação – o enxergar com clareza as falsas categorias – é o primeiro passo rumo à libertação. Quero enfatizar isso. As categorias de pensamento criadas pelo homem não são as categorias próprias da mulher; elas representam a experiência que os homens têm da mulher, e essa vivência pode ser muito diferente da experiência que as mulheres têm de si mesmas, em especial à medida que forem conquistando acesso cada vez maior às suas próprias vozes e, assim, às suas próprias vivências. Nesse sentido, proponho para esse determinado aspecto do *animus* negativo, ou seja, da autodesvalorização, que se use outra denominação – como opressão internalizada – em vez de considerá-lo intrínseco ou universal à psique feminina. Infelizmente, trata-se de um aspecto da psique feminina em uma sociedade patriarcal, mas ele pode ser descartado, e acredito que o será, à medida que a sociedade misógina aprender à própria e dolorosa custa que precisa valorizar a mulher bem como à medida que as mulheres aprenderem a se valorizar. Espero que tenha ficado óbvio que não estou defendendo uma ausência de autocrítica por parte das mulheres, ou o exercício do que é chamado "inflação" pelos junguianos, quer dizer, arrogância. Estou sugerindo que a voz interior paralisante, deformante, denominada "*animus* negativo" pelos junguianos, seja vista como uma internalização da misoginia patriarcal pelas mulheres. Espero que, assim que essa voz seja exposta na sua autêntica natureza, as energias femininas se libertem.

A "Forma Exterior": A Megera Irritante

Existe outra forma de *animus* negativo típico que merece ser examinada no contexto da cultura, em vez de ser visto como uma propensão interna e arquetípica nas psiques femininas. Essa é uma forma que todos conhecemos bem: é a "megera" (a "mulher castradora" de Freud, identificada nos círculos junguianos como a mulher que está "sob o domínio do *animus*", "possuída pelo *animus*", "dirigida pelo *animus*"). Essa expressão é sem dúvida um abuso da psicologia de Jung relativa às mulheres.[5] A mulher que argumenta de uma maneira irritantemente ilógica ("irritante para quem?" Mary Daly perguntaria), aferrando-se a uma opinião irrelevante como o cão ao seu osso, está provavelmente sofrendo da primeira forma do "*animus* negativo" acima descrita: a voz interior autodepreciativa, que lhe diz que ela não consegue pensar direito etc. Em resumo, ela está sofrendo da internalização do sexismo. Desse modo, acreditando que tem parcos recursos de pensamento, se é que os tem, ela não tem confiança em suas ideias e convoca uma autoridade externa para endossá-las em seu lugar. Além disso, costuma apresentar defensivamente seus argumentos uma vez que receia que sejam inadequados. Afora isso, o medo que sente funciona no sentido de distorcer a mensagem que gostaria de comunicar, de modo que o que expressa é o "irrelevante". Ela acaba embaralhando o seu próprio caso porque teme a inadequação e talvez, de fato, no tempo de Jung, ela não tivesse mesmo muita instrução.

Para mim, esse é um relato descritivo do que muitas vezes acontece no caso da mulher "dominada pelo *animus*". Ela tem medo de reivindicar seu próprio poder de raciocínio e autoridade e então se manifesta de uma forma não decidida, mas defensiva porque percebe deficiências. Sem dúvida, isso em parte se deve à sua vivência da "punição" que talvez tenha recebido, ou que tema receber, por parte do sistema patriarcal caso ouse afirmar suas perspectivas. Esse é o duplo vínculo para as mulheres tão bem documentado pelos Brovermans.[6] Tal como acontece com a primeira forma do *animus* negativo – e ambas são relacionadas – sendo uma a descrição "externa" e a outra os sentimentos "internos" produzidos pela conduta "externa", esta segunda forma também é mais bem entendida quando apresentada em relação com a sociedade que abrange as mulheres "dominadas pelo *animus*", em vez de ser considerada como arquetípica, *se* arquetípico significar repleto de numinosidade e nos dar acesso ao "plano dos deuses".

Por todas essas razões e principalmente por causa do predomínio das descrições pejorativas da "mulher dominada pelo *animus*", minha recomendação é que os junguianos abandonem esse termo para sempre. É um abuso da psicologia junguiana relativo à mulher. Sua *função*, senão a sua intenção, é manter as mulheres "femininas" no sentido tradicional e impedi-las de desafiar de modo ativo a autoridade masculina exclusiva, seus privilégios e *status*. O termo aludido também é um subterfúgio fácil para os homens e as mulheres patriarcais que, então, não têm de se haver com o conteúdo do que está dizendo a "mulher possuída pelo *animus*". O foco recai quase todo no estilo do seu comportamento e no efeito irritante que surte no "pobre homem". "Pobre homem" é um termo usado frequentemente num filme que vi faz pouco tempo, produzido por Frazer Boa, chamado *The Way of the Dream* [O Caminho do Sonho], no qual Marie-Louise von Franz interpreta sonhos. A respeito de um dado sonho, von Franz falou de um "pobre homem" que tinha que se haver com o "*animus* negativo*" de sua esposa (esta falava como um "advogado, não como uma mulher"), diante da sua reação "inconformada" ao ser informada de que o marido estava tendo um romance extraconjugal. Não se prestou qualquer atenção ao fato de que era o "pobre homem" que estava tendo o caso, e que o recurso da mulher ao "estilo de um advogado" era sem dúvida uma defesa contra a mágoa e a vulnerabilidade que estava sentindo. Qual foi a recomendação de von Franz para o comportamento da mulher? Vaga, pois, em outras partes do filme, ela é dura com as mulheres que se lamentam e choram, caracterizando essa conduta como "manipulatória".

Se arquetípico significa tão somente "imagem" ou "metáfora", então o perigo de dotar de uma sacra legitimização a opressão internalizada é menor do que quando entendemos arquétipo como centro de numinosidade. No entanto, até mesmo uma "imagem" aumenta sua clareza quando é vista como uma internalização de conteúdo cultural. Claro que todos temos uma predisposição inata para criarmos imagens mentais das coisas. O conteúdo dessas imagens é pelo menos relativo à cultura, uma visão que, em teoria, se coaduna com a visão de Jung. Pode-se perguntar: "De onde vem a cultura? Decerto que vem da psique". E a resposta é: "Sim, mas primeiramente da psique masculina". Feministas como Carol Christ, Mary Daly, Elizabeth Dodson-Gray, entre outras, apontaram que as mulheres não têm sido as criadoras da cultura, das instituições e dos sistemas mitológicos, mas sim suas internalizadoras. Pode ter ocorrido também de elas terem possuído e criado uma cultura alternativa – uma tradição oral – que, infelizmente, nunca foi posta no papel. Nossa cultura vigente, tal como a conhecemos, é uma construção masculina.

Na realidade, a numinosidade das imagens arquetípicas é bem conhecida e é difícil pensar em arquétipos sem algo de numinoso. *Numinosidade* deriva do latim *numen*, que significa "sagrado" ou "santo". Aquilo que é numinoso é espantoso, santo, sagrado. Mantém a psique humana em um estado de suspense e de fascínio e, como Jung o assinalou tantas vezes, as imagens numinosas arquetípicas costumam ter-nos em seu poder e não nós as termos. Isto faz parte do modo como Jung compreendia o inconsciente coletivo, considerando suas imagens como autônomas. Ele funciona como se tivesse poder autônomo. Somos impotentes para controlá-lo, mas podemos conhecê-lo e nos relacionarmos melhor com ele.

Quero acrescentar ainda que não desacredito das imagens sagradas. A história da religião, oriental tanto quanto ocidental, abunda com esse tipo de material. Contudo, questiono o processo pelo qual se atribui poder numinoso à opressão internalizada, criando imagens opressivas de mulheres no seio do patriarcado. A razão pela qual desejo retirar o elemento sagrado dessas imagens em particular é que acredito que divinizá-las, considerá-las numinosas, é outorgar-lhes mais legitimidade do que a merecida e, como se não bastasse, uma legitimidade santa, sagrada.

Animus Positivo

A descrição junguiana do *"animus* positivo" percorre uma ampla variação de tipos, desde espírito orientador, capacidade *logos*, ou de habilidade para pensar com clareza, até mediador do inconsciente, de forma bastante semelhante à da *anima* que tem a reputação de ser a mediadora do inconsciente para os homens. A ideia da *anima* como mediadora do inconsciente faz muito mais sentido do que o inverso. Se os homens produzem cultura, então o que se relegou ao plano inferior é "feminino". Nesse sentido, as mulheres de carne e osso assim como imagens de mulheres ajudam os homens a entrar em contato com aquela parte de sua natureza que foi desviada para o submundo, e possivelmente desempenham a mesma função para as mulheres. Uma vez que essas foram incumbidas de conter e representar o que é emocional e assustador na nossa natureza humana, então é lógico admitir que é por meio das mulheres que os homens podem chegar a resgatar essa parte de si mesmos. Eles podem tanto se sair bem como fracassar nessa empreitada. Fracassam se continuam projetando sua imagem do que significa ser fêmea ou feminino nas mulheres. Ainda prestam um desserviço às mulheres na medida em que seus supostos acerca do que significa ser mulher são provavelmente inexatos e nós, mulheres, continuamos em uma espécie de inautenticidade acolhendo e contendo essas projeções. São bem-sucedidos caso se deem conta de que estiveram olhando as mulheres através de um véu, de um filtro, dentro de suas próprias psiques, que desesperadamente precisam reconhecer como sua. Como constructo útil, porém, o *animus* não pode existir como a mera contraparte, na psique das mulheres, da *anima* que existe na psique masculina, por causa do *status* diferente atribuído aos homens e às mulheres em nossa sociedade.

As mulheres e as imagens femininas são a porta de acesso ao inconsciente em uma sociedade dominada pelos homens – para ambos os sexos. O trabalho de James Hillman sobre a *anima* (*Spring*, 1973 e 1974) fornece poderosos subsídios em favor dessa noção. As implicações para a mulher são que temos uma subcultura, uma cultura subterrânea, esperando para ser descoberta. Isso porém não quer dizer que o *animus* irá nos conduzir até lá. Chegaremos lá desvendando os contos das mulheres, construindo nossos rituais, e basicamente celebrando a dimensão feminina da vida e do ser.

E quanto ao *animus* que é o "espírito condutor"? Estamos mais uma vez em bases instáveis. O problema com essa imagem do "masculino" ou "*animus*" é que ele reforça a relação de poder entre os homens e as mulheres na sociedade, como Carol Christ assinalou.[7] Se o "*animus*" é o nosso "espírito condutor", essa é a reconstituição espiritual do homem na nossa sociedade, que também nos dirige, nos diz quem somos e faz as regras. Não mencionarei aqui a dominação dos homens pelas mulheres que também pode ocorrer, mas em geral se dá de um modo diferente. As mulheres tendem a "dominar" pela manipulação, com os artifícios do subjugado, não é a dominação de quem foi criado para governar. (Veja o livro de Jean Baker Miller, *Toward New Psychology of Women* [A Mulher à Procura de Si Mesma] para mais argumentos em defesa deste ponto.) É certamente verdadeiro que o *animus* enquanto guia espiritual traz as mulheres para mais perto de um sentido de sua própria autoridade do que no estado pré-individuado, uma vez que o *animus* é concebido como parte da psique feminina. O problema, no entanto, está nas implicações socioculturais do gênero da imagem, se este ainda reforça a impotência da mulher na sociedade. Precisamos de imagens fortalecedoras de mulheres e precisamos nos desfazer da excessiva dependência em relação às figuras masculinas, mesmo a do *animus*, na medida em que replica o nosso já subdesenvolvido senso de autoridade e espiritualidade femininas.

A noção do *animus* como *logos* no sentido de capacidade para o pensamento racional é igualmente problemática, porque reproduz a visão que a sociedade tem do homem pensador, mesmo que desta vez se trate do homem interior nas mulheres. Conceber o *animus* desta forma foi um meio passo muito importante no caminho da libertação das mulheres em relação à impotência e ao pensamento inferior. Os junguianos viram a necessidade de as mulheres darem forma e concretude ao lado dito "masculino", o poder, a autoridade e o pensamento racional até então atribuídos ao homem. Mas não deram o meio passo seguinte, que deve ser dado por nós, e que consiste em legitimar o pensamento feminino, o poder e a autoridade das mulheres por si mesmos, e não somente como o outro contrassexual.

É crucial que nós, mulheres, reconheçamos a validação que a nossa sociedade outorga ao pensamento bem como à autoridade e ao poder masculinos, e percebamos também a possibilidade de inautenticidade no uso de um símbolo masculino para legitimar o nosso próprio poder. Se não encontrarmos imagens femininas de fortalecimento e pensamento, estaremos nos esquivando da questão do medo e da evitação presentes na nossa sociedade com respeito ao poder, à autoridade e à racionalidade femininas.

Não há dúvida de que precisamos de imagens tanto femininas como masculinas que sejam fortalecedoras e nos deem apoio e energia. Não estou sugerindo que como mulheres rejeitemos todas as imagens masculinas, mas sim que não as usemos como uma forma fraudulenta de conquistar poder feminino e de legitimar o pensamento feminino. Replicar uma situação de poder que existe em nossa sociedade não é um uso libertário do *animus*. Toda possibilidade de incentivo do sexismo deve ser retirada das imagens a fim de que a psicologia analítica se torne congruente com as diretrizes apresentadas no início deste artigo, a saber: que para ser libertadora para uma mulher a terapia deve reconhecer o sexismo como fato e opor-se a ele com uma atenção sem tréguas.

Assim, se essas formas de *animus* são problemáticas, qual é a utilidade do conceito? Minha recomendação é que o conceito de *animus* precisa ser desontologizado e visto como específico à cultura. Essa noção pode ser proveitosa se nos dermos conta de que a psique internaliza as imagens tanto quanto as projeta. Psique e cultura existem em uma relação dialética entre si, o que significa que a psique é não só a produtora de imagens, como sugerem os junguianos, mas também a consumidora destas. É especialmente importante que nós, mulheres, percebamos que estamos consumindo imagens do feminismo – inclusive a do *animus* (um aspecto do feminino) – que vêm sendo projetadas pela psique masculina na nossa cultura ocidental. Sob esse prisma, o conceito pode ser útil. Cada mulher pode examinar suas próprias imagens do *animus*, que devem vir representadas por figuras masculinas nos sonhos, ou estar contidas nos homens com os quais se relaciona, e ainda investigar seus sentimentos e percepções a respeito das instituições tipicamente "masculinas", observando de que maneira ela internalizou as definições da sociedade, no seu próprio detrimento ou benefício. O *animus* (e a *anima*, a propósito) pode ser usado como engenhoso recurso de exame da modalidade de luta que ocorre entre a nossa psique e os demônios internalizados de uma cultura sexista. É isso o que quero dizer com desontologizar. Parte do gênio de Jung está em desvendar o aspecto imaginal da nossa psique coletiva e de nossas psiques individuais. Em virtude de sua genialidade nesse campo, o conceito tem grande proveito, desde que seja especificamente inserido em um contexto cultural, uma vez que aí demonstra a psique no seu processo de criação e processamento de imagens.

O *animus* também é útil se for empregado pelas mulheres para desvendar nossas próprias perspectivas inconscientes a respeito dos homens e dos tipos de relacionamentos que tendemos a criar com eles. Dialogar com as imagens masculinas de nossos sonhos e fantasias do modo como os junguianos sugerem pode proporcionar-nos autoconhecimento na área de nossas expectativas em relação aos homens, além de nos ajudar a resgatar para nós mesmas capacidades que projetamos neles, fortalecendo-nos então. Nesse ponto, um dos usos do *animus* está em considerá-lo como fonte de esclarecimento que nos ajuda a enxergar as formas pelas quais internalizamos o sexismo (ou seja, como aprendemos a nos oprimir). O *animus* também é um símbolo da vida que a mulher não viveu,[8] como o demonstram nossas expectativas em relação aos homens e às nossas possíveis idealizações, ou, ao contrário, ao nosso ódio e ressentimento deles.

Por fim, sendo entendidas, nossas imagens de *animus* lançam luz sobre o mistério do motivo pelo qual nos apaixonamos pelos homens, no caso de mulheres heterossexuais. Integrado, o *animus* pode nos ajudar a parar de nos apaixonarmos de uma forma impotente, para podermos então ser livres e, enfim, amar de igual para igual.

Mitchell Walker

O Duplo:
O Auxiliar Interno de Mesmo Sexo

Jung nunca pretendeu que sua conceituação fosse tida como final, ou que estivesse sempre certo. Pelo contrário, esperava que suas interpretações provisórias fossem desenvolvidas e revistas. Dentro desse espírito, quero propor um conceito arquetípico, o "duplo", para mencionar uma figura anímica dotada de todos os significados eróticos e espirituais vinculados à(ao) *anima/animus*, embora do mesmo sexo que o indivíduo, sem, porém, ser a sombra. Essa figura tem exemplos mitológicos e é percebida pela experiência psicológica. Quando é denominada *anima* ou *animus*, perde-se.

O duplo é aquele conjunto de características que, em última análise, faz surgir a nossa percepção consciente do papel sexual identificado, embora seja muito mais do que a nossa reles ideia social de masculinidade e feminilidade, e seja completamente destituída de conotações sexistas (que lhe são acrescentadas a *posteriori*). O duplo e a(o) *anima/animus* são iguais e complementares e formam um todo, de natureza andrógina. Por exemplo, a *anima* contém as imagens arquetípicas da mãe, da filha, da irmã, da namorada. O duplo masculino, então, contém as imagens do pai, do filho, do irmão, do namorado. Assim como uma mulher pode servir para a projeção da *anima*, também o homem pode servir para a projeção do duplo masculino, e vice-versa para a mulher. O duplo, tanto quanto a(o) *anima/animus*, pode fazer parte da função transcendente.

A *anima* e o *animus*, bem como o duplo, são iguais em todos os mecanismos de seus processos. No plano psíquico, servem como "guias da alma". Aparecem na literatura, na mitologia etc., e estão implicados no processo da individuação. O duplo se revela na mitologia através de pares de heróis, como Davi e Jônatas, Aquiles e Pátroclo, Gilgamesh e Enkidu.

O duplo em geral aparece com uma aura de beleza, juventude e perfeição ou quase perfeição. Infelizmente, corre o risco de ser identificado equivocadamente apenas como símbolo do ego (o que, em parte, é mesmo, uma vez que o ego se apoia nele), ou como símbolo da sombra, do Self, a respeito dos quais pode realmente servir nessa função. Essa nebulosidade é devida ao fato de os conteúdos do inconsciente coletivo não serem diferentes e separados, mas se misturarem uns aos outros, e pode ser difícil estipular de maneira definitiva quem é quem. Os psicólogos têm explorado esse caráter da psique como forma de ocultar a constatação da presença do duplo em si e nos outros.

Aspectos do Duplo

Ilustrarei agora algumas qualidades e funções que para mim compõem o duplo. Trata-se do mais profundo ponto de apoio da pessoa, o seu parceiro, indo em frente, ajudando. Encontramos esse tema em muitas histórias, como na *Ilíada*, por exemplo, em que Aquiles não teria defendido os gregos com suas armas se não fosse Pátroclo ter combatido Heitor e ter sido morto por ele. Os troianos teriam vencido, mas aquele Aquiles, como explica Fedro em seu *Symposium*, "corajosamente preferiu ir em busca de seu amado Pátroclo, vingá-lo e jurar morte, não só em seu nome, mas na aflição de unir-se a ele, a quem a morte havia levado".[1] Dentro da mesma perspectiva, temos na Bíblia que Saul teria matado Davi, se não fosse por Jônatas "... meu irmão Jônatas, tu me eras imensamente querido, teu amor me era mais caro do que o amor das mulheres".[2]

Conforme insinuam esses mitos, o duplo é uma alma gêmea de forte proximidade e afeto. O amor entre homens e o amor entre mulheres, como experiência psíquica, frequentemente baseia-se na projeção do duplo, assim como a *anima* ou o *animus* são projetados no amor entre sexos diferentes.[3] E, como acontece com a *anima* e o *animus*, esse amor pode ocorrer dentro ou fora da jornada do herói. Além disso, uma vez que o duplo é uma figura da alma, o instinto sexual pode ou não ter envolvimento, ou seja, o motivo do duplo pode incluir uma tendência para a homossexualidade, mas este não é necessariamente um arquétipo homossexual. Em vez disso, o duplo encarna o *espírito* do amor entre os seres do mesmo sexo. E o espírito do amor no duplo é o que vejo como o fundamento de apoio para o ego.

O duplo funde o destino de duas pessoas num só. Vemos isso no livro de J. R. R. Tolkien, *O Senhor dos Anéis: O Retorno do Rei*, no qual Frodo jamais poderia ter realizado sua grande e épica jornada até a Montanha do Destino sem Sam, seu fiel servidor: "Essa foi então a tarefa que senti que devia realizar quando comecei", pensou Sam, "ajudar o sr. Frodo até o último passo..."[4] Em *Robinson Crusoé*, o herói não teria sobrevivido aos canibais sem o seu companheiro Sexta-Feira. Várias vezes, Mark Twain enfocou o motivo do duplo. Por exemplo, em *As Aventuras de Huckleberry Finn*, assume a forma de Huck e Jim, o escravo negro, cujos destinos e afetos se fundem rumo à liberdade no grande rio. Em *O Príncipe e o Mendigo*, a trama incide sobre o destino entrelaçado de dois rapazes idênticos.

Dessa maneira, o duplo é um facilitador do *rapport*. Cria uma atmosfera entre os amigos marcada por uma profunda igualdade e familiaridade, por um partilhar misterioso e alegre de sentimentos e necessidades, por um entendimento dinâmico e intuitivo. Essa agradável camaradagem amplia-se facilmente para a vivência comum de propósitos e metas cujas tarefas difíceis são empreendidas e cumpridas a termo.

Se, como sugiro, o duplo é a base da identidade do ego, pode levar a pessoa a autopercepções significativas. Esse é o significado simbólico da sua presença no mito do herói. Para muitos, o duplo pode desobstruir os processos criativos. Acredito que esse tenha sido o caso de alguns colaboradores famosos, como os parceiros Gilbert e Sullivan, Picasso e Braque, Marx e Engels. Como fonte de força e inspiração, o duplo pode ser um poderoso agente mobilizador na pessoa, e, coletivamente, estimular o desenvolvimento das artes e das ciências. Como explica Lamb em sua introdução de *O Banquete* de Platão, "O amor é aqui tratado com a sensação da sua importância universal", com a noção de como "podemos passar sem jamais despertar e ampliar os poderes que permitem o uso mais livre e elevado das nossas faculdades, a contemplação da verdade eterna invisível".[5] Na antiga Atenas, acreditava-se que o par de enamorados Harmódio e Aristógito acendeu a centelha da Democracia.[6] Nos tempos modernos, o trabalho de grandes artistas, como Gertrude Stein, Oscar Wilde, Andre

Gide e tantos outros, pode ser considerado o produto do crescimento pessoal estimulado pelo duplo.

Como é de esperar, no entanto, esse crescimento só ocorre para aqueles que reconhecem os anseios interiores do duplo e se permitem seguir suas diretrizes. Para crescer através do duplo, é preciso que a pessoa esteja aberta para sua função de guia da alma.

Aspectos Sombrios do Duplo

Todo arquétipo tem seus traços destrutivos. Sendo um arquétipo multifacetado (ou um grupo de arquétipos intimamente inter-relacionados, assim como a *anima* inclui a grande mãe e o guia feminino da alma), o duplo tem vários aspectos sombrios. Um deles é o *puer aeternus*. Outro é a sombra. Quer dizer, certos aspectos do duplo, como uma tendência para manifestações homossexuais, podem ser rejeitados pelo ego e cair na sombra. Isso é devido à semelhança entre o duplo e a sombra em sua relação com o ego: cada um deles é uma fonte mais profunda do que a personalidade consciente. Enquanto o duplo é, de modo típico, a fundação da identidade egoica consciente, a sombra é a base típica da identidade de um ego inferior. Portanto, é de esperar que os aspectos rejeitados do duplo tendam a se refletir na sombra – inconsciente.

O lado negativo do parceiro é o "competidor", a figura mítica da mesma estatura que o parceiro, mas que está decidida a ir contra o êxito do herói. Enquanto o parceiro se esforça para incentivar o ego, o competidor deseja suplantá-lo. Um exemplo de competidor é Heitor, da *Ilíada*. Assim como Aquiles e Pátroclo estão unidos pelo amor e a mútua orientação, Aquiles e Heitor estão vinculados pelo ódio e vingança. Aquiles diz para Heitor no seu encontro final: "Os leões e os homens não se dão trégua, os lobos e os cordeiros não têm amizade: estes se odeiam para sempre. Também não pode haver amor "entre você e mim"; e não haverá trégua para nós até que um caia e empanturre Ares com o seu sangue".[7]

O arquétipo negativo sempre contém a força do positivo, inclusive seu impulso para a individuação. O competidor apresenta um desafio que precisa ser superado e, nesse sentido, contribui com uma imagem da própria pessoa que esta deve chegar a realizar através de seu crescimento pessoal. Entretanto, a imagem é apresentada, em um contexto negativo, como ameaça. Por causa disso, é muitas vezes objeto de uma imediata projeção e pode tornar-se um fator importante no incentivo das agressões e da competição interpessoais. Além disso, uma sociedade como a nossa, em que agressão e competição são incentivadas para os homens, a projeção do parceiro negativo será, por decorrência, também estimulada. Isso pode gerar hostilidade e ressentimento, diretos ou indiretos, em relação aos homens em geral. Podemos chamar essa situação de complexo do competidor. Ou, uma vez que o competidor mais importante em geral é o pai, podemos nesses casos incluir o fenômeno na categoria junguiana do complexo paterno, para os filhos, porém não para as filhas. No nível coletivo, podemos constatar a atuação desse complexo como estimulante de guerras, entre outras iniciativas aguerridas. Afora isso, a fixação no arquétipo de competidor pode participar do bloqueio dos impulsos construtivos, inerentes ao motivo do duplo. Para a pessoa que repudia com desdém as demonstrações de amor do duplo, o arquétipo rejeitado pode vingar-se, transformando-se no seu lado negativo.

Em conclusão, a percepção consciente do duplo expande a nossa concepção de diversos fenômenos humanos, entre os quais a "homossexualidade", os elos grupais e a guerra. O reconhecimento do duplo enriquece ao mesmo tempo que simplifica a nossa visão da psique. Podemos ver o campo da(o) *anima/animus* e do duplo como o local em que se encontra a fonte das identidades, das projeções e dos complexos relativos aos papéis sexuais. É o centro desse campo, então, que dá margem ao significativo arquétipo do andrógino, e é esse andrógino que, por sua vez, pode levar a uma visão mais diferenciada da psique como um todo.

Assim como a *anima* e o *animus* aparecem-nos como fonte misteriosa, também o duplo nos vem dessa maneira. No entanto, é esse duplo que tem sido e continua sendo um significativo fator nos fenômenos sociais e culturais. Para podermos continuar expandindo a consciência e atingindo uma percepção cada vez mais sutil, devemos reconhecer o arquétipo do duplo como legítimo e aprender a identificar seu potencial para as pessoas e para a sociedade.

David DeBus

O Self é um Alvo Móvel:
O Arquétipo da Individuação

O Self imprime sua totalidade em nossa vida psicológica, à medida que vamos nos desenvolvendo. Apresenta-se para nós como a imagem psicológica do divino. E, nesse sentido, participa das qualidades de uma meta transcendente, constitui-se em um alvo móvel a cuja direção nos encaminhamos.[1]

Nossos primeiros vislumbres do Self vêm a nós embutidos nas manifestações gerais da energia psicológica, em vez de como eventos e imagens que podemos identificar como especialmente procedentes do Self. Os primeiros vislumbres que Carl Jung teve do Self levaram-no a reduzir os sinais da sua presença a uma "libido". Mais tarde, a experiência clínica e a necessidade teórica forçaram-no a propor um "arquétipo do Self" distinto das manifestações gerais da energia psicológica. Ao longo das décadas, parece que seus escritos passam por um processo de individuação, pois ele começa a descrever o Self, cada vez mais, como o organizador dos demais arquétipos e das vidas individuais, em seus estudos de caso. Como nós, ele no início não conseguia discernir a imersão inconsciente da criança pequena na unidade do Self do encontro consciente do adulto maduro com os símbolos do Self.

O Self não pode ser reduzido à consciência presente na infância. Pelo contrário, deve ser concebido como a dimensão que nos contém em nosso início. Como um círculo ou esfera, como águas primordiais ou jardim, o Self cercou-nos e penetrou-nos. Quando estávamos em união com o nosso inconsciente, o nosso corpo, a nossa mãe, o nosso pai e o universo, nossa noção de tempo nos dava um conhecimento proprioceptivo profundo da espécie de tempo em que o Self é. Denomino-o de "tempo em éons", para distingui-lo da noção religiosa da eternidade de Deus, e do tempo secular medido pelo relógio. O tempo em éons lembra o tempo das visões místicas, da inspiração artística, dos sonhos, dos contos de fada e dos mitos, que começam com "Era uma vez". Lembra o tempo-espaço que envolve as coincidências significativas e as vivências registradas no sistema nervoso parassimpático, como a sexualidade intensificada. Quando nos recordamos da unidade inconsciente entre o mundo e a nossa psique, no tempo em éons dos primórdios de tudo, lembramo-nos de uma experiência da presença do Self sem uma diferenciação consciente. Nossa primeira unidade é inconsciente. Ela não passou pelo Uno para chegar ao Duplo ou ao Vários; não passou pelo que os chineses chamam de "as dez mil coisas".

Às vezes, Jung enfatiza a relação recíproca do Self com a consciência, mas frequentemente acentua o papel subordinado da consciência pessoal ao que ele designa como "ego":

> O termo "Self" pareceu-me adequado para esse substrato inconsciente, cujo verdadeiro expoente na consciência é o ego. O ego está para o Self como o que se move está para aquilo que o desloca, como o objeto está para o sujeito, porque os fatores determinantes que provêm do Self cercam o ego por todos os lados e, portanto, lhes são sobreordenados [...]. Não sou eu que me crio, mas, sim, eu aconteço a mim mesmo.[2]

Seja a relação do Self com a personalidade de igualdade recíproca ou de continente para conteúdo com sobreordenação, cabe uma sucessão exigente de paradoxos: o Self tanto contém como é o conteúdo da pessoa completa; o Self é tanto aquilo de onde viemos como aquilo que almejamos; o Self inclui o ego e, não obstante, Self e ego podem travar um diálogo como respectivos representantes da pessoa completa e da personalidade consciente mais limitada; o Self está oculto, mas adora ser conhecido; o Self tem um valor supremo como "pérola psicológica de preço elevado", mas está presente no fluxo da vida de todo dia, "na palha e no estrume", como dizem os alquimistas. Todos os arquétipos têm essa dupla natureza e, para esse arquétipo que afeta todos os outros, essa dupla natureza assume o caráter de extremos paradoxais. Na realidade, o Self contém polaridades pessoais e transpessoais, como o bem e o mal, o feminino e o masculino, o ponto e o círculo, a harmonia e a discórdia, a ordem e o caos, a complexidade e a simplicidade.

Contudo, seria errado extrair disso uma espécie de filosofia pseudo--oriental. O termo alemão *Selbstverwirklung*, que Jung costuma usar no sentido de "autoconhecimento", sugere a presença de uma trajetória ativa, empreendedora, marcada pela ânsia, não um esvaimento da consciência em um nada difuso. Em contraposição aos relatos orientais do desenvolvimento psicoespiritual, o relato junguiano do movimento da personalidade rumo ao Self não termina na dissolução ou no desaparecimento do ego.

A crítica feita na literatura espiritual ao ego repleto de desejos entra em contraste com a valorização dada pela moderna psicologia ao ego psicológico. Jung usa "o ego" para sugerir o receptor da experiência consciente, contraposto e compensado pelo inconsciente. Sem o ego psicológico, ninguém está presente para viver a vida ou para vivenciar o Self. O ego de Jung é um dos muitos complexos no qual ocorrem sentimentos e pensamentos. Ele retém a ilusão de que dá origem a sentimentos e pensamentos, e a ilusão de que funciona como centro, até o Self "destroná-lo" durante o processo de individuação.

Como a própria palavra sugere, individuação significa chegar a um acordo com a nossa verdadeira natureza. A individuação desafia o ego a mover-se no sentido de uma condição desconhecida, em lugar de permanecer cativo dos hábitos e das coisas familiares. Uma vida pessoal na qual o Self, como fator transpessoal, não se intromete corre o risco de estagnar. Se o Self desafia a nossa vida pessoal com a individuação, em geral começamos com uma sensação de desconforto e de perda. Esse processo exige um considerável alargamento de nossas personalidades. Nossa vida pessoal passa a ser governada, cada vez mais, por um centro de gravidade e organização que inclui as realidades transpessoal e inconsciente. Mesmo depois de o domínio do Self estar claramente estabelecido, seu modo de governar nossa vida pessoal vai se modificando à medida que vamos avançando na nossa individuação.

Podemos constatar como o domínio do Self se instala em nossa vida examinando o modo como praticamos o poder, como estamos nas relações, como afirmamos a importância do Self, sentados no trono do ego.

Nosso poder sobre as pessoas, sobre a natureza, sobre as coisas habitua-nos a uma ilusão de controle. Quando começa a falhar esse controle aparente, quando nossos filhos se tornam mais independentes e nos desafiam, quando o jardim que plantamos desaparece na geada, quando nosso carro quebra, ou quando alguém com quem contamos morre, nosso senso equivocado de identidade centrada no controle também fracassa. Em casos extremos, sentimos que estamos morrendo, que somos impotentes, sem valor. O Self pode inclusive levar identidades forjadas no controle, grandiosas e pomposas, a fracassos radicais, como aconteceu com Édipo e o rei Lear, como se o Self quisesse instalar-nos de forma adequada em um estado de capitulação e renúncia. Às vezes, o Self só aparece quando chegamos ao ponto da própria desolação.

Quando temos a atitude de que os relacionamentos podem conter o valor essencial e o principal significado de nossas vidas, praticamos uma espécie de idolatria. O Self tende a esfacelar essa idolatria de várias maneiras, inclusive levando-nos a ver que a outra pessoa não corresponde à nossa mais íntima e fundamental imagem anímica. Jung cunha os vocábulos *"anima"* e *"animus"* – arquétipos de nossos opostos inconscientes mais importantes – segundo o radical em latim de "alma". Nas pessoas hétero e homossexuais, essas imagens da alma do sexo oposto, dentro do inconsciente, são projetadas em outro indivíduo. Essas projeções contêm parte da força psicológica que mais adiante fluirá no sentido do Self.

Além disso, o Self representa uma união de opostos internamente reconciliados. Enquanto corremos o mundo em busca desse oposto interior, podemos receber tratamento e conhecimentos disso que vive dentro de nós, sem porém perceber que a busca deve voltar-se para dentro. Essas imagens, quando projetadas em alguém ou em um relacionamento, comportam possibilidades instintivas, sexuais, eróticas, afiliativas e espirituais. Algumas pessoas parecem descobrir seu oposto interior *por meio da* relação, enquanto outras devem abandonar o nível idolátrico de relacionamento e voltar-se para dentro. Com o tempo, o Self cobrará novas formas de estar em uma relação, que sejam fundadas em um maior contato interior com o próprio oposto.

Quando permitimos que o Self influencie o nosso antigo modo de nos relacionar, abandonamos ou modificamos as projeções, em nome do amadurecimento. Podemos escalar aquilo que Platão chama a "escada do amor", obedecendo ao nosso anseio pelo Self, originalmente mal colocado em um relacionamento pessoal. Primeiro, sentimos atração física, depois amor pela alma do outro e, finalmente, pela educação que o amor traz – a chegada em casa na realidade de nossas próprias almas. Em contraste com o amadurecimento *através de* uma relação podemos, em vez disso, retirar nossas projeções e, com esse esforço, ampliar nossa consciência. As imagens carregadas que projetamos não se ajustam ao ser humano real em ambos os padrões e a fase "da lua de mel" – nos relacionamentos românticos ou até mesmo nas amizades – termina. Como a versão adulta de um movimento da criança pequena ou no sentido de mais dependência, ou de mais autonomia, ou desistimos de nós ou crescemos.

O governo do Self, em cuja direção o processo da individuação aos poucos vai encaminhando nossa consciência, busca adiantar nossa maturidade enfraquecendo as maneiras antigas de usarmos o poder e entabularmos relações. O Self age por trás do nosso uso do poder, pois sua força está em proporcionar um padrão, em nos harmonizar com a natureza do cosmos nas proporções corretas, em sua busca para dar corpo à verdade essencialmente paradoxal da reconciliação dos opostos. E o Self age por trás de nossos anseios de relação, pois contém em suas potencialidades o casamento interior.

Mas a terceira capitulação à hegemonia do Self implica o sacrifício de tudo o que pensávamos ser. O Self move-se da periferia da nossa vida psicológica em direção ao seu centro. Um guru disse-me que, quando os ossos do crânio no alto da cabeça do bebê se unem, Deus não pode entrar e, então, o ego pensa que é Deus. Para a maioria das pessoas, o Self começa a exercer seu efeito de centramento, de individuação, tanto no plano consciente como no inconsciente no meio da vida. A formação de nossas personalidades e a dedicação da nossa energia psicológica ao desenvolvimento da nossa vida pessoal adquirindo habilidades, trabalhando, relacionando-nos, limitam nosso acesso ao inconsciente e às suas influências criativas, espirituais e desorganizadoras. O Self torna-se o centro da psique consciente e inconsciente, e os demais arquétipos, como os do *animus* e da *anima*, subordinam-se a ele. Mas o Self também desempenha outros papéis. Como testemunha, o Self observa nossa personalidade passar por experiências e integrá-las, como os dois pássaros nesta passagem do *Manduka Upanishad*: "Dois pássaros, companheiros sempre unidos, pousam na árvore do eu-mesmo. Dos dois, um come as frutas doces e o outro contempla sem comer". Embora seja a árvore, o Self também é o pássaro observando as experiências da nossa personalidade.

Nossa personalidade começa às vezes o processo de individuação sem preparo suficiente, enquanto conexão com o corpo, a terra, o envolvimento com a nossa vida. Jung apresenta o relato de uma mulher que vivencia passivamente a individuação, como "giro turístico pelo campo, sentada à janela do trem". Diz ele acerca dessa mulher:

> A individuação só pode acontecer se você primeiro voltar para o corpo, para a sua terra, e só então o processo torna-se verdadeiro [...]. Ela deve voltar para a terra, para dentro do seu corpo, sintonizar sua própria singularidade e peculiaridade. Senão, está na correnteza da vida, é o rio inteiro e nada terá acontecido porque ninguém o terá testemunhado [...]. A individuação só pode acontecer quando é percebida, quando alguém existe para registrar o que se passa; caso contrário, será a melodia eterna do vento no deserto.[3]

Ocasionalmente, o Self parece um destruidor de nossas identidades costumeiras. Mas, pelo prisma de sua finalidade, sua ação pretende tornar completo o nosso envolvimento. Os alquimistas disseram que seu trabalho de transformação exige a pessoa completa, e o Self cobra o mesmo. Em geral, essa exigência recai mais acentuadamente sobre nossas funções menos desenvolvidas, nossos elos mais débeis, que ignoramos na primeira metade de nossa vida.

Jung enfatiza que o Self pode representar Deus em nossa psique, que é "a imagem psicológica" de Deus em nossa psique. Mas ele observa que, em termos de experiências concretas, por oposição à crença,

> não temos como distinguir se essas ações emanam de Deus ou do inconsciente. Não podemos dizer com absoluta certeza se Deus e o inconsciente são duas entidades diferentes [...]. Mas, no inconsciente, existe um arquétipo de totalidade que se manifesta de forma espontânea nos sonhos etc., e uma tendência, alheia à vontade consciente, para relacionar outros arquétipos a esse centro.[4]

Nos textos de Jung, as experiências com Deus registradas nas Escrituras e nos relatos de místicos recebem um tratamento que é dispensado a fatos psicológicos, não tanto a realidades religiosas conhecidas. Em particular em "Resposta a Jó", a imagem psicológica de Deus na psique ocidental parece ela mesma estar individuando-se. De modo mais específico, Jung considera que a imagem psicológica de Deus na psique ocidental está ampliando-se para incluir qualidades escuras e femininas. Para Jung, a natureza do Self na psique humana corresponde à imagem de Deus que inclui os lados suprimidos e reprimidos da civilização ocidental, em uma união de opostos reconciliados, uma totalidade que vai mais além de um Deus bom ou de uma Trindade masculina. Para Murray Stein, comentarista dos trabalhos junguianos, quase parece que Jung estava fazendo o trabalho analítico do analisando chamado cristianismo.[5]

Embora o Self amplie nossa personalidade, geralmente fazendo-a desenvolver funções e atitudes menos desenvolvidas e, embora o Self cerque a personalidade por todos os lados e, assim, abranja tanto a vida consciente como a inconsciente em uma totalidade maior, vivenciamos o Self como se habitasse no inconsciente. Na qualidade de "alguém" com 2 milhões de anos de idade, em geral não é verbal e se expressa por meio de imagens, sons e sensações. Pode ainda conduzir-nos em nossa forma de interagir com o mundo exterior, atraindo-nos para a sua realização, com o fim de compensar as perspectivas conscientes unilaterais. Quando paramos de pintar quadros, paramos de falar, e paramos de fingir que damos origem aos sentimentos a partir do ego, podemos ver as imagens que o Self cria, ouvir seu som e sua música, e participar da sensação que vem de muito além do nosso limitado conhecimento consciente.

Ao iniciar-se o processo da individuação, tanto a nossa personalidade como a nossa vida inconsciente passam por uma reorganização. O Self começa a exercer influência sobre as energias pessoais e coletivas inconscientes. A reorganização pela qual passa a vida inconsciente faz com que o Self se expresse por símbolos, e que também através destes transmita as mudanças do seu papel. Os símbolos apontam para algo que está além deles mesmos e seu significado jamais se esgota em formulações racionais. Frequentemente, compreendem e comprimem muitas camadas de significação e várias trajetórias de desenvolvimento. Vivenciamos símbolos em sonhos e visões e devemos contribuir com a nossa metade para um relacionamento com eles. Essa é a dimensão consciente do diálogo com o inconsciente e com o Self, através do inconsciente. Juntos, os dois lados da moeda – o consciente e o inconsciente – recuperam a totalidade perdida. Quando nossa orientação consciente se desloca, o inconsciente também se movimenta. O Self parece mover-se em resposta aos nossos movimentos, mesmo que em geral seja quem desencadeia o movimento consciente.

Nossa tendência a tornar realidades dinâmicas como o Self em coisas imóveis ou em mobília mental desencarnada reflete nossas imagens paralisadas das realidades espirituais e psicológicas. Todas essas realidades, porém, vêm a nós ao mesmo tempo como um fazer e também como um ser. Como indaga William Butler Yeats: "Como distinguir o dançarino da dança?" A incessante atividade do Self em prol do desenvolvimento de nossa consciência significa que os locais de parada são prêmios para otários. Um aforismo budista diz o seguinte: "Quando chegares ao topo da montanha, continua subindo".

Nossos vislumbres do Self parecem revelar algo estático mas, pelo contrário, terminam compondo uma realidade cambiante e complexa quando adotamos uma perspectiva de longo prazo, contemplando as sequências de sonhos, os anos de trabalho alquímico, e as trajetórias da vida consciente e inconsciente dialogando por mais de uma década, como se uma espécie de movimento glacial pudesse ser constatado através do equivalente psicológico da fotografia sequencial. Arthur Schopenhauer falou de como nossa vida pode parecer ter sido planejada, mesmo que desvios e interrupções aparentes tenham desorganizado seriamente nossas intenções conscientes. Somente retomando o fio da nossa vida, desde o início, em busca do traçado da influência moderadora dessas intenções mais profundas, é que podemos ver que nossa personalidade se ampliou no sentido do plano que o Self tinha para a nossa vida.

O Self oferece uma forma simbólica e uma expressão verbal para a sua constante atividade e efeito estruturador em nossa vida, nos sonhos, nos trabalhos de arte, nas integrações que fazemos do espiritual em nossa vida cotidiana e em sequências como as que Jung estudou mostrando a vida transpessoal e inconsciente projetada na matéria pelos alquimistas. Mas mesmo essas comunicações simbólicas mais profundas chegam até nós como naturezas-mortas e descrições verbais de um momento no tempo do Self. Com suas ocorrências discretas (e não contínuas) podem obscurecer a realidade contínua do Self. Além disso, em razão de este agir como nossa individualidade implícita, nossas imagens do Self enquanto dinamismos separados e diferentes de nós são em parte falsas. Se considerarmos que nossa personalidade expressa de maneira limitada aquilo que origina, contém, guia e age como símbolo da sua totalidade madura, chegamos a nos entender como uma identidade operacional, ou personalidade, e como uma identidade cósmica, ou alma.

Que vantagem prática teria esse relacionamento inquietante, arriscado e sempre mutável com o Self, à medida que vamos nos tornando cada vez mais individuados? O filósofo político John Stuart Mill expôs um dos valores sociais de a pessoa tornar-se mais individual, quando escreveu: "Não é rebaixando a uma uniformidade geral tudo o que é individual na sua pessoa, mas sim cultivando-o e convocando-o, dentro dos limites impostos pelos direitos e interesses de outros, que o ser humano torna-se um nobre e belo objeto de contemplação [...] portanto capaz de ser mais valioso aos outros".[6]

Mill não tinha em mente a relação com a vida inconsciente que está implícita na formação de um elo de obediência ao Self, mas ele entendia por "individualidade" o desenvolvimento do potencial humano que faz a humanidade como um todo avançar: e isso está de acordo com a introvisão essencial de Jung. Em seu trabalho, Mill também antecipa, porém, o atrito social decorrente de indivíduos individualizados, uma vez que essas pessoas deixam de se harmonizar com tanta subserviência às instituições, comunidades, famílias e regras implícitas do casamento. Ele argumenta ainda que todas as sociedades se empobrecem quando não permitem o desenvolvimento pessoal. Indivíduos genuínos perturbam os tiranos. A genuína "autonomia" ou "lei pessoal" significa que os métodos sociais de controle perdem o seu poder. O ego anelante ouve rumores dessa autonomia com aparência de liberdade e, em nome do Self, pode racionalizar uma permissão apresentando uma farsa oportunista de individuação. À primeira vista, o que decorre da obediência à conscientização quando o Self se mostra pode parecer permissão. Nas palavras de uma canção de Bob Dylan: "Para viver fora da lei, você precisa ser honesto". Jung acentua reiteradas vezes as graves responsabilidades éticas que assumimos quando nos afastamos das normas coletivas, em nome dessa obediência ao Self.

Nossa personalidade jamais terá a estatura, a existência abrangente, cujo tempo são éons, ou a sabedoria evolutiva e teleológica do Self. Seja qual for a extensão de nosso percurso rumo ao Self como alvo móvel, sempre estaremos a meio caminho entre pedra e anjo, entre obstáculos diários torturantes e o cosmos. Felizmente, em benefício da verdadeira proporção de nossas identidades pessoais, quando estamos cheios da nossa própria importância, ou "inflacionados" pelo Self, como diz Jung, a vida em geral puxa com força o tapete debaixo de nossos pés. Qualquer arquétipo do inconsciente pode inflacionar a nossa personalidade, mas, quando o arquétipo do Self nos inflaciona, resultam formas específicas de orgulho espiritual. Entramos em estados repletos de *glamour* nos quais nos deixamos ficar, imersos em atitudes sobre-humanas de inferioridade ou superioridade, marcadas por uma forma peculiar de cegueira no tocante aos nossos limites corporais, emocionais, intelectuais, espirituais, ou onde se destaca uma equivocada aplicação das qualidades que, por exemplo, procedem de um coração oceanicamente amoroso que apaga de forma imprópria os limites pessoais. Regressamos a nós, sabendo o quanto somos comuns. O que Jung chama de "a função compensatória do inconsciente" age como um amigo sábio e sóbrio, mesmo que saiba que nossa personalidade inflacionada funciona como um desmancha-prazeres.

O significado original de "pecado" em grego é "errar o alvo". Jung compreende o termo grego para *arrependimento* como "tornar-se mais consciente". Quando não miramos no alvo do Self com exatidão, isso pode significar que a nossa consciência, a nossa maturidade e visão precisam passar por uma revisão fundamental. A inflação que nos desvia de nossa meta também pode nos levar a imaginar que estamos definitivamente no alvo. O Valor Absoluto do diálogo pela verdade com o inconsciente mostra sua importância estratégica ao corrigir esse autoengano. A humildade decorre de nos tornarmos mais conscientes de nossos limites pessoais e da diretriz impressa pelo Self, e essa humildade não inclui exageros. Ela faz com que nossas personalidades se tornem receptivas e "pobres em espírito". Uma vez que a personalidade não possui o Self, somente o que Jung chama de "uma atitude religiosa" pode afrouxar o cerco de nossa arrogante certeza e inverter a situação. Jung aproxima o Self do Tao chinês, que não pode ser apreendido nem por palavras, nem por conceitos.

Jung envereda pelo caminho tortuoso em lugar da linha reta, para correr da personalidade até o Self, apercebendo-se assim de uma qualidade essencial ao processo da individuação e seu subsequente arredondamento de nossas personalidades. "Esse arredondamento", diz ele, "pode ser o alvo de qualquer psicoterapia que se pretenda ser mais do que uma mera cura dos sintomas".[7]

A dor e o perigo inerentes ao processo da individuação são igualados apenas pela sua necessidade inquestionável. Ganhar algo significa sacrifício. Jung diz: "Todo desenvolvimento superior da consciência é tremendamente perigoso. Em geral, inclinamo-nos a considerar ideal e desejável desenvolvermo-nos na direção de um estado superior, mas nos esquecemos de que isso é perigoso porque esse desenvolvimento significa, em geral, sacrifícios".[8]

As metáforas espaciais para o Self e a ampliação da personalidade durante o processo de individuação (o que Jung chama de "o âmbito da integração" no seu caminho rumo ao Self) incluem ascensão e queda, círculos e esferas elaborados e ampliados, movimentos em espiral e o equivalente espacial da música de Bach. Significa uma totalidade abrangente em lugar da perfeição de um único ponto.

A simplicidade resultante de nossa personalidade, quando o Self foi um alvo móvel para o nosso desenvolvimento, não vem de uma amputação procustiana de aspectos inconvenientes ou inaceitáveis de quem somos. Ao contrário, ela decorre da maravilhosa e terrível tarefa da autoaceitação e de um movimento que integre e aceite a diversidade das "dez mil coisas", por causa da sensação percebida do Tao que as permeia. Nessa simplicidade, aquilo que é conhecido, desconhecido e o que está conhecendo continuam no seu movimento de abertura e desdobramento, em melhor sintonia com a nossa natureza essencial.

Parte 2

A Família Arquetípica

Antes mesmo de Jung desenvolver sua teoria do inconsciente coletivo e dos arquétipos, já o intrigara o poderoso papel simbólico desempenhado pela mãe na psicologia, em especial na psicologia masculina. A ruptura entre Freud e Jung foi em grande medida ocasionada pela insistência deste último, em seu livro de 1913 intitulado *Psicologia do Inconsciente*, de que o anseio incestuoso pela mãe por parte do filho *realmente* significa o anseio por restabelecer o contato com a fonte da renovação psicológica – não a mãe literal, e sim a mãe simbólica. Ao trabalhar mais em sua teoria em anos posteriores, Jung afirmou com ênfase ainda maior que o arquétipo da mãe não é um derivado de nossas experiências com a mãe biológica pessoal, mas, ao contrário, que não podemos nos impedir de ver nossa mãe segundo esse arquétipo.

> "Mãe, como a nossa psique a imagina, está associada à solicitude e à simpatia maternas; à autoridade mágica da mulher; à sabedoria e à exaltação espiritual que transcendem a razão; a todo instinto benéfico, a tudo o que é benigno, que acalenta e sustenta, que promove o crescimento e a fertilidade. O lugar da transformação e do renascimento mágicos, junto com o submundo e seus habitantes, são presididos pela mãe. Do lado negativo, o arquétipo da mãe pode conotar tudo o que é secreto, oculto e escuro; o abismo, o mundo dos mortos, tudo o que devora, seduz e envenena, aterroriza e é inescapável como o destino.[1]

Pouco espanta, portanto, que Jung manifeste sua simpatia pelas mulheres que são "as portadoras acidentais" desse arquétipo.

Embora na psicologia junguiana e, como o sugeriu Hillman, em toda a psicologia profunda em geral, o foco tenha incidido sobre o arquétipo da mãe, também há o reconhecimento de que outras figuras da família habitam na nossa psique como arquétipos importantes: o pai, o filho, a filha, o marido e a esposa, o irmão e a irmã. Todas essas figuras vivem em nós de maneiras que não são inteiramente determinadas pelas nossas vivências pessoais (e, claro, não são inteiramente independentes destas, pois, neste livro, estamos falando de imagens arquetípicas, e não dos arquétipos em si). Essas imagens arquetípicas influenciam no modo como reagimos aos "portadores acidentais" dos arquétipos e que são os nossos pais, cônjuges e irmãos concretos. Projetamos pressupostos e sentimentos derivados dos arquétipos em pessoas que não pertencem ao nosso círculo familiar, como se de alguma forma fossem (ou devessem ser) nossas mães, pais e filhos. Esse dinamismo pode enriquecer as relações, acrescendo-lhes ressonância e significação, mas pode também (o que talvez aconteça com mais frequência) danificá-las ao falsificar quem o outro realmente é e como ele está disponível para se relacionar conosco.

Todos nós, cientes disso ou não, podemos ser considerados possuidores de uma invisível e poderosa família arquetípica, ao lado daquela que costumamos admitir que temos; aliás, as duas estão quase que inextricavelmente mescladas entre si. O pai ou a mãe que aparece nos nossos sonhos, por exemplo, é em geral uma confusa mistura dos pais arquetípico e pessoal.

Como observamos na Parte 1, os arquétipos estão sempre vinculados a outros arquétipos. Em geral aparecem aos pares, mas esse pareamento não é sempre entre dois complementares, e isso faz diferença. Também faz diferença o arquétipo *através* do qual vivenciamos a situação e o arquétipo *para* o qual olhamos. Assim, a ligação pai-filho parecerá diferente se nos detivermos na perspectiva do filho, ou na do pai. Para abrir essa parte do livro, T. Mark Ledbetter considera o modo como o percurso do filho rumo à maturidade é moldado pela sua relação ambivalente tanto com o pai arquetípico como com o pai pessoal. Ledbetter volta-se para a literatura contemporânea para "amplificar" seu tema, como outros autores influenciados por Jung, os quais costumam abrir-se para a mitologia e o folclore.

O analista junguiano Murray Stein, autor de *Midlife*, assume uma postura mais tradicional ao investigar o modo como os mitos gregos esclarecem a nossa vivência do arquétipo do pai. Stein não está interessado em saber como as imagens arquetípicas afetam o modo como o filho enxerga o pai e vice-versa. O que constitui o cerne de sua atenção é como um pai interior devorador abafa nossos impulsos criativos, assim como Cronos – segundo a lenda – engolia seus filhos imediatamente após nascerem. Zeus nos oferece a imagem de um pai interior mais tolerante, mais flexível, que só impede aquelas mudanças revolucionárias que de fato ameaçam a ordem e a harmonia psíquica. O ensaio de Stein sugere que pode existir desenvolvimento no seio do arquétipo, que não estamos necessariamente fixados na versão do arquétipo do pai que primeiro aparece.

Em sua discussão das dimensões arquetípicas do elo mãe-filha, Helen M. Luke, fundadora da comunidade terapêutica Apple Farm, também recorre à mitologia grega. Sua versão da história de Deméter e Perséfone nos ajuda a ver a pertinência deste mito para o autoentendimento das mulheres. Em cada uma de nós, vive uma filha que deve romper o cerco do continente oferecido pela mãe e, em cada uma de nós, também vive uma mãe que quer proteger a filha e sofre quando não o consegue. As mulheres anelam por crescer e resistir à mudança. Por meio desse mito, descobrimos que o tempo passado no mundo inferior é uma parte necessária de toda vida humana, mas que a renovação psicológica permanece sendo uma possibilidade a cada idade.

A ex-professora de filosofia e analista junguiana Linda Schierse Leonard ajuda-nos a perceber as diferenças que marcam a presença do pai arquetípico na vida de uma filha e de um filho. Seu relato vívido e pessoal mostra uma filha adulta lutando para elaborar seu relacionamento com o pai histórico e com o pai arquetípico a fim de curar seu relacionamento ferido consigo mesma, assim como para tornar possível uma reconciliação com seu pai real. David DeBus apresenta um poema, escrito para a filha ainda não nascida, no qual expressa toda a ternura e toda a esperança evocadas em um pai que está imaginando o que irá significar em sua vida ter uma filha.

Os arquétipos da mãe e do pai desempenham um papel tão poderoso na nossa psique que costumamos nos sentir dominados por eles. Em contraste com tais arquétipos, a avó e o avô podem vir associados com muitos dos mesmos atributos e poderes, mas em uma escala menos formidável e menos temível. Em sua contribuição, o professor de estudos religiosos David L. Miller escreve a respeito da razão por que isso acontece dessa maneira. A romancista e ensaísta Jane Rule, em uma tonalidade mais pessoal, escreve sobre as experiências de sua infância com as avós e sobre como essas vivências moldaram seus sentimentos acerca da velhice e o que ela entende por amor. A poetisa Alma Luz Villanueva, em suas linhas líricas, exprime o quanto é profundamente fortalecedora a imagem da avó. E a terapeuta junguiana River Malcolm celebra os particulares incentivos que somente um avô pode proporcionar.

Mães e pais também são filhas e filhos e, com frequência, esposas e maridos. O que enxergamos de nós mesmos quando olhamos para nossas vidas pelo prisma do casamento arquetípico é muito diferente daquilo que apreendemos por meio do casamento de nossos pais. Mas podemos constatar como é difícil desemaranhar esses arquétipos porque nenhum relacionamento concreto é influenciado por apenas uma imagem arquetípica. Em meu ensaio a respeito do casamento, sugiro que vejamos nossos cônjuges pelo prisma de muitos arquétipos. O marido constela o arquétipo do marido, mas também o arquétipo do pai, do filho, do irmão, do amante, e até o da mãe! Considero, inclusive, os problemas implicados na satisfação que esperamos receber do portador desses arquétipos que nos preencha a ponto de nos sentirmos completos através do relacionamento.

A família arquetípica também inclui irmãs e irmãos, que meu ensaio explora em termos gerais. O poema de Adrienne Rich investiga os intensos sentimentos de proximidade e distância que caracterizam sua relação com a irmã; o poema de Galway Kinnell expressa a tristeza dos irmãos que não têm nenhuma forma real de comunicar-se entre si. O psicólogo Howard Teich escreve sobre o significado arquetípico do mais próximo dos elos entre irmãos, o dos gêmeos.

Eu também quis incluir membros da família em geral não considerados quando refletimos de início sobre a família arquetípica, mas que, não obstante, dela participam, a título de membros desacreditados ou não reconhecidos. Por isso, incluí um excerto do livro *Orphans*, de Eileen Simpson, e um poema de Olga Cabral sobre a mulher solteira. Os ensaios do terapeuta junguiano Robert H. Hopcke, autor de *Jung, Jungians and Homosexuality* (*Jung, Junguianos e a Homossexualidade*), e da analista junguiana

Caroline T. Stevens nos proporcionam relatos pessoais de como casais homossexuais e famílias de lésbicas são influenciados por imagens arquetípicas tradicionais da família, e como poderiam aprofundar e expandir o entendimento do que abrange o arquétipo da família. Esses ensaios ajudam-nos a enxergar, mais uma vez, como estão intimamente interligadas as dimensões arquetípica e pessoal. Refletir sobre as experiências pessoais ajuda a ver como os arquétipos agem em nossa vida e, ao mesmo tempo, a ver como estar em sintonia com o plano arquetípico nos abre o acesso para dimensões mais profundas da nossa vida pessoal, de tal modo que nossas relações externas possam favorecer o crescimento interior.

T. Mark Ledbetter

Filhos e Pais:
Ou por que Filho é um Verbo

Quem, na narrativa da vida, é esse personagem chamado o "filho"? Será mais bem compreendido no conto épico *A Odisseia*, que é a história de um pai cuja vida é repleta de aventuras e excitante, e a de um filho, Telêmaco, que deve configurar sua identidade enquanto está privado da presença de um pai? Conhecemos melhor o filho no ato assassino de Édipo? Ou talvez aqueles de nós que somos filhos vejamos nossos reflexos na história perturbadoramente romanceada do Isaac sacrificado? Pode ser que toda tentativa de escolher uma imagem definitiva do filho seja fútil. Talvez possamos descrevê-lo somente como um peregrino, uma criança do sexo masculino em busca de identidade em um mundo que lhe faz exigências descabidas.

A jornada do filho, do nascimento à vida adulta, é fascinante, fortalecedora, trágica. A maturação do filho encarna fantasia e fracasso e, mais importante talvez, é profundamente influenciada pelo seu relacionamento com o pai, seu primeiro amigo homem e seu primeiro modelo da iniciativa masculina.

Um traço bastante comum da vida do filho adolescente é a fantasia desenfreada. Os filhos sonham incessantemente em se tornar um dos "líderes" na vida. Já em idade precoce, assumem que ascenderão a um posto de honra.

Por ironia, o primeiro modelo de papel do filho é o pai que, muito provavelmente, não é um dos "líderes" na vida. São poucos os filhos que têm pais sob a luz da ribalta. Mas, para a criança pequena, "é o que o pai pode fazer e não o que não pode que parece importar".[1] Os pais são heróis de fato, provendo alimento, abrigo e, se possível, alguns luxos. Mais importante para os filhos, contudo, é que os pais são os modelos da força e do controle, físico e emocional, bem como asseguram que uma herança aguarda os filhos, uma ascendência ao papel de herói na sociedade. Nesse sentido, a vida dos filhos, em especial nos primeiros anos, é repleta de expectativas e encargos. A expectativa dá força e poder, mas também pode ser debilitante.

De que forma um filho desenvolve sua própria identidade, diante de tantas tensões? Estou convencido de que a maturação de um filho, seu desenvolvimento psicológico e emocional, depende de seu relacionamento peculiar com o pai. Porém, por baixo da superfície das relações individuais aparece uma jornada comum que vincula todas as relações entre pais e filhos. Essa jornada e seus estágios de desenvolvimento constituem o tema do meu ensaio.

O Primeiro Estágio

Aos olhos dos filhos, os pais não cometem erros, pelo menos por algum tempo. Por sua vez, o filho adolescente é um jovem contente, encorajado e seguro. *Seguro* é o termo importante neste contexto. As fantasias ocupam os sonhos, durante os dias e as noites. Algumas delas são sobre fama e importância, outras são altruístas. Os pais protegem os filhos do fato simples, mas possivelmente devastador, de as primeiras fantasias do menino serem, no máximo, ilusões infantis. Os filhos, por seu turno, incentivam os pais a perpetuarem essas mentiras. Os filhos desfrutam a amizade nascida do incentivo dos pais. Nesse estágio, os pais costumam chamar os filhos de "companheiro" ou "melhor amigo".

Em muitos sentidos, esse íntimo relacionamento permite e até estimula o que Ernest Becker chama de o "elo vital", uma parte importante, talvez necessária, mas em geral psicologicamente deformante, da vida da criança. Não contamos para as crianças pequenas que elas talvez venham a desenvolver uma doença fatal, nem sugerimos que a vida tem um estoque de provações, e há a chance de, a qualquer momento, desfechar-lhes um golpe físico ou emocional. Presumimos que as crianças irão encontrar muito em breve essa dimensão negativa da vida. Assim, embora à sua volta os homens não estejam, por questão de escolha ou fracasso, satisfazendo a definição de masculinidade dada pela sociedade ou por seus próprios pais, muitos meninos vivem, enquanto filhos, a ilusão vital de que por definição tradicional o sucesso os aguarda.

Para o filho, os anos de adolescência são seguros. Rufus, de 6 anos, no texto de James Agee *A Death in the Family*, sente-se seguro com seu pai. O menininho descreve uma noite em que sai com o pai. No caminho de volta para casa, depois do cinema, param e sentam-se em uma grande pedra. A descrição feita por Agee da relação dos dois reflete o estágio inicial do desenvolvimento do filho:

> Ele não estava com pressa para chegar em casa, Rufus percebeu. E, ainda mais importante, estava claro que ele gostava de passar esses minutos com Rufus [...]. Rufus começara a sentir, nos dez ou vinte minutos que ali estavam sentados na rocha, uma espécie particular de contentamento diferente de tudo o que conhecia. Não sabia o que era, para pôr em palavras ou ideias, ou porque se sentia assim. Era simplesmente só o que estava vendo e sentindo. Principalmente, era saber que seu pai também sentia uma espécie de contentamento, ali, diferente de tudo o mais, e que os dois contentamentos eram muito parecidos e dependiam um do outro.[2]

Agee captou ali uma importante dimensão do que significa ser um filho pequeno. Nos pais, os filhos encontram alguém que lhes fornece uma espécie masculina de consciência, de percepção consciente, que alimenta os mais extravagantes sonhos que um filho poderia ter, e que encoraja, e até mesmo espera, que o filho assuma seu papel masculino na sociedade. E o filho, por questão de conforto, segurança, e, usando o termo de Agee, *contentamento*, avidamente aceita os valores tradicionais do pai e incorpora as expectativas deste. O relacionamento é mutuamente benéfico. Através do filho, o pai tem a promessa da imortalidade. Em seu pai, o filho enxerga o homem bem-sucedido que poderá vir a ser.

O Segundo Estágio

Em breve, o pai perde o talento de não cometer erros, ou melhor, quando o filho deixa de ser adolescente, o pai não pode agir certo. De forma bastante sistemática, o filho rejeita todos os valores tradicionais que ele e o pai tiveram em comum. Embora para o pai seja uma rejeição inesperada, para o filho é inevitável. O filho se sente traído. As fantasias desenfreadas da infância não se tornaram realidade, e o filho responsabiliza o pai por isso. Não se trata, claro, de uma traição perniciosa, mas é trágica. O pai está convencido de que está fazendo as coisas certas para seu filho. Suas metas são sinceras: iniciar o filho no mundo masculino e realizar a transição da meninice para a fase adulta da forma mais fácil possível. No entanto, as boas intenções do pai só podem aprofundar a sensação de traição do filho no caso de ele não se sair bem no processo iniciático do pai, ou se tropeçar na fase de transição da infância para a maturidade. As expectativas que o pai tem para seu filho e as razões pelas quais este não lhes corresponde variam conforme a família e em geral refletem as vivências da infância do pai. O filho fracassa porque não é tão bom atleta quanto o foi o pai. Ou talvez o filho tire notas baixas, enquanto, em seu tempo de escola, o pai era o "sabichão".

Por várias razões, a traição sofrida pelo filho em relação ao pai e a rejeição deste pelo filho são trágicas porque ambos fazem o que é certo um para o outro. O pai torna a infância menos assustadora para o filho, mas só ao definir o filho segundo a imagem que ele mesmo tem do menino. O filho tem de rejeitar o pai para poder tornar-se a pessoa que ele é. Logo depois da adolescência, os filhos decidem que não podem tornar-se seus pais e que, além disso, não *querem* tornar-se seus pais.

Talvez seja a competição entre o pai e o filho que permite a este enxergar as fraquezas e deficiências do pai. Será uma competição edípica? Talvez. Em grande medida, suspeito que a competição seja uma consequência dos anos de intimidade, durante os quais filhos e pais se definem um em relação ao outro. Resisto também à noção freudiana de que o filho deseja matar e devorar o pai. Acredito, porém, que o filho tenha motivos para negar a influência do pai em sua vida. Ao sair da fase adolescente, o filho busca distorcer a imagem do pai e torná-lo um bufão, um sátiro maior do que a vida, em seu papel masculino na sociedade.

Um exemplo fascinante do pai como figura cômica e como tropeço para o filho é encontrado em *A Place To Come To*, de Robert Penn Warren. O romance começa com a descrição que o filho faz da morte do pai. O narrador desse trecho é o filho. O "eu" da narrativa nos impressiona com o estado lamentável do relacionamento pai-filho e dá força a esta passagem. O filho está no controle da descrição do pai e não sente muita simpatia por ele:

> Eu era o filho único, ou filha, na escola pública da cidade de Dugton, no condado de Claxford, em Alabama, cujo pai tinha sido morto no meio da noite, enquanto urinava de pé na frente de sua carroça, tentando alcançar o quarto traseiro de uma de suas mulas, bêbado com a cabeça despencando para a frente, ainda pendurado no badalo, estocando com a lança numa tal postura, num tal estado, que tanto a roda esquerda da frente como a de trás rolaram, com perfeita precisão, em cima de seu pescoço inconsciente, tendo o seu desmaio sido sem dúvida a razão pela qual sofreu para início de conversa o mergulho fatal. O tempo todo estava com o "badalo" firme na mão.[3]

Não estou sugerindo que os filhos odeiam seus pais, embora tenha a certeza de que esse sentimento aparece. O filho debocha e satiriza do pai em razão do medo de ser como ele. Se, em algum sentido, um filho pode descrever seu pai como repulsivo ou destituído de atrativos, ele pode dedicar-se à tarefa de formar a sua própria identidade em contraposição à do pai. Jed Tewksbury, o filho na narrativa de Warren, passa boa parte do início de sua vida adulta recontando inúmeras vezes a história da morte do pai, história que nunca deixa de provocar riso em seus amigos, com o que Jed assegura que ele não é o caráter apalermado que faz seu pai ser.

Depois que o filho vê o pai como um ser fraco e vulnerável uma vez que seja, nunca mais conseguirá vê-lo como antigamente, e a história de *A Roupa Nova do Imperador* é uma metáfora apropriada para a relação entre pais e filhos porque o pai, na tentativa de agradar ao filho e ser para ele todas as coisas, também foi logrado e traído. A sociedade incitou-o a criar um filho à sua própria imagem, forte e impenetrável, emocional e fisicamente, às vicissitudes da vida.

A rapidez com que o pai aceita a caracterização da sociedade para o que o pai "deve ser" é um ato de autoengano, uma indisposição para conhecer a si mesmo, para admitir fraquezas e deficiências pessoais. Ele cria a fantasia do "si-mesmo invulnerável". O lamentável é que o filho aprende a praticar essas formas de autoengano. Os homens devem aceitar a responsabilidade pela sua mentira pessoal. Ninguém é um "si-mesmo invulnerável" embora o patriarcado muitas vezes tenha sugerido o contrário. Pais e filhos devem abandonar sua postura de autoridade, suas fantasias de poder, para poderem descobrir um dia o que é a liberdade emocional e física.

O pai trabalha "criando" um filho e leva a tarefa absolutamente a sério. Sem dúvida, a imposição do pai vem revestida de seu desejo "de mais" para a vida do filho do que teve em sua própria, postura essa que dá a impressão de ser um sacrifício por parte do pai. No entanto, essa atitude apenas serve para criar um abismo ainda maior entre o pai autoritário e o filho que está buscando desenvolver uma identidade que supere e se contraponha à do pai.[4]

A ironia desse estágio da jornada do filho é que, por um lado, este busca exagerar as fraquezas do pai a fim de justificar a rejeição dele. Por outro lado, porém, essa tentativa deliberada de expor o pai como o bufão pode levar a resultados bastante inesperados para o relacionamento pai-filho. Assim que o filho vê o pai como pessoa vulnerável ou como alguém assustado pelo fracasso, pela velhice e pela morte, pode se dar uma retomada da ligação. O estágio final do desenvolvimento do filho é abraçar o pai, que agora é visto por ele como um outro filho.

O Terceiro Estágio

Os filhos voltam aos pais quando enxergam no rosto destes seus próprios reflexos. Talvez o fracasso reúna os dois. O pai fracassa na sua tentativa de facilitar a vida para o filho. O filho fracassa no seu empenho de viver a existência fantástica prometida pelo pai. Eis aí o elo entre eles. Embora ambos talvez nunca sejam pais, são ambos filhos. Estou convencido de que é imprescindível para o filho ver-se em seu pai; geralmente, o pai está muito ocupado para fazer essa observação. O pai consome-se em seus esforços a fim de facilitar a vida para o filho, de oferecer-lhe mais do que ele como filho recebeu de seu pai.

Assim, queixo-me do que meu pai não fez por mim e aposto que fracassarei diante do meu filho da mesma maneira. Mas preciso lembrar-me de que meu pai fez por mim o que fez por ter pensado que seu pai fracassara com ele. Talvez então o caminho não diga respeito tanto a pais e filhos mas, simplesmente, a filhos descobrindo-se filhos. O personagem de Warren em seu *A Place To Come To* faz essa descoberta. Jed ficou mais velho e tem agora o seu próprio filho. Ele entra no quarto do bebê e, olhando para a criança, reflete por um instante acerca de seu próprio pai.

> Teria existido um tempo, antes que o tigrão-bundão aparecesse, em que o velho Buck Tewksbury, dono do maior badalo de todo o condado de Claxford bem como dono do maior e mais brilhante topete de cabelo preto, tão duro que só um pente de madeira dava jeito [...] e a mais bela e querida mulherzinha da região, teria havido um tempo que o jovem Buck entrava de mansinho no quarto às escuras e ficava ali de pé olhando para o bebê de cabelo preto, deitadinho num berço improvisado, chupando seu dedo, ou uma chupeta molhada no açúcar? [...] Finalmente, aproximei-me do caríssimo berço de antiquário e inclinei-me para beijar a bochecha redondinha e cor-de-rosa, e então apenas deixei que as lágrimas corressem.[5]

A tradição sugere que os filhos se tornem como os pais. Estou convencido de que o inverso é verdade, pelo menos do ponto de vista do filho. *Filho* é um verbo, o ver, o saber, e o descobrir de nós mesmos em nossos pais. Os filhos consertam as cercas com seus pais quando se enxergam neles. Como pai, então, não me preocupo com o futuro de meu filho porque meu pai se preocupou com o meu futuro. Preocupo-me com o futuro de meu filho e, em um momento de reflexão acerca de mim mesmo como filho, percebo que meu pai teve as mesmas preocupações a meu respeito. Por estar tão ligado a meus receios e fraquezas, torno-me consciente de que meu pai também tomou suas decisões a respeito de seu filho enquanto sentia medo e tremia. Através do nosso medo, então, tornamo-nos um: filhos descobrindo filhos.

Murray Stein

O Pai Devorador

A mitologia grega, nas figuras de Urano, de Cronos e de Zeus, oferece um quadro diferenciado do lastro arquetípico da consciência paterna devoradora. Todos os três são deuses, mas não só deuses pura e simplesmente: são deuses dominadores, reais, governantes indiscutíveis. Todos os três são também, não só pais, mas pais devoradores.

Cada uma dessas três instâncias do pai devorador apresenta uma nuança diferente do padrão arquetípico. Urano talvez seja o mais malicioso e, decerto, o mais antigo e feroz dos três. No entanto, não devora os filhos diretamente; apenas os força a voltarem para o seio da mãe, Gaia, a *matéria*, e ali os aprisiona. Urano, o céu, defende sua posição mantendo seus jovens descendentes inconscientes, atados à mãe, encapsulados na matéria monótona e cotidiana.

A consciência dominada por Urano resulta em convencionalidade mantida por uma inconsciência crassa: "É assim que sempre se fez"; "foi isso o que aprendi quando criança". O sujeito é inconsciente de suas atitudes e pressupostos e manifesta uma ausência quase total de autoconsciência, além de pobreza de introvisões acerca de seus alicerces psíquicos. As convenções, as tradições, os valores coletivos são assimilados de forma inconsciente, e o novo, o filho, o futuro desenvolvimento criativo permanecem imersos na mãe.

Na sangrenta vitória de Cronos sobre o pai celestial e na subsequente emergência de uma nova ordem, devemos observar um motivo central ao mitologema do pai devorador: a mudança acontece por meio do ato revolucionário do filho. O *puer* salta alto no ar e derruba o *senex*. Um dos filhos de Urano encontra um escape e, brutalmente, castra o pai.

Freud atribuiu ao filho o medo da castração. Esse mito o colocaria mais apropriadamente no pai; não é o filho e sim o pai que é a vítima da castração. Se a ameaça ao filho (Cronos) é a repressão e o aprisionamento, a ameaça ao pai é a castração.

A castração é o ato final de emasculação e humilhação. É também a privação da capacidade masculina de fertilizar e de impregnar; é a esterilização do espírito.

Se Cronos é *puer*, a princípio, e portador do novo espírito, rapidamente torna-se pai devorador. De seus pais fica sabendo que um de seus filhos está destinado a destroná-lo. Com isso, entrincheira-se em suas marcas e, utilizando o estratagema de comer os filhos, tenta resistir à lei da vida, segundo a qual os filhos enterram os pais. O mitologema do pai devorador repousa em um princípio de revolução eterna, em que o filho substitui o pai, em que o *puer* destrona o *senex*, em que o novo destrói o velho. É um mito de mudança. Cronos, como *puer* que chega ao poder, conhece as artimanhas e a energia do jovem e está determinado a resistir ao avanço dinâmico da juventude. Enquanto a estratégia de Urano é manter seus fortes rivais, os filhos, inconscientes através da repressão na *matéria*, a estratégia de Cronos é incorporar as crianças e, assim, espiritualizá-las ou psicologizá-las, apartando-as dessa maneira de suas origens instintivas. Por meio desse processo de espiritualização, os filhos são privados de sua força de transformação radical.

Sob o domínio de Cronos, a consciência entra em sintonia fina com os valores e as atitudes predominantes do coletivo externo, seja a sociedade secular em geral, um grupo religioso, um partido político, ou o que for. Ela sente a ameaça de mobilizações inconscientes, de impulsos "infantis", de pensamentos "loucos", de reações "pueris". Rejeita esses filhos indesejados sem mais nem menos, ou, no mais das vezes, tenta encontrar neles um conteúdo espiritual positivo, "reações de criança", ideias "interessantes", movimentos "criativos" da alma. Esse ato de cisão entre o positivo e o negativo, entre o espiritual e o instintivo, entre o criativo e o destrutivo, é Cronos engolindo os filhos, pois o futuro, com mais frequência, está nos filhos das trevas, que naturalmente constituem ameaça à ordem estabelecida das coisas: "O destino do homem é sempre moldado por aquele ponto em que residem seus temores".[1]

Mas Cronos pode ser enganado pela astúcia. Ele, porém, é logrado não por algum de seus filhos espertos, mas por Reia, que, neste caso, desempenha o papel de Grande Mãe em seu aspecto de protetora dos filhos. Reia recebe Cronos com uma pedra recoberta por um cobertor e entrega a criança real, Zeus, a uma caverna protegida em Creta, onde ele é criado por três ninfas.[2] Por intermédio do engenho ardiloso de Reia, o movimento dinâmico da mudança através do filho revolucionário dá um salto adiante. O ciclo é posto novamente em movimento e, da mesma forma como Cronos é diferente em certos detalhes de Urano, também Zeus é diferente de Cronos. O desenvolvimento no cerne deste arquétipo é, portanto, de uma ordem não estritamente cíclica e, sim, espiralada, em que cada volta do anel adquire novas características.

Zeus leva os deuses olímpicos ao poder, e o antigo panteão dos Titãs fica desativado e à distância no Tártaro. Mas Zeus também abriga traços de seu pai devorador. Sua primeira esposa, Métis, é filha dos Titãs Oceano e Tétis. Advertido por Gaia e Urano a respeito dos perigos representados por um futuro filho dessa união, Zeus propôs a Métis que entre em seu estômago e ali fique, protegida. Dessa maneira, ele devora seus filhos *potenciais*. Essa estratégia parece dar resultado, pois Zeus mantém seu poder até o final da era mitológica. Ele mesmo é quem dá à luz a filha de Métis, Atena. Em alguns relatos, ela salta de sua cabeça, toda equipada. Posteriormente, torna-se a sua mais sábia e confiável conselheira.

Contrapondo-se a Urano e Cronos, Zeus tem muitos filhos a quem não devora. Em geral gosta deles e cuida de seu bem-estar. Mas o mito de Zeus ingerindo Métis mostra que também ele, como seus antepassados antes dele, buscam estabilizar o ciclo revolucionário mantendo-se na posição de domínio.

Sob o comando de Zeus, a consciência alcança um grau muito maior de flexibilidade do que o constatado com Cronos. Observando-se os filhos de Zeus que têm consentimento para viver, pode-se ver como é notável a tolerância do universo olímpico diante de opostos: Apolo e Dionísio, Atena e Ares, Ártemis e Helena. Na *Ilíada*, relatam-se as tensões que correm nas águas profundas no Olimpo. Zeus governa, mas sua mão é relativamente leve. Sob seu jugo, a consciência é flexível o suficiente para integrar todas as ideias e forças verdadeiramente revolucionárias. Observa-se o surgimento do ideal grego de se pôr a criatividade em prática dentro de parâmetros de ordem e harmonia em equilíbrio. Esses impulsos e dinamismos não podem ser integrados; as crianças verdadeiramente revolucionárias são mantidas adormecidas e, em forma apenas potencial, dentro de sua mãe encapsulada, estão contidas na barriga de Zeus.

Com Zeus, a consciência é capaz de conter, de tolerar e deixar viver, em grau muito maior do que com Cronos, quando todos os filhos deveriam ser incorporados no espírito. Mas se o governo de Zeus produz estabilidade, esta é alcançada à custa de certo preço – o cancelamento da possibilidade de mudança revolucionária, embora parecendo destrutivo à primeira vista, implica também a perda de um futuro criativo. Assim, no desenvolvimento interno desse arquétipo, o *senex*, mais ou menos tolerante, flexível e reflexivo, termina vencedor. Novamente, isso é uma perda, e também um ganho.

Helen M. Luke

Mães e Filhas:
Uma Perspectiva Mitológica

Em seu ensaio sobre Core[1] (a virgem primordial), Jung disse:

> Deméter e Core, mãe e filha, ampliam a consciência feminina para cima e para baixo e alargam a mente estritamente consciente e limitada ao tempo e ao espaço, oferecendo-lhe indícios de uma personalidade maior e mais abrangente que tem participação no curso eterno das coisas [...]. Parece muito claro que a *anima* do homem encontrou projeção no culto a Deméter [...]. Para o homem, vivências da *anima* são de um significado imenso e permanente. Mas o mito Core-Deméter é por demais feminino para ter sido apenas o produto de uma projeção da *anima* [...]. Deméter-Core existe no plano da vivência mãe-filha, alheia ao homem, impenetrável para ele.

Existe uma enorme diferença entre a vivência mãe-filho e a vivência mãe-filha. No nível arquetípico, o filho comporta para a mãe a imagem de sua busca interior, mas a filha é a extensão de sua própria natureza essencial, devolvendo-a ao passado e à sua própria juventude e, mais tarde, à promessa de seu próprio renascimento em uma nova personalidade, em uma percepção consciente do Self. Dentro do padrão natural de desenvolvimento, o menino sente a distância em relação à mãe, ditada pela sua masculinidade, muito antes que a menina e começa desde então a lutar por realizações. Em todos os lugares, porém, antes do século XX, a menina permanecia em casa, em seus anos de crescimento, contida pela órbita da mãe até o momento de ela mesma tornar-se mãe e inverter então o papel. Nessa medida, ela naturalmente cresceria e ultrapassaria o papel passivo de ser protegida para penetrar na passividade vital de abrir-se para receber a semente, e o ponto de transição desse processo é assinalado fatual ou simbolicamente pela violenta ruptura do hímen.

Na Grécia antiga, os mistérios eleusinos de Deméter são um testemunho da necessidade avassaladora da mulher pelo seu já crescente distanciamento do padrão natural do feminino primitivo, da necessidade que a Deusa tem de ensinar-lhe o *significado* da profunda transformação que acontece quando de filha torna-se mãe e novamente filha. Como é imensa hoje essa necessidade, neste momento em que a maioria das mulheres vive quase como um homem no mundo exterior e deve encontrar o significado completo da maternidade no plano interior, e não no plano físico, e quando tantas daquelas que têm filhos estão simplesmente "brincando de casinha", sem jamais se permitir vivenciar, de modo consciente, o violento término de sua identificação como filhas.

Perséfone está brincando com suas amiguinhas na eterna Primavera, completamente contida em sua despreocupada crença de que nada pode alterar esse estado feliz de juventude e beleza. Por baixo, no entanto, agita-se a ânsia de tomar consciência, e "a virgem que não deve ser mencionada" distancia-se de suas parceiras. Intoxicada pelo odor de um narciso, detém-se para colhê-lo e, ao fazer isso, abre a porta pela qual o Senhor do Mundo Inferior corre para capturá-la. Podemos observar aqui que Gaia, a Mãe Terra, distingue-se claramente de Deméter neste mito. Ela é a comparsa de Zeus na conspiração, por assim dizer! Diz Kerényi: "Do ponto de vista da Mãe Terra, nem a sedução nem a morte são trágicas ou sequer dramáticas".

É através do pai que a filha toma pela primeira vez consciência de quem é. Quando não existe uma imagem adequada do pai na vida de uma menina, a identidade entre filha e mãe pode assumir uma intensidade tremenda; quando a imagem paterna é muito negativa e assustadora, a filha pode inconscientemente assumir um problema da mãe, de uma maneira peculiarmente profunda, às vezes assumindo-o pela vida afora, muito depois de sua mãe já estar morta, permanecendo assim incapaz, em seus esforços, de encarar o próprio destino de forma livre. Normalmente, a menina começa a desapegar-se da mãe e a tornar-se consciente de sua própria potencialidade como mãe através do amor pelo pai. Assim, prepara-se para o intoxicante momento em que encontra o narciso, em que enxerga a *si mesma* como pessoa (tal como Narciso, que vê o reflexo do próprio rosto na água), e vive o inescapável estupro subsequente.

O momento em que tudo explode na vida de uma mulher é sempre um estupro simbólico – uma necessidade –, alguma coisa que se instala com força inexcedível e não conhece resistência. O Senhor do Mundo Inferior é quem vem, desgarrando-se do inconsciente com o tremendo poder do instinto. Ele vem com "seus cavalos imortais" e apodera-se da virgem (no homem, a *anima*), arrastando-a para longe da vida superficial do seu paraíso infantil, até as profundezas, até o reino dos mortos, pois a entrega total que a mulher faz do seu coração, de si mesma, é, para a vivência de seus instintos, uma espécie de morte.

Perséfone grita em protesto e por medo, ao ser violentamente rompido o elo do seu vínculo com a mãe, com a juvenilidade inconsciente. A mãe, Deméter, ouve e sabe que a filha está perdida, mas não sabe como. Durante nove dias, ela vagueia pela terra com medo e padecendo, em busca da filha, mas sem *compreender*. Deméter está inteiramente identificada com seu sofrimento, tragada por essa dor vertiginosa, esquecida até de seu corpo, que não alimenta nem lava. É o início da luta indizivelmente dolorosa que a mulher trava para desapegar-se de suas emoções possessivas, a única luta que pode dar luz ao amor.

A perda da filha para a mulher mais velha é a perda da parte jovem e despreocupada de si mesma; é a oportunidade de descobrir os significados, algo que constitui a tarefa da segunda metade da vida; é a mudança da vida das projeções externas para o desapego, o voltar-se para dentro que leva à "experiência imediata de estar fora do tempo", nas palavras de Jung. Na linguagem desse mito, a Morte se ergue e leva embora a crença da mulher numa primavera para sempre duradoura. A grande maioria das mulheres contemporâneas, sem qualquer contato com o mistério de Deméter, tem extrema dificuldade em abrir mão do apego inconsciente à juventude, da identificação parcial com a imagem da *anima* no homem, da Perséfone não violentada eternamente a colher flores no abençoado estado de inconsciência em relação às trevas do mundo inferior. Para essas mulheres, a menopausa implica perturbações corporais e psíquicas há muito renitentes, à medida que o conflito torna-se mais agudo e permanece sem solução.

Kerényi escreveu: "Entrar na figura de Deméter significa ser perseguida, ser roubada, ser estuprada", como Perséfone, "enfurecer-se e sofrer, deixar de compreender", como Deméter, "e então recuperar tudo de volta e nascer de novo", como Deméter e Perséfone – a dupla realidade única de Deméter-Core. Nessa vivência, não pode haver atalhos.

Somente quando Hades, o Senhor da Morte, o irmão tenebroso de Zeus, se dispõe a cooperar é que pode vir a resposta. É ele quem dá a Perséfone a semente de romã para que coma, e ela, que até então rejeitou todo alimento (recusando-se a assimilar a experiência), no momento em que está repleta de alegria à ideia de não ter que aceitá-la, pega sem querer a semente de romã, mas a engole voluntariamente. Apesar de seus protestos, ela realmente tem a intenção de regressar mais uma vez à identificação com sua mãe. Essa é uma imagem de como o elemento salvador pode acontecer no inconsciente antes que a mente consciente possa apreender tudo o que está acontecendo. Existem muitos sonhos nos quais o sonhador tenta voltar para uma coisa ou situação antiga mas, por exemplo, encontra as portas trancadas ou o telefone quebrado. O ego ainda anseia pelo *status quo* mas, mais embaixo, o preço foi pago e *não podemos* voltar atrás. Portanto, o grande valor dos sonhos está em nos tornar conscientes dos movimentos subterrâneos. Até mesmo Deméter em seu planejamento consciente ainda tem vagos anseios pelo regresso da filha, tal qual antes. Mas seu questionamento é apenas superficial. Assim que toma conhecimento de que a semente foi comida, não há mais o que dizer acerca da questão – é tudo alegria. Perséfone comeu o alimento de Hades, assimilou a semente das trevas em si mesma e pode agora dar à luz a sua nova e própria personalidade. Sua mãe também. Ambas atravessaram o umbral da morte rumo à renovação de uma nova primavera – a renovação interior que a idade não necessariamente precisa extinguir – e aceitaram a igual necessidade do inverno e da vida nas trevas do mundo inferior.

Linda Schierse Leonard

A Redenção do Pai*

Na minha própria vida, a redenção paterna foi um longo processo, que começou quando entrei em análise junguiana. Com a ajuda de uma analista delicada e compreensiva, que serviu como continente amoroso e protetor para as energias que vinham à tona, entrei em uma nova dimensão, no mundo simbólico dos sonhos. Lá encontrei aspectos de mim mesma que nunca suspeitara que existissem. Também descobri ali meu pai, que há muito tempo eu havia rejeitado. Havia em mim, como vim a perceber, não só o meu pai pessoal como eu o recordava. Havia uma diversidade de figuras paternas, imagens do Pai arquetípico. Esse pai tinha mais fisionomias do que jamais imaginara, e essa percepção era atemorizante. Assustava-me e também me dava esperanças. Minha identidade de ego, minhas ideias a respeito de quem eu era, desmoronaram. Existia em mim um poder que sobrepujava minhas tentativas de controlar a vida e os acontecimentos à minha volta, como uma avalanche modifica o perfil de uma montanha. Daí em diante, minha vida exigia que eu aprendesse a me relacionar com essa força maior.

Enquanto rejeitava meu pai, recusava o meu poder, já que essa rejeição acarretava a recusa de suas qualidades positivas ao lado das negativas. Por isso, junto com a irresponsabilidade e com a dimensão irracional que

---

* O texto completo no qual se insere este excerto pode ser encontrado em *A Mulher Ferida*, Linda S. Leonard, Editora Saraiva, SP, 1990. (N. da T.)

eu havia negado, perdi o acesso até minha criatividade, espontaneidade e sentimentos femininos. Meus sonhos insistiam em apontar essa verdade. Um sonho mostrava que meu pai era muito rico e possuía um grande templo palaciano no Tibete. Outro, que era um rei espanhol. Essas imagens contradiziam o homem pobre e degradado que eu tinha conhecido como "pai". Até aonde iam minhas forças, meus sonhos demonstravam que eu também as estava recusando. Em certo sonho, um cachorro mágico me confere poderes para produzir opalas mágicas. Fiz as opalas e as tinha na palma da mão, mas depois as distribuí e não guardei nem uma sequer para mim. Em outro sonho, um professor de meditação afirmava: "Você é linda, mas não o reconhece". Uma voz me revelava, em outro sonho: "Você tem a chave para o conhecimento intermediário; deve pegá-la". Acordei gritando, porém, aterrorizada, que não queria essa responsabilidade. A ironia era que, embora criticasse e odiasse o meu pai por ter sido tão irresponsável e permitido que seu potencial se desperdiçasse, eu estava fazendo a mesma coisa. Não estava realmente valorizando a mim mesma e ao que podia oferecer. Em vez disso, alternava-me entre a *puella* frágil, agradável e indigna de confiança, e a amazona de couraça, consciencionsa e empreendedora.

Por causa de minha rejeição ao meu pai, minha vida estava dividida em várias figuras conflitantes e desintegradas, todas elas tentando manter o controle. Em última análise, isso leva a uma situação explosiva. Por muito tempo, fui incapaz de aceitar a morte dessas identidades individuais em favor de uma unidade maior e desconhecida, que poderia fundamentar a minha mágica – a base misteriosa do meu ser que, posteriormente, reconheci ser a fonte da cura. Assim vivenciei esse fundamento poderoso de meu ser na forma de ataques de ansiedade. Uma vez que não estava me entregando de boa vontade e sem medo aos poderes maiores, estes me tomaram de assalto e mostraram sua expressão ameaçadora. Atacavam-me súbita e repetidamente, no cerne do meu ser, abalando-me para que eu perdesse meus padrões de controle, como choques elétricos que abrem uma mão cerrada. Agora eu sabia como serviam pouco minhas defesas. De um momento para outro, eu estava frente a frente com o vazio. Eu me perguntava se isso não teria sido o que meu pai também vivera e se o seu alcoolismo não tinha sido uma tentativa de se proteger desse ataque. Talvez o "espírito" do álcool que governava o seu ser fosse um substituto para os espíritos maiores, e talvez mesmo uma defesa contra eles, pois estavam muito próximos. Já que eu havia negado qualquer valor a meu pai depois de ele ter se "afogado" no domínio dionisíaco irracional, eu precisava aprender a valorizar aquela área rejeitada abrindo mão da necessidade de controle. Isso exigia que eu vivesse o lado negativo, que mergulhasse no caos incontrolável de sentimentos e impulsos, nas escuras profundezas onde se ocultava o tesouro desconhecido. Por fim, a redenção do pai exigiu que eu entrasse no mundo subterrâneo, que desse valor a essa região rejeitada de mim mesma. Isso me levou a honrar os espíritos.

Cerca de um ano depois de eu ter começado esse trabalho e realmente enfrentar meu pai, tive o seguinte sonho:

> Vi umas papoulas lindas, esplêndidas em suas tonalidades de vermelho, laranja e amarelo, e desejei que minha mãe-analista estivesse ali comigo para vê-las. Atravessei o campo de papoulas e cruzei um córrego. De repente, estava no mundo subterrâneo, sentada num banquete, à mesa, em companhia de vários homens. O vinho tinto era servido com generosidade, e decidi tomar outro copo. Ao fazê-lo, os homens se ergueram para brindar à minha saúde e me senti repleta e iluminada, diante de sua afetuosa homenagem.

Esse sonho assinalou a minha iniciação no mundo subterrâneo. Eu havia passado do mundo iluminado da mãe para o domínio do amante-pai sombrio, mas lá também fui homenageada. Era evidentemente uma situação incestuosa, mas, para mim, necessária. Parte do papel do pai, segundo Kohut, é deixar-se idealizar pela filha e, depois, aos poucos, deixá-la constatar suas limitações realistas sem afastar-se dela.[1] Claro que, com a projeção ideal, vai um amor intenso. No meu desenvolvimento particular, o amor se tornou ódio e, por isso, o ideal anterior associado ao meu pai foi rejeitado. Tive de aprender a amá-lo de novo para que pudesse refazer a ligação com a sua faceta positiva. Tive de aprender a valorizar o lúdico, o espontâneo e o mágico em meu pai, mas também enxergar seus limites, e precisei ver como os aspectos positivos poderiam ser atualizados na minha vida. Amar o Pai-ideal permitiu-me amar meu próprio ideal e realizá-lo em mim. Para tanto, foi preciso enxergar o valor do meu pai e depois constatar que esse valor me pertencia. Isso rompeu o vínculo inconsciente incestuoso e me libertou para uma relação pessoal com os poderes transcendentais em meu Self.

Para filhas feridas que têm uma relação deficiente com outros aspectos do pai, os detalhes da redenção podem variar, mas a questão central permanecerá a mesma. Redimir o pai exige que seja reconhecido o valor que ele tem a oferecer. Por exemplo, a filha que reage contra um pai muito autoritário deverá ter problemas de aceitação de sua própria autoridade. É possível que sua adaptação seja um ato de revolta. Para ela, é preciso ver o valor em sua própria responsabilidade, na aceitação do seu próprio poder e força. É preciso que valorize o limite, que chegue até a altura onde está e enxergue suas fronteiras, sabendo quando se torna excessivo. Precisa saber quando dizer não e quando dizer sim. Isso significa ter ideais realistas e conhecer os limites pessoais e os da situação. Em termos mais freudianos, precisa atingir uma relação positiva com o "superego", com a voz interior da valorização, do julgamento responsável e da tomada de decisões. Quando construtiva, essa voz não é nem crítica nem severa, nem condescendente demais, e por isso pode-se ver e ouvir com objetividade o que existe. Certa mulher expressou-se desta forma: "Preciso ouvir a voz do pai dentro de mim, dizendo-me com delicadeza que estou fazendo tudo direitinho, mas também me apontando quando ultrapasso o limite". A redenção desse aspecto paterno significa a transformação do juiz crítico, que proclama "culpada" a pessoa, o tempo todo, e do advogado de defesa, que responde com justificativas. Em vez dessas figuras, haverá um árbitro objetivo e amoroso. Isso representa ter o próprio sentido interior de valorização, em vez de buscá-la na aprovação externa. Em lugar de cair como vítima na armadilha das projeções culturais coletivas que não servem, indica conhecer-se a si mesma e dar vida concreta às suas possibilidades genuínas. No nível cultural, exprime valorizar o feminino o suficiente para que ele confronte a visão coletiva do que "se espera" que seja o feminino.

As filhas que têm uma relação "positiva demais" com o pai têm ainda outro aspecto paterno a redimir. Nesse caso, é bastante provável que estejam ligadas a ele por uma superidealização desse pai e por alimentarem a projeção de sua própria força paterna interior no pai exterior. Muito frequentemente, suas relações com os homens são limitadas, porque nenhum outro pode equiparar-se ao pai. Nesse caso, estão presas a ele da mesma forma como as mulheres que se ligam a um "amante imaginário". (É comum que um vínculo idealizado com o pai seja desenvolvido em um plano inconsciente, quando ele está ausente.) A relação positiva demais com o pai pode levar a mulher a privar-se de relações reais com outros homens e, muitas vezes, também a distanciar-se do seu verdadeiro talento profissional. Ao ver o pai exterior através de um prisma tão idealizado, essa mulher não consegue dar valor à sua própria contribuição ao mundo. Para redimir o pai em si mesma, é preciso que ela reconheça o seu lado negativo. É preciso que encare o pai como um ser humano, e não como uma figura idealizada, a fim de internalizar em si o princípio paterno.

Em última análise, redimir o pai implica remodelar o masculino interior, ser o pai dessa dimensão pessoal. Em vez do "velho pervertido", do "menino rebelde e zangado", as mulheres precisam encontrar o "homem com coração", o homem interior que tem uma relação positiva com o feminino.

A tarefa cultural das mulheres de hoje envolve o mesmo processo. O valor do princípio paterno precisa ser visto e seus limites também precisam ser reconhecidos. Parte dessa tarefa implica discriminar o que é essencial e o que foi artificialmente imposto pela cultura. Com grande frequência, o princípio paterno foi repartido em duas metades conflitantes e opostas: o dominador rígido, velho e autoritário, e o eterno menino, divertido, mas irresponsável. Na cultura ocidental, o lado autoritário do pai foi valorizado e aceito de modo inconsciente, e o lado lúdico e infantil reprimido ou desvalorizado. No plano cultural, esse processo resultou em uma espécie de situação como a que encontramos em *Ifigênia em Áulis*, de Eurípedes. O poder autoritário toma as decisões (Agamenon) e sacrifica a filha, mas a causa original do sacrifício vem da inveja do irmão pueril (Menelau). Esses dois lados são contrários, no plano consciente, porém inconscientemente, por meio de sua possessividade, fazem uma aliança em prol do sacrifício da filha, isto é, do feminino juvenil emergente. As mulheres de hoje precisam enfrentar essa divisão do princípio paterno e contribuir para a sua cura. Nesse sentido, a redenção do pai pode desencadear o "re-sonhar" o pai, ou seja, uma fantasia feminina a respeito do que ele poderia ser e fazer. Minha decepção com Ifigênia foi que ela finalmente aceitou de bom grado ser morta. Mesmo que a situação externa do seu sacrifício causada pela armadilha em que seu pai havia caído parecesse inevitável, ela poderia ter se pronunciado movida por seu instinto e sabedoria feminina, dizendo a ele algo que fosse possível. Isso talvez tivesse produzido uma modificação na consciência masculina. As mulheres estão apenas começando a fazer isso agora: começando a partilhar seus sentimentos e suas fantasias e a trazê-los a público. As mulheres precisam contar suas histórias. Precisam dizer aos homens o que esperam deles. Precisam expor suas experiências mais autênticas, em vez de tentar justificá-las a partir de parâmetros masculinos, mas também precisam transmitir quem são a partir de um espírito de compaixão, e não de uma derrota amarga. São muitas as mulheres que permanecem prisioneiras da facticidade de suas vidas, cegas às suas próprias possibilidades. É assim que surgem a amargura e o cinismo. É nesse terreno que o valor da *puella* é redentor, dada a sua profunda ligação com o reino das possibilidades e da imaginação, capaz de favorecer novas perspectivas e atuações, uma nova valorização do feminino. Quando essa visão criativa estiver combinada à força e ao foco da amazona, poderá emergir um novo entendimento do pai e um novo sentimento a seu respeito.

Há pouco tempo, pedi a uma de minhas turmas que escrevesse sobre suas fantasias de um pai bom. Ali havia mais mulheres na casa dos 20 aos 30 anos, mas também alguns rapazes. Sua composição coletiva sobre o pai foi a seguinte: Pai é um homem forte, estável, confiável, firme, ativo, ousado; além disso, é amoroso, carinhoso, compassivo, terno, provedor, atencioso e comprometido. Sua fantasia paterna criou um ser andrógino, ou seja, alguém com aspectos masculinos e femininos integrados na sua personalidade.

Um aspecto que apareceu inúmeras vezes foi que o pai deveria prover orientação nos mundos interior e exterior sem, porém, "discursar" ou exigir. "Oriente e ensine; não force nem faça sermões", era como pensavam que o pai deveria ajudar no seu processo de formação dos próprios limites, princípios e valores e de estipulação do equilíbrio entre a disciplina e o prazer. Eles enfatizavam que o pai ensina pelo exemplo, *sendo* um modelo adulto de confiabilidade, honestidade, competência, autoridade, coragem, fé, amor, compaixão, compreensão e generosidade, nas áreas do trabalho, da criatividade, no plano social e ético, e nos seus compromissos amorosos. Ao mesmo tempo, deve ter valores pessoais como algo claramente pessoal, sem tentar impô-los à filha ou apresentá-los como o "único jeito certo". Na qualidade de guia, deve oferecer-lhe apoio como conselhos, e encorajá-la a ser independente e investigar as coisas por si mesma. No plano prático, encorajar e ensinar como administrar financeiramente e dar apoio às aspirações profissionais que tiver. Ao acreditar na sua força, beleza, inteligência e capacidade, se orgulhará dela. Entretanto, não deverá projetar seus próprios desejos insatisfeitos na filha, nem se mostrar dependente, ou exageradamente protetor. Deve, em vez disso, afirmar a singularidade dela como indivíduo, respeitando e valorizando sua pessoa, sua personalidade, sem porém esperar que assuma responsabilidades além das que a sua idade lhe permitir. Esse pai será uma pessoa sensível e emocionalmente disponível quando ela precisar, no transcurso do seu desenvolvimento. Por meio de seu senso de oportunidade e também intuitivo de como é a filha, poderá oferecer-lhe proteção e orientação nas ocasiões em que isso for necessário. Quando ela estiver pronta para se tornar adulta, ele perceberá esse momento e se afastará do papel de pai, adotando o nível de uma mútua amizade, pautada pelo amor e respeito necessários. Assim, ele também desejará e será capaz de aprender com ela. Enfim, pai e filha serão capazes de ouvir e falar com o outro, partilhando as experiências de vida e os ensinamentos que tiverem.

David DeBus

Pais e Filhas:
"Andando em Nossa Rua"

Você anda comigo pelas ruas
como um leve sopro de vento
na minha mão

passamos pelo novo barzinho de suco de frutas, Néctar,
pela loja de bicicletas, recém-aberta,
pelo entreposto de produtos naturais e seu proprietário
que me diz "Graças a Deus,
dinheiro não é tão importante"

pelos jardins à beira-mar atravessamos
nuvens que o vento varre
para a costa quando a rebentação está alta

pelo concerto em chunk-chunk maior da lavanderia
com o oceano fazendo o baixo profundo
aqueles colegiais entorpecidos
exibidos, exibindo moda
agrupados na frente do posto/lanchonete
ali, à toa, olhando para nada por trás
dos óculos roqueiros de sol

*passamos por aquele lugar onde Sylvia morreu de câncer
em que Jane deu um basta em sua velha e amedrontada vida
passamos do lado de fora de onde Terry morreu
quando finalmente as drogas acabaram com aquele coração de ouro*

*e você anda comigo em todos
os poemas, canções e pinturas
pelos passeios, beijos e velas
que a trouxeram aqui, através de nós,
através das páginas daquele livro sobre
crianças e monstros que ela tem*

*e do meu livro de Whitman e
de tantos instantes de pânico
porque de meu só tinha duas batatas e um punhado de arroz*

*à sombra do salgueiro e à volta do jasmineiro
acho que você já sente pelo cheiro
agradando o gato Thomas
imaginando quando o vir pela primeira vez
será que você vai gostar de Christopher
aquele amigo do Thomas que quer que
você seja menina porque meninos são muito briguentos*

David L. Miller

Grandes Mães e Avós

Por que o nome mais comum para as imagens arquetípicas da deusa tem sido "Grande Mãe"? Por que não, por exemplo, "Avó"? Afinal de contas, "Grande Mãe" e "Avó"* são pelo menos linguisticamente expressões equivalentes e ambas traduziriam a expressão em latim *Magna Mater* de forma igualmente apropriada. Existe, porém, sem dúvida uma diferença, como o dizem de imediato nossos ouvidos e vivências.

Imaginar que a mãe e a atividade da maternagem são "grandes" pode ser o desejo das crianças e das mães em nome de uma espécie de segurança social. Mas as avós, depois de já terem sofrido todas as etapas da maternagem com suas inflações positivas e negativas, e sabedoras de como as coisas acabam se saindo ou não, enxergam mais longe e sabem mais. São tanto sogras como mães! Ou seja, não estão vinculadas apenas por uma história de dependências inconscientes e biológicas. Pelo contrário, estão ligadas em decorrência de um acidente histórico chamado casamento. Essas sogras, capazes de enxergar atrás dos véus das pretensões de uma grande mãe, não são mais grandes e, sim, de alguma maneira simples e despretensiosa, tornaram-se apenas avós, razão pela qual, ao contrário das grandes mães, são uma fonte fértil para o senso de humor.

---

* Em inglês, "avó" é grandmother, e "grande mãe" "great mother"; "Grand" e "great" significam ambos "grande". (N. da T.)

Os teóricos têm, até certo ponto inadvertidamente, obscurecido essa experiência familiar quando usam sem precisão sua terminologia. Os mitos e as possibilidades pluralistas do feminino são de alguma forma reduzidos no ato da idealização. O discurso teórico constrói uma espécie de conto de fadas acadêmico que não é genuíno em relação às vivências das fontes femininas.[1] Isso, porém, pode constituir-se em um tropo informativo no que concerne às maneiras pelas quais, sem o saber, vimos sendo iniciados no modo de conceber e sentir a mãe e a maternagem. Pois, no seio da imagem arquetípica da grande mãe residem muitos grandes mitos, muitas avós, cada uma das quais oferecendo possibilidades plurais para imaginarmos a fonte feminina e sua fecundidade. Reia, a grande mãe dos deuses e deusas do panteão grego, é um desses exemplos.

É para Dionísio e Perséfone que Reia serve especialmente como avó. Logo depois do seu nascimento, Dionísio depara-se com problemas devidos à torturante inveja de sua avó Hera. Esta envia os Titãs (os grandes) para despedaçar o bebê em uma miríade de fragmentos. Pode ser isso que o titânico (o grande) provoque no plano psicológico. Mas foi a avó Reia que recolheu os pedaços, à maneira da Ísis egípcia, e os cozinhou num caldeirão. Na essência do vapor, os muitos pedaços da loucura dionisíaca descobriram sua própria vida.[2]

De maneira semelhante, Perséfone encontrou sua identidade no inferno. Caíra-lhe o chão de sob os pés, junto com sua inocência. Ela se sentiu tragada pelo abismal. Pela primeira vez, sofria o profundo. Dois grandes irmãos e uma irmã lutaram por causa da situação, mas a rivalidade fraterna dos grandes não deu em nada. Zeus, o grande pai, ficou de modo literal encurralado entre Deméter, a grande mãe de Perséfone, e o grande e profundo Hades. Perséfone viu-se perdida diante de tanta grandeza. Reia intercedeu e negociou um fértil acordo, que proporcionou a todos a amplitude da magnanimidade: a inocência do tipo virginal passará um quarto de seu tempo nas profundezas e três quartos dele na luz.[3]

Agora pode-se apreender a complexidade arquetípica da avó. Reia está associada a Hermes porque, como ele, é grande o suficiente para vincular-se à loucura dionisíaca e ao inferno de Perséfone. Ela tem a grandeza do "amplo vaguear", de Eurínome e a profundidade da "serpente lunar" Ófion. Ela participa de modo telúrico de muitas histórias e as faz retornar à terra.

Certo manual de mitologia termina seu ensaio sobre Reia dizendo que "os romanos identificaram-na com a *Magna Mater*", que depois foi denominada "A Grande Mãe".[4] Isso porém assinala a morte da Reia, que é uma avó. A abertura da grandeza da avó fica perdida no fechamento implícito da fantasia de "grande" mãe. Com isso, é idealizada a mãe. O feminino fica inflacionado, sem sombra de dúvida, mas, ao mesmo tempo, ela está reduzida a nada, pois que a inflação, como a da economia atual, articula-se na fantasia masculina heroica verbalizada pela retórica da grandeza do ego, constituindo assim o conto de fadas contemporâneo.

Fundamentalmente, o modo mítico da avó é imaginal mais do que comportamental, prismático mais do que programático, psicológico em lugar de político, mas, por meio da imaginação de Reia, através da grandeza da sua profunda perspectiva, os comportamentos sociais e os programas políticos são transformados. Isso acontece na afirmação do múltiplo, no saborear da plenitude profunda, e lembra mais Perséfone, paralisada no sabor das minúsculas sementes de romã, do que a apreensão maternal de Deméter.

Jane Rule

Avós Amorosas

Acho que, provavelmente, trata-se de um "traço masculino" praticar o morrer em idade precoce. De qualquer modo, são sempre os meninos que invento que atiram em si próprios com os arcos que fizeram, que agarram o estômago trespassado por flechas e caem no chão. A maioria dos verdadeiros hipocondríacos que conheci foram homens que, à primeira pontada de dor de cabeça, convenceram-se de que tinham meningite; ao mais leve arroto, um câncer fatal. Tenho também a impressão de que a paternidade é uma maneira pela qual os homens praticam o morrer. As mulheres não parecem ter a mesma necessidade tão frequente de inventar melodramáticas premonições de morte, sendo a casa de seu corpo tanto um ponto de parada a caminho da outra vida que até mesmo aquelas de nós que não dão à luz constatam no sangramento mensal o assassinato mensal de alguma alma nova, em benefício da nossa própria vida. Nosso corpo parece que pratica o morrer por nós, sem o concurso da nossa imaginação. Somente quando as mulheres sofrem a imposição do medo de morrer que os homens têm é que elas são encurraladas pela vaidade de fingir que não envelhecem, e contemplam o suicídio em vida em uma histerectomia, em um queixo duplo, nas lentes bifocais.

Eu amava todos os meus avós, mas eu amava *o corpo* das minhas avós, ambas padecendo de artrite, como eu agora. Eram frágeis e determinadas no modo de se movimentarem, e, a partir do momento em que cresci e fiquei forte o suficiente para ajudar de alguma maneira, usaram meu corpo como suporte ou alavanca. Desde cedo, me ensinaram como tocar a dor e confortar porque estavam à ingênua mercê do meu amor. Com elas, muito mais do que com a minha maravilhosamente corpulenta e competente mãe, aprendi a íntima proximidade da carne. Quando, já adolescente, sentia uma timidez física em relação à minha mãe, sempre tinha doces desculpas para tocar minhas avós, pentear seu cabelo, ajudá-las a se vestirem, escolher entre os anéis os que atravessariam as juntas inchadas do que, para mim, eram mãos lindas, ainda hábeis no manejo da linha e da agulha, das cartas, das flores, precisas no atendimento de pedidos. Para mim, o rosto delas era mais encantador do que todos os outros da minha infância porque tinham sido *feitos*, podiam ser entendidos como não era possível com o rosto em branco das outras crianças, e até como os de meus pais que também eram impenetráveis, uma vez que eles ainda não se conheciam nem acobertavam a própria autoignorância o melhor que podiam. Minha mãe tem esse rosto extraordinário agora.

 Tornar-me uma mulher idosa sempre foi a minha ambição, e pode ser que a minha existência deva ser curta o bastante para que se acelere o processo necessário para tanto. Tive um longo aprendizado como amante e, do modo que me é possível, ainda desempenho os padrões da corte e da sedução, mas estou chegando a uma época que devo ser a querida das crianças e dos jovens, os quais irão avaliar sua confiança em termos de minhas necessidades cada vez maiores. Assim como minhas avós me ensinaram as verdadeiras lições do amor erótico com suas carnes maravilhosamente carentes e seus rostos expressivos, assim desejo ensinar às crianças que amo que elas são capazes de ternura e força, de conhecimentos, por causa do que virem no meu rosto, nítido na dor e no deslumbramento, firme no intento de praticar a vida enquanto ela me durar.

Alma Luz Villanueva

A Canção do Self:
A Avó

Rodeada por meus escudos, sou
eu:
Rodeada por meus filhos, sou
eu:
Rodeada pelo vácuo, sou
eu:
Eu sou o vácuo.
Eu sou o útero das recordações.
Eu sou a escuridão que desabrocha.
Eu sou a flor, primeira carne.

Em absoluta treva habito –
Ali vejo a criação multiplicar-se –
Ali, eu sei que começamos e terminamos
Apenas para começar de novo, mais uma vez –
Mais uma vez. Nessa escuridão, estou
Girando, girando rumo a um novo parto:
O de mim mesma – uma avó recém-nascida
Sou eu, sugando luz. Arco-íris
Serpente recobre-me, da cabeça aos pés,
Em círculos infinitos, me cobre
Para que eu viva para todo o sempre, nesta

Forma ou em outra. A pele que ela
Deixa para trás brilha com
A indagação, com a resposta,
Com a promessa:
"Você se lembra de você?"
"Sou sempre mulher."
"Carne é flor, para sempre."

Entro nas trevas, para entrar no nascimento,
Para vestir o Arco-íris, para ouvi-la
Sibilando audivelmente, claramente, no meu
Ouvido interior: amor.

Estou girando numa espiral, rodopiando,
Estou cantando este Cântico da Avó.
Estou lembrando para sempre, aquilo a que
Pertencemos.

River Malcolm

O Arquétipo do Avô: Seu Reino por uma Mão

Ao condensar minha experiência pessoal com o arquétipo do avô, percebo que me escapa, que está fora do meu alcance. É estranho, pois meus próprios avós foram homens de importância decisiva na minha infância de menina. No entanto, essa experiência pessoal implica uma conjunção de papéis familiares: a neta e o avô. A neta é, ela mesma, uma conjunção de *puella*, *puer* e ego, uma vez que eu fui ao mesmo tempo *puella* para a cavalheiresca corte do meu avô e a princesa coroada de seu reino que, assim me parecia, meus pais tinham tão lastimavelmente deixado de herdar. Para essa sucessão não havia a questão do sexo como obstáculo real.

Meus avós foram homens de poder, importantes no mundo. Eram escritores, contadores de histórias. Tinham poder e importância no mundo das letras, dos livros, dás histórias, não pertenciam ao mundo comum em que meus pais se esfalfavam. Meus avós, cujo tempo pós-aposentadoria fez uma curva para trás que se afinou com a inclinação da minha infância, acompanhavam-me à revelia das obrigações de compromissos e prazos. No mundo mítico que repartíamos, eram reis. Na minha vida de sonho infantil, meu pai era condenável. A bomba atômica caiu no meu sonho: meu pai e seus colegas estavam reunidos e não conseguiam chegar a um acordo. Meu avô não era condenável, mesmo em sonhos. Ele estendia a mão para mim. Quando lia a palma de sua mão, estava coberta de símbolos e hieróglifos da literatura e da mitologia: sua calorosa acolhida, um convite para partilhar uma rica herança cultural. Meus pais, portadores dos arquétipos de mãe e pai, estavam em conluio com o mundo; carregavam a culpa de suas limitações.

Meus avós juntavam-se a mim fora do tempo. Ali, a dicotomia entre masculino e feminino, entre jovem e velho, parecia fluida e transponível. O ponto em que neta e avô se encontram está muito distante de mim agora. Como mulher de meia-idade, saboreio todas as formas pelas quais não posso herdar o reino de meu avô. Sinto o sabor dos duplos vínculos do gênero, numa cultura em que há confusão sobre isso, numa cultura em que a vida das mulheres é moldada pelas necessidades dominadoras e conflitantes dos homens.

Como é difícil imaginar a confiança e a identificação completas daquela menina que se sentia a princesa coroada no umbral do reino de seu avô. Ela talvez tenha, porém, umas lições a me dar. Talvez existam coisas que ela aceitou como direito de nascimento e às quais perdi o acesso ao me deparar e penetrar no mundo comum da meia-idade, no mundo das escolhas e da culpabilidade. Pode ser que nas minhas lutas para libertar minha identidade como mulher em contraposição à do homem, livre dos temores e anseios deles, eu tenha perdido aquela pronta confiança que existia no acesso ao meu avô. Perdi o acesso àquela parte de minha herança que não preciso vivenciar como tóxica, que não preciso submeter aos testes da vida de meia-idade. Ela é meu elo que resgata a ligação com o tempo em que éramos neta-avô, ao tempo em que o arquétipo do avô vive em mim, marcado pela androginia, tempo em que o velho e o novo eram um conjunto, um mundo em que apenas a meia-idade era genuinamente uma desconhecida. Como parece longe de minha órbita hoje esse arquétipo.

Volto atrás na minha memória. Tenho 7 anos. Estou sentada no estúdio do Vovô, antigamente um estábulo. O piso, as paredes e o teto são de madeira. Ele está sentado numa cadeira de balanço, tem óculos com aro de metal, cabelo branco fininho, lê um jornal. Eu estou sentada num divã, brincando com um jogo de solitária. Há silêncio entre nós. Estamos sentados numa calma lagoa do tempo, meu tempo de criança, inocente para as urgências da vida de meia-idade e ele no tempo senil, pós-urgências. Rodeados por dezenas de relógios antigos, fruto de uma coleção que durara a vida toda, todos suavemente tiquetaqueando, sentamo-nos juntos em silêncio.

Ou, estou na varanda com ele, minha avó zangada por causa de algum detalhe prático. Meu avô e eu desaparecemos para dentro de um mundo de humor e fantasia. Tornamo-nos invisíveis para ela. Ele estende a mão cheia de alpiste. Pássaros selvagens pousam em seu braço e comem da sua mão. A confiança deles e a minha é completa.

Ou, estou a 5 mil quilômetros de distância, ao sol da Califórnia, lendo a carta que ele me mandou, na qual revolve lembranças: um episódio envolvendo o jovem superintendente da escola rural, no dia em que apronta o cavalo e a carroça para visitas às escolas atravessando a neve alta do inverno de Massachusetts. Ele é eu e não é, o mesmo e outro. Comungo com ele, através dos mistérios do sangue e da história partilhados, com outro gênero, outra geografia, outra geração.

Meu outro avô está em seu estúdio. O apaixonado Pacífico está emoldurado pelo batente de sua grande janela panorâmica, penhascos rochosos, praia arenosa, imensas ondas de rebentação. O odor do couro, o espaldar alto, as cadeiras de braço gordo, os livros encadernados em couro. Ele está em pé, vestido de modo elegante, perfeitamente ereto. Conta-me a história de seu sucesso comercial, de seu poder, de como fez suas próprias escolhas, de como desafiou tudo e todos e se saiu bem. Ele fala, fala, fala. Eu ouço. Meus olhos queimam, meu coração queima. Nós queimamos com a coragem repartida, meu avô e eu. Ele me passa a tocha. Como ele, eu terei a coragem de fazer minhas próprias escolhas. Argumentamos, temos nossos debates. Ele se delicia quando eu me oponho, desfruta o prazer muscular e a determinação da minha jovem mente. Serão muito poucos os homens que, depois dele, debaterão comigo, mente a mente, apenas por prazer, sem se sentirem ameaçados pela minha força e agilidade naturais. Quão poucos serão os homens que encontrarei cujas batalhas estarão findas e vencidas. Como serão poucos os que, unidos a mim por sangue e história, transcenderão as polaridades da idade e do gênero.

Dói lembrar dele. Eu sei que existem muitas razões pelas quais o mito da princesa coroada não se manifestou na realidade comum. Minhas escolhas foram moldadas pelo mistério do sexo e pela minha necessidade de ser fiel ao meu avô, para encontrar a minha própria verdade. Ao ficar mais velha, soube que tinha que incluir a verdade do meu corpo, para encontrar na vida um significado para existir num corpo feminino, num corpo com seios, útero e vagina, para viver nesse corpo dentro de uma cultura dominada pelo modo de ser masculino. Não pude seguir em sucessão simples a vida de meu avô e ignorar o texto do meu corpo. Em vez disso, durante boa parte do início de minha vida adulta, dei as costas ao mundo patriarcal no qual ele conseguiu o êxito sendo quem era, mas em que eu não pude descobrir como me sair bem sendo eu mesma. Hoje conheço algumas mulheres, muitas mulheres – até eu mesma em menor escala – que chegaram lá. Naquele tempo, eu não sabia.

A memória leva-me de volta para o início da vida adulta. Ainda não me afastei do patriarcado. Sou aluna de uma grande universidade, mergulhada na vida da mente. Sento-me ao lado do leito do meu avô. Ele está em coma, vítima de um ataque cardíaco, quase certo que morrerá em breve. Este quarto tem uma janela diferente, uma visão mais distante do Pacífico azul. É um panorama silencioso onde predomina o vasto horizonte. Telhados em tijolo vermelho e estuque branco pontuam a expansão azul do céu e do mar. Meu avô e eu não conseguimos falar; ele está quieto. As últimas palavras que o ouço pronunciar são o meu nome e a surpresa diante da minha chegada: "Ora, Mary Malcolm, eu não podia imaginar". Constrangida diante de seu silêncio, verto abundantemente a minha história. Digo-lhe que estou na universidade, que serei professora universitária, que estou tendo a vida que ele sempre quis que eu levasse. Ele estudara até o final do ensino fundamental, havia tido êxito nos empreendimentos comerciais, era autodidata, um genuíno amante do conhecimento. Enquanto relato a minha animada história para o meu silencioso interlocutor, reconheço quanto da minha vida não é minha e sim o sonho dele vivendo no meu corpo. Minhas palavras se perdem no vazio. Vigilante diante do silencioso limiar da morte, comunicamo-nos pela primeira vez sem ser por meio de palavras, pela primeira vez *não* de mente para mente. Comunicamo-nos pelo corpo. Pego sua mão. Estou com medo de ele morrer. Canto uma música improvisada, com o rosto banhado em lágrimas: "Canto porque estou com medo". Do fundo do coma onde se encontra, vem à tona, seu amor ultrapassando barreiras, e à minha mão atemorizada dá um suave apertão, ao mesmo tempo forte e confortador.

Minha última recordação desse avô vive tátil, impressa na minha pele, na vida do meu corpo. Para mim, então, o arquétipo do avô é paradoxal, pois parece unir as dicotomias do masculino e do feminino, do antigo e do novo, transcendendo as limitações do mundo cotidiano da meia-idade.

E é também um arquétipo que introduz a morte, a limitação, o chamado à verdade do corpo, pois aquele aperto de mãos com meu avô e com sua morte desafia toda a estrutura do mito e da história em que neta e avô um dia estiveram vivos. Deixo essa morte sabendo que minha vida deve mudar, deve aprender a honrar os mistérios da morte e do corpo.

Suponho que não me afastei de meu avô nem das profundezas arquetípicas que ele tocou em mim. Suponho que estou ainda seguindo o meu avô. O arquétipo encontra o seu mais profundo significado neste mundo ordinário que ao mesmo tempo transcende e para o qual exige participação. Nem ser uma princesa coroada, nem ser eu mesma, acabaram no fim sendo bem aquilo que eu tinha imaginado.

Christine Downing

Enfim o Acordo Conjugal: Uma Perspectiva Mitológica

Depois de casada há mais de vinte e cinco anos, eu estava prestes a me divorciar. Meu marido e eu estávamos separados há vários anos. O divórcio parecia correto para nós dois, mas eu sabia que, para mim, algum tipo de rito de encerramento deveria ser observado, era essencial. A intuição levou-me a reconhecer que o que eu queria era chegar a um acordo tão completo quanto possível com o que "ser esposa" havia significado para mim. Minha forma de executá-lo foi voltando-me para a representação mitológica grega da esposa, a figura de Hera, e perguntar-lhe que papel havia tido na minha vida.

Na qualidade de esposa de Zeus, o rei dos deuses, como a única deusa definida essencialmente pelo seu papel conjugal, Hera é *a* esposa do panteão olímpico. Os relatos clássicos mais acessíveis de seu relacionamento tenso com Zeus sugerem que ser esposa é algo singularmente insatisfatório. Esse entendimento final pareceu oferecer-me uma maneira mais completa de me entender, mais consciente, mais simbólica, do que em qualquer outra época da minha vida, num ponto em que, segundo o contexto literal objetivo, eu não poderia mais ser definida pela minha relação com ela. Minha esperança era que, assim, eu poderia tornar-me mais consciente da vida que eu vivera e do que ela havia significado, sem desejar que desaparecesse nem libertar-me dela por uma compreensão intelectual. Eu não estava achando que minha vida deveria ter sido diferente, eu apenas queria conhecê-la melhor.

Passei a maior parte de um fim de semana de inverno enfiada na cama, encostada numa pilha de almofadas, cercada por livros e xícaras meio vazias de café, escrevendo sobre Hera, sobre mim, sobre a ligação entre nós. Eu havia imaginado que este seria o ritual de despedida de Hera – e foi –, mas acabou se tornando também um rito de boas-vindas.

Quando nos voltamos para Hera, começamos onde se deve, com Hera como esposa, mas também com Hera como virgem e viúva, pois faz parte essencial de sua relação com o ser esposa que o casamento nunca a contenha por inteiro. Aliás, a própria ambivalência com respeito ao ser esposa sugerida pelo seu tríplice *status* pode levar à noção de que o casamento, na sua própria essência, é algo pelo que as mulheres se sentem ao mesmo tempo atraídas e a que costumam opor resistência.

Essa ambivalência central, a mensagem dupla associada a Hera, foi, como vim a perceber, algo que estava nitidamente presente na imagem de Hera primeiramente transmitida a mim pela minha mãe. "Escolhi Hera como minha deusa", parecia estar ela dizendo o tempo todo da minha meninice, "mas ela pede muito. Eu vou protegê-la dela. Essa deusa exige obediência absoluta. Se a pessoa é esposa, é isso apenas."

O compromisso e a fidelidade absolutas de Hera são o cerne mesmo de sua autoimagem. Nos mitos, ela é representada pela violência com que rejeita os homens que ousam tentar seduzi-la. Sua fidelidade é uma provocação a Zeus porque engloba a exigência de que ela seja amada pelo que sacrifica. Em troca de sua renúncia, ela espera a fidelidade absoluta e, inevitavelmente, tem ciúme de todas as outras mulheres que recebem a atenção dele. Como está representado em tantos mitos a seu respeito, Hera é a esposa que sempre espera, como algo que lhe é devido, um compromisso mais total da parte do marido do que jamais receberá. Seu ciúme é evocado com a virulência máxima quando Zeus se envolve sexualmente com outras mulheres, mas a mulher-Hera pode sentir tanto ciúme delas como da devoção do marido aos filhos, a outros adultos, ao seu trabalho, aos seus divertimentos. Entender de fato a Hera olímpica é dar-se conta da promiscuidade de Zeus não como azar dela, não como algo que poderia ser diferente. Sentir que ele a atrai é o correlato inevitável de sua própria fidelidade obsessiva, faz parte necessária de ser Hera, enquanto a vemos, ou enquanto ela se vê, como mulher estritamente definida pelo seu papel de esposa.

Assim, embora Zeus e Hera devam representar a família patriarcal ideal, parecem em vez disso representar as tensões que desestabilizam o casamento. A relação entre Hera e Zeus contém elementos que expressam a pressão de todo casamento para esquivar-se à diferenciação e elementos que pertencem ao anseio pela participação em um confronto entre duas pessoas autorrealizadas; ela, porém, reflete essencialmente a luta que acontece quando os dois cônjuges estão tentando, de modo confuso e contraditório, pôr as duas coisas em prática. A relação entre essas figuras mitológicas ilustra também como esse esforço é exacerbado em um casamento de teor patriarcal, em que a esposa quase que inevitavelmente irá se tornar em grau patológico possessiva e ciumenta.

Embora provocado por Zeus, o ciúme de Hera é dirigido com sua máxima intensidade à perseguição das amantes dele e a seus filhos. A Hera do Olimpo não gosta das mulheres, nem de ser mulher. Destaca-se pela singular ausência de uma relação positiva com outras mulheres, exceto pelas duas filhas a quem domina por completo. A obsessão de Hera para com as outras mulheres na vida de Zeus pode refletir o reconhecimento subliminar do quanto elas são importantes para si mesma, como, de alguma maneira, elas representam aspectos desconhecidos de sua própria natureza.

Estamos mais interessadas no que o ciúme de Hera nos diz dela (e de nós) do que no que pode evidenciar sobre Zeus. Grande parte de sua paixão deriva da intensidade com que ela reprime a manifestação direta de sua própria sexualidade: ela projeta em Zeus a satisfação de suas próprias vontades reprimidas. Seu ciúme pode incluir também inveja do pênis, não só no senso estrito de invejar a potência genital de Zeus, mas, no seu sentido mais profundo, como ressentimento contra a irrestrita liberdade e o poder agressivo que ele demonstra. Em certo sentido, o ciúme de Hera é uma manifestação ostensiva da sua masculinidade – de outro modo repudiada – uma vez que, mobilizada por ele, ela deixa de lado a passividade feminina e entra em atividades vigorosas. Seu ciúme é uma espécie de atividade de fantasia que tanto expressa como dissimula seus mais profundos desejos e temores.

Freud refere-se muitas vezes à importância do "terceiro" na mobilização da vida psíquica. A díada, seja a que une mãe e bebê, seja a que vincula marido e mulher, tende a ser estática. Geralmente, é caracterizada mais pela fusão do que por uma relação genuína. A chegada do terceiro elemento (pai ou amante) força a diferenciação, a mudança, o movimento. Talvez seja por isso que a relação entre Hera e Zeus pareça mais cheia de vida quando ela é atiçada em seu ciúme. É esse seu sentimento que provoca a sua atividade criativa, na forma da procriação partenogênica; é também o seu ciúme que finalmente a faz deixar Zeus, não por um novo amor, mas pela sua própria renovação, para a recriação de sua virgindade, de sua concentração em torno da própria essência. Em seu ensaio chamado "Casamento como uma Relação Psicológica", Jung diz:

> Raramente ou nunca um casamento torna-se uma relação individual suavemente sem crises. Não há nascimento da consciência sem dor. [...] A desunião consigo mesma gera descontentamento e, uma vez que a pessoa não está ciente do verdadeiro estado das coisas, projeta em geral as razões dessa insatisfação no parceiro. Cria-se assim uma atmosfera de críticas, que é o prelúdio necessário à percepção no plano consciente.[1]

Dentro dessa perspectiva, o ciúme de Hera é uma iniciação dolorosa à percepção de que Zeus não pode proporcionar-lhe satisfação, afinal de contas, que ela projetou nele a sua própria masculinidade não vivida, o seu *animus* (e, disso, diria Jung, brota a "animosidade" entre os cônjuges). Murray Stein fala de Hera em termos de um "instinto de pareamento" e afirma que o "*telos* de Hera é o *gamos*".[2] Embora essa afirmação não me pareça inteiramente certa, concordo com Stein quando diz que o que atrai Hera para Zeus não é de fato o desejo sexual. O anseio em questão tem um elemento político que representa a esperança de Hera em uma equiparação de poderes (devemos nos lembrar de que Hera promete a Páris soberania e riqueza). Ela quer ser plenamente satisfeita, equiparada, pareada, sexualmente sim, mas – o que é mais importante – psicologicamente. Sinto um pouco de vergonha ao me lembrar agora de como estava madura para o casamento quando era noiva, como – embora tivesse ido para a faculdade como Atena, para minha própria surpresa, saí como Hera. Contudo, parece importante lembrar e constatar isso: sentir de novo *agora* o que foi precisar viver como esposa, um imperativo tão categórico quanto é o instante final antes do orgasmo, para recordar a certeza daquela convicção: "Estou vivendo exatamente aquilo para que fui criada para viver".

Entender esse anseio é entender Hera a partir de dentro. Somos aqui apresentadas ao casamento não como algo imposto pelo patriarcado, mas como uma coisa satisfatória para um nível muito profundo de anseios das próprias mulheres. Essa compreensão do casamento está por trás do fato de que, na vida cultual grega, o *gamos*, o casamento, era parte do culto a Hera, não parte da religião de Zeus.

Hera representa o momento de transição entre o matriarcado e o patriarcado, em que tanto o direito das mães como o dos pais são honrados. Esse é o momento em que os mitos jamais conseguiram captar. Em certo sentido, é um momento que nunca existe, exceto na fantasia de Hera. Porque tudo o que é visível é a transição de uma pretensão absoluta para outra pretensão absoluta, nos mitos Hera é representada como a deusa que capitulou. De certo modo, até nos mitos as duas Heras estão presentes: a vinculada ao patriarcado e a arcaica. Ambas estão presentes nos mitos e em nós: aquela que escolhe o casamento e a que trabalha para enfraquecê-lo. É inevitável que isso cause confusão, para Hera e para Zeus, tanto para o marido como para a esposa. As fantasias de engoli-lo e apoderar-se do poder dele, ou de perder-se nele, são inevitavelmente trançadas nos fios da fantasia de ser plenamente satisfeita por ele. Isso não significa que as primeiras sejam fantasias até certo ponto "realistas" e que as últimas não passem de ilusão.

Para mim, Hera representa a transição da contenção virginal na própria essência para o *hieros gamos*, em resposta a uma visão da *coniunctio* que não é nem dissolução, nem refrega. Ela nunca é só Hera Teleia, mas sim também Hera Parthenos. As duas existem não como estágios subsequentes, mas como dimensões coexistentes, iluminando mutuamente aspectos de quem Hera é. A temporalidade narrativa do mito obscurece este pormenor, quase que necessariamente. Focalizar mais o aspecto da vida de Hera como esposa de Zeus, sem reconhecer como ela é também a Hera virginal, é representá-la de forma equivocada. O culto que é capaz de reconhecer a transição de uma fase para outra como um acontecimento repetido nos abre para um entendimento de nível mais profundo. Hera renova-se ritualmente em sua virgindade, uma vez por ano, quando mergulha nas fontes de Kanathos perto de Nauplion. No plano ritual, Hera nunca é apenas a Hera do Olimpo, mas também a Hera pré-olímpica.

Hera representa aquilo que na virgindade anseia pela comunhão como parte de sua própria natureza e que, na *coniunctio*, lança um olhar nostálgico para a concentração na própria essência que é parte de sua natureza.

O *pathos* de Hera é que, depois de seu casamento com Zeus, ela descobre que ele não é Zeus afinal de contas, não é o outro plenamente igual, o outro perfeitamente pareado, que o imaginava ser. Como disse Stein: "Zeus distorce Hera de uma maneira específica, isto é, ele não permitirá que ela encontre a 'perfeição' e a satisfação no *gamos*. Ele não estará casado com ela mais do que de forma vicária, nem lhe permitirá estar profundamente casada com ele".[3] O confronto Hera-Zeus parece inevitável e, não obstante, sente-se que ambos deveriam ponderar mais, ter um outro significado em mente, querer outra coisa. Refletir sobre sua união nos permite apreciar o "conteúdo dialético" do casamento, "seus aspectos progressivos e regressivos, o que ajuda a ver a monogamia não apenas como opressão humana, mas como a tentativa de uma relação prolongada entre duas pessoas".[4]

Foi somente quando pude entender isso que comecei a compreender também por que não existem só duas Heras, mas três, todas coexistentes e definindo-se entre si. Hera é Parthenos, Teleia e Chera, a solitária, livre, viúva ou divorciada, não mais casada. Hera representa não só a transição para o casamento, mas a transição além. Nesse contexto, minha leitura de Hera (talvez pelo fato de eu ser mulher) é radicalmente diversa da oferecida por Stein, para quem Hera Chera é a representação da fase feia e infeliz da vida de Hera. Embora eu por certo concorde com Kerényi a respeito de esta ser a fase mais perigosa – para os homens, quer dizer, e também para o patriarcado. É perigosa ainda para as mulheres como qualquer fase que implique uma transformação radical o é, mas muitas mulheres gostariam de reinvocar "a crescente valorização religiosa desta fase mais baixa"[5] que Kerényi descreve como ocorrendo no final do período clássico. A interpretação de Stein parece proceder de uma visão inteiramente negativa do ciúme e da possessividade de Hera que não parecem mais adequadas para mim, e promover uma espécie de terapia destinada a fazer com que Hera se contente com seu casamento. Depois de um tempo as viagens às trevas terminaram tendo para mim outro significado.

A versão mitológica da separação de Hera e Zeus diz que, quando ela não conseguiu mais suportar as infidelidades dele, deixou-o e retornou a seu lugar de origem, em Eubeia. Eu vejo sua partida como o elemento que oferece a distância entre ambos necessária para que cada qual redescubra a fantasia, a esperança que os uniu, no início de tudo. Talvez Hera tenha descoberto apenas sua solidão essencial *dentro* do relacionamento e só pôde aprender que relação autêntica haveria na solidão. A separação pode ser entendida como o prelúdio necessário ao que Jung chamaria de um casamento genuinamente psicológico. O divórcio, nessa medida, é parte integral da história partilhada e, o que é ainda mais importante, é um aspecto essencial do ser de Hera. Segundo o mito, Zeus e Hera se reúnem depois novamente. Quando ele se vê incapaz de persuadi-la a voltar, ele vai até o Monte Citerão na companhia de uma estátua de mulher velada e faz anunciar seu casamento com uma princesa local. Quando Hera descobre o ardil, acha graça e reconcilia-se com ele. A sorridente aceitação do marido e de si mesma mostra que alguma coisa significativa mudou entre eles.

Claro que esse regresso ao casamento não precisa, no nível humano, significar necessariamente um novo casamento com o marido ou mulher originais, ou mesmo um novo casamento. Pode simplesmente implicar o reconhecimento de como a atração para o que Stein chama de "casamento profundo" continua sendo importante. Do outro lado do casamento patriarcal, persiste o anseio por um relacionamento primário plenamente recíproco e prolongado, podendo levar à retomada do casamento em que os parceiros conseguem aceitar agora, verdadeiramente, e desfrutar, um ao outro, ou entrar em um novo casamento ou romance. Pode levar a uma relação autenticamente satisfatória com uma mulher em lugar de um homem, ou à aceitação do fato de que algo pelo que a pessoa anseia com todas as forças talvez não lhe seja proporcionado. O que Hera significa é a força para não fingir que um presente de menor valor é a realização profunda, e a força para não negar esse anseio. A concentração na sua própria essência, à distância do casamento, é diferente da autoabsorção inocente da virgem e do mergulho em suas fantasias: é uma solidão que inclui no seu cerne o ser-com, tanto como esperança como na qualidade de recordação.

Christine Downing

Irmãs e Irmãos

Para uma mulher, a irmã é o outro ser mais semelhante possível a ela, entre todas as criaturas do mundo. É do mesmo sexo, da mesma geração, contém a mesma herança social e biológica. Temos os mesmos pais, crescemos na mesma família, fomos expostas aos mesmos valores, pressupostos, padrões de interação. (Sem dúvida a probabilidade é que repartamos apenas metade de nossos genes e que dois filhos nunca tenham exatamente os mesmos pais; a vivência que temos deles é parcialmente diferente e evocamos neles reações diferentes. Apesar disso, não existe outra pessoa com quem haja tanto em comum.) O relacionamento fraterno é um dos vínculos humanos mais duradouros, começando com o nascimento e terminando apenas com a morte de um dos irmãos. Embora nossa cultura pareça nos consentir a liberdade de deixar os irmãos para trás, afastarmo-nos dessa relação, nossa tendência é regressar a ela nos momentos de celebração – casamentos e nascimentos – e nos de crise – divórcios e mortes. Nessas ocasiões, descobrimos, para nossa surpresa, muitas vezes, com que rapidez os padrões da interação da infância e a intensidade de ressentimentos e afetos positivos tornam a aparecer.

Não obstante, esta outra tão semelhante a mim é, ineluctavelmente, *outra*. Ela, mais do que qualquer pessoa, serve como aquela contra quem, a partir de quem, defino a mim mesma. (As pesquisas sugerem que as crianças têm consciência da "outridade" inequívoca dos irmãos, muito tempo antes de terem realizado uma plena separação da mãe.) Semelhanças e diferenças, intimidade e distância: nenhum dos polos pode ser superado. Esse paradoxo, essa tensão, está no cerne próprio da relação.

Os irmãos de mesmo sexo parecem ser um para o outro, paradoxalmente, o Self ideal e o que Jung chama de "sombra". Ambos estão envolvidos em um processo singularmente mútuo, recíproco, de autodefinição. Embora as filhas criem as mães na mesma medida em que estas as criam, o relacionamento não é simétrico como aquele que prevalece entre as irmãs. Sem dúvida que, mesmo entre irmãs, existe certa assimetria, certa hierarquia; a ordem de nascimento, a idade relativa, por certo determinam diferenças. Mas, ao contrário da diferença da distância avassaladora e parcialmente sagrada que separa a mãe e o bebê, as diferenças entre as irmãs são sutis, relativas, pertencendo a uma escala profana. As diferenças entre irmãos podem ser negociadas, elaboradas, redefinidas pelos próprios irmãos. O trabalho da autodefinição mútua parece proceder, de modo típico, por polarizações que semiconscientemente exageram as diferenças percebidas e repartem os atributos entre as irmãs ("Eu sou a inteligente e ela é a bonita"). Muitas vezes, as irmãs parecem dividir também os pais entre elas ("Eu sou a queridinha do Papai e você, a queridinha da Mamãe"). Eu sou aquela que ela não é. Ele é tanto o que eu mais aspiro ser, mas sinto que nunca conseguirei, e aquilo de que mais tenho orgulho em *não* ser, mas tenho medo de vir a me tornar.

A irmã é diferente até mesmo das amiguinhas mais próximas (embora essa amiga possa muitas vezes servir como irmã substituta), pois a condição de ser irmã é um relacionamento imposto, não escolhido. Estamos sem saída com o fato de termos aquela irmã, de um modo como nunca estaremos em relação a uma amiga. John Bowlby diz que a coisa mais importante acerca dos irmãos é sua *familiaridade* – os irmãos facilmente tornam-se as figuras secundárias de apego afetivo fundamental às quais recorremos quando nos sentimos cansados, famintos, doentes, alarmados, inseguros. Os irmãos podem servir também como companheiros de diversão, mas o papel é diferente: vamos em busca de alguém com quem nos divertir quando estamos bem e confiantes de que o que queremos é, exatamente, nos divertir. A relação com um irmão é permanente, vitalícia, e da qual é quase impossível nos desvencilharmos. (Podemos nos divorciar de um cônjuge muito mais definitivamente do que de um irmão.) Uma vez que essa permanência ajuda a fazer dessa a relação mais segura de todas na qual expressar hostilidade e agressão (com mais garantias de segurança do que com nossos pais, porque nunca somos tão dependentes de um irmão quanto nos primeiros meses de vida – e sempre na imaginação – somos dependentes de nossos pais), o elo entre irmãos do mesmo sexo é muito provavelmente o mais tenso, volátil, ambivalente de todos os elos que jamais conheceremos.

Descobri que o anseio pela relação com a irmã é sentido mesmo por mulheres sem irmãs biológicas, e que todas nós "a buscamos" em muitas figuras substitutas que aparecem ao longo de toda a nossa vida.

A Irmã e o Irmão são o que Jung chamaria de arquétipos, pois estão presentes na nossa vida psíquica independentemente das experiências literais que tenhamos, assim como acontece com a Mãe e o Pai. (Para mim, é fácil falar "da" irmã, pois só tenho uma. Quando existem várias, é provável que o arquétipo esteja repartido entre elas, em modulações rapidamente cambiantes. Nossa relação com cada uma delas tem suas valências e significações específicas, embora, em conjunto, contenham a complexidade do arquétipo.) Como todos os arquétipos, o da Irmã continua reaparecendo em forma projetada ou "transferencial" e contém um aspecto interior. Discernir todas as nuanças de significado que existem na relação das irmãs na nossa vida exige que prestemos atenção aos três modos: a irmã literal, a irmã substituta e a irmã interior, o arquétipo.

Eu sou quem ela não é. A irmã interior – meu self ideal e o self-sombra, estranhamente um só – tem um papel tão significativo em termos do processo de individuação, que ela está ali, tenha eu uma irmã literal ou não. Não obstante, como todos os outros arquétipos, ela cobra uma passagem para o nível concreto e particularizado e exige que a introduzam no mundo exterior das imagens distintas. Quando não existe a irmã de carne e osso, parece sempre existir irmãs imaginárias ou substitutas. Mesmo quando existe uma irmã literal, ocorrem frequentes figuras de fantasia ou figuras substitutas, como se a irmã real não fosse bastante adequada para conter plenamente o arquétipo e, contudo, o arquétipo precisava ser posto em imagem, ser personificado. A Irmã aparece com a face peculiar de uma amiga ou figura onírica, de um personagem de ficção ou heroína mitológica.

O fato de a Irmã ser de fato uma das fantasias primais que Freud considerou um elemento ativo na nossa vida psíquica, independentemente das experiências históricas, tem-me sido confirmado na frequência com que mulheres sem irmãs têm participado dos seminários sobre irmãs que tenho organizado, por saberem que elas também precisavam trabalhar sobre o significado desse relacionamento em suas vidas. Na primeira vez que isso aconteceu, pensei: "O que tenho para lhes dizer? O que sei a respeito do que é nunca ter tido uma irmã biológica?" Depois me lembrei: "Provavelmente, muito". Pois tenho uma mãe que era filha única e uma filha que só tem irmãos. Minha mãe me contou o quanto desejava ardentemente que eu crescesse para que ela enfim pudesse ter uma irmã, e eu sei o que é isso, como contraponto sutil ao vínculo mãe-filha que me relaciona à minha filha, na forma de um elo irmã-irmã.

Também me dou conta de como a compreensão que minha mãe tem da relação entre irmãs é marcada pelo fato de ela não ter tido uma irmã, na infância. Ela idealiza o relacionamento. Ela enxerga como irmandade apenas a nossa intimidade, não a nossa rivalidade. Tampouco poderia ela enxergar algum valor nos momentos de interação entre minha irmã e eu quando éramos pequenas. Durante mais de cinquenta anos, os encontros entre ela e a cunhada tinham sido contaminados por um ciúme mutuamente obsessivo e, no entanto, não ocorria a nenhuma delas que sua relação fosse fraterna. A ausência de uma irmã biológica para minha filha apresenta-se de outra maneira: uma vez que ela cresceu com meninos, os homens têm pouco mistério para ela e ela se volta para as mulheres como amantes e irmãs.

Chamar a Irmã arquetípica ajuda a expressar a minha noção de que existe uma dimensão transpessoal, extrarracional, *religiosa*, à fraternidade entre irmãs, que dota todas as figuras de carne e osso para as quais "transferimos" o arquétipo de uma aura numinosamente divina ou daimônica. Não estou, entretanto, implicando a existência de uma essência universal, a-histórica da fraternidade entre irmãs. O gatilho de um arquétipo é sempre uma vivência pessoal; o grau em que essas experiências são partilhadas, são recorrentes, são evocativas de respostas semelhantes; é algo a ser sempre explorado, e não presumido como certo. Também foi muito impressionante para mim a observação de Freud, para quem, embora de alguma forma tenhamos tornado sagrado o amor entre pais e filhos, aquele que existe entre irmãos e irmãs permaneceu profano. Também eu sinto o arquétipo da Irmã como menos arrebatadoramente numinoso que o da Mãe. A santidade da Irmã é até certo ponto proporcional com o que caracteriza a minha própria alma: ela é uma mulher, não uma deusa. O envolvimento com a Psiquê mortal ocorre em uma dimensão diferente do envolvimento com Perséfone, a deusa por quem comecei minha busca da Figura Feminina.

Meu interesse particular situa-se nos relacionamentos entre irmãs, mas parece óbvio que o pleno entendimento de sua peculiaridade exige que se preste atenção também aos relacionamentos entre irmã-irmão e entre irmão-irmão. Eu queria perceber com mais clareza como ser irmã de um irmão é diferente de ser irmã de uma irmã. Parecia importante investigar minha intuição de que a relação entre irmão-irmão e entre irmã-irmã não são simétricas. Já que o primeiro relacionamento fundamental na vida da menina é com outro do mesmo sexo, a mãe, os vínculos afetivos entre pessoas de mesmo sexo, parecia-me, têm uma relevância maior na vida das mulheres do que na dos homens, e as irmãs se destacam mais poderosamente na psicologia da mulher que os irmãos na do homem.

Na primeira vez em que me dei conta de um forte impulso no sentido de investigar o significado da relação entre irmãs, eu provavelmente imaginava que ele se referia essencialmente ao meu relacionamento com a minha irmã literal – algo como enxergar com mais clareza os anos todos de história partilhada em busca de uma elaboração para aprofundar o nosso vínculo no presente. Essa noção de que entender a relação entre irmãs tem basicamente que ver com *ela*, com dar um jeito nas coisas entre nós, é uma perspectiva que abandonei há muito tempo. E lembro-me de que, desde o começo, não era tanto ela quanto a minha cunhada à beira da morte que parecia estar me chamando para a realização dessa tarefa. Isso significava que o que importava não era mudar as coisas entre nós, mas chegar a perceber todas as implicações de como esses entranhados padrões de interações entre nós, irmãs, se insinuaram nos relacionamentos fundamentais da minha vida, daquela época em diante. A questão também estava de alguma maneira vinculada a um acordo final com a perspectiva da morte.

Querer um relacionamento perfeito com aquele outro no mundo que é mais parecido que todos comigo – o filho dos mesmos pais que tem o mesmo sexo que eu – pode ser uma fantasia inerradicável. Não obstante, com o tempo, passei a acreditar que abrir mão disso (exceto como fantasia) é uma das lições mais profundas que o envolvimento honesto com o significado dessa relação pode ensinar: que os relacionamentos não são perfeitos. Que a irmã tão parecida comigo é *outra* pessoa. Que as maneiras particulares, sutis, de vivermos nossa intimidade e nossa distância, nossas semelhanças e diferenças, são precisamente aquilo que constitui nossa relação como irmãs. Chegar a aceitar que não somos idênticas e que não o seremos, que as nossas diferenças não se combinam para o surgimento de um todo belamente equilibrado, que de alguma forma elas não são as diferenças "certas" para tanto, parece fazer parte daquilo que um dia descobrimos e aceitamos. Em certo sentido, sempre temos a irmã errada – e é justamente isso que faz dela a pessoa certa, que nos faz tomar consciência da realidade do outro ser outro, que nos faz perceber o que está implícito em vê-la como outro ser, deixá-la ser como ela é. E pode ser também que exatamente por isso ela me ajude a descobrir quem eu sou.

No início, parece que queremos que a nossa irmã realize um anseio pela presença de uma pessoa tal qual nós, assim como ansiamos que de nossa mãe venha a satisfação do desejo profundo de dissolvermos toda a membrana de separação entre os seres. Terminamos descobrindo, na nossa relação com a nossa irmã, que o que é pedido de nós é aceitar que ela, de fato, é outra pessoa. Tomei aguda consciência de uma dimensão particular dessa aceitação durante a composição deste livro. Minha própria irmã não se sente confortável com o nível de autoexposição que arrisquei introduzir no livro sobre as deusas gregas. Para honrar o seu senso de privacidade tive que escrever este livro de forma diferente.

Isso está no cerne mesmo do que aprendi com Psiquê e suas irmãs – que, embora elas não fossem as irmãs que teria escolhido para si, eram as *suas* irmãs, aquelas com as quais encetou a jornada até si mesma.

Querer mudar a relação, consertá-la, aprofundá-la, torná-la mais central na nossa vida é, como passei a acreditar, realmente querer mudá-la, estar no controle, fazê-la ser parte de mim. Jung nos ajuda a entender que esse é um anseio equivocado, que o que realmente significa é o anseio pela própria transformação, para resgatar como meus aspectos de minha potencialidade que há muito tempo vejo como atributos dela em lugar de meus. A "desidentificação" apropriada na infância torna-se anacrônica; não temos que ficar dividindo para sempre o mundo em esferas, a dela e a minha.

Parece que uma das dimensões em que essa polarização ocorre com frequência é, justamente, a da intimidade: uma das irmãs quer mais, a outra resiste às tentativas julgando-as agressivas. Por isso, muitas vezes uma irmã quer que a relação seja diferente, melhor, mais intensa, mas quando ela diz: "Quero conhecer você melhor", a outra responde: "Isso só serve para mostrar o quanto você não quer *me* conhecer!" Paradoxalmente, recuar, comunicar "Não quero mais mudar você, não preciso mais que você seja a 'minha' irmã" pode às vezes abrir o caminho para um relacionamento que flua com mais espontaneidade, que seja mutuamente desfrutável.

Eu, porém, cheguei à conclusão de que não queremos realmente "consertar" nada, que isso é o arremedo de outra coisa. Por certo descobri que as irmãs importam demais para as mulheres adultas, que a relação parece um dos grandes focos da vida, denso, em geral doloroso, e, muito peculiarmente, *não mencionado*. Toda vez que mencionei meu interesse pelas irmãs, até mesmo casualmente, as mulheres quiseram me contar sua história – de modo urgente, inteiro, íntimo – muitas vezes como se nunca antes tivessem percebido *o quanto* queriam falar disso.

Quando agarramos a oportunidade de contar a nossa história, parece que sabemos que a sua beleza e a sua força decorrem de ser a *nossa* história, um enredo que nunca antes foi relatado. Somos libertadas da ilusão de existir uma determinada versão correta da história, um certo padrão normativo de vivências para irmãs ao qual nossa história deve adequar-se. Assumimos como certo e inquestionável que existem muitos padrões variados, cada qual com as suas dores e benesses particulares.

As relações entre as irmãs parecem ser mais intensas e emocionalmente íntimas do que entre irmãos, o que quer dizer que também pode ser mais difícil para nós tolerar diferenças sem senti-las como traições. Os mitos e contos de fadas representam os irmãos como pessoas que partem juntas para aventuras no mundo externo, ao passo que as irmãs partilham sentimentos e vivências. Sinto que a nossa relação de irmãs seria fortalecida se incorporássemos um pouco mais de apoio "fraterno" recíproco, se nos comprometêssemos a despertar uma na outra o pleno exercício de nossas forças no mundo, no mundo exterior do trabalho e da criatividade. Mas o "cerne" da fraternidade entre irmãs é de fato diferente deste tipo fraterno de vínculo entre os irmãos.

Os contos que tratam da relação entre irmã e irmão sugerem o significado profundo deste elo para a vida interior do homem; "irmã" parece significar aquilo que o vincula ao âmbito dos sentimentos, à sua própria profundidade interior, à sua alma, àquilo que lhes permite voltar confiantes na direção da morte. A irmã representa uma relação com o que o homem parece sentir de fato como sua própria "feminilidade" interior e em geral inacessível e misteriosa – em uma relação com a feminilidade que é doadora de vida mais do que orientadora no tocante à morte, menos ameaçadora do que o outro absoluto simbolizado pela mãe. Para os homens, essa relação contrassexual contém um tremendo poder. Para as mulheres, o irmão, o outro contrassexual, parece significar menos do que o outro do mesmo sexo, a irmã.

Para nós, também, a irmã contém o significado de alma que a irmã tem para o homem. Também para nós ela encarna a mesma conexão com a fonte da nossa vida, a fonte do significado, que a mãe originalmente encarna – mas em um nível menos intenso de receios.

Considero "irmandade" a expressão adequada para descrever os relacionamentos íntimos entre mulheres adultas porque assim se transmite uma real intimidade baseada em uma experiência precoce de dar e receber recíprocos. As irmãs reais da infância são, em certo sentido, as nossas primeiras mães substitutas, mas nunca esperamos delas o amor absoluto que, no início, associamos com a nossa mãe. Falar de mulheres íntimas, de fase posterior da vida, como "irmãs" é reconhecer que esse processo de substituição continua, que o importante nunca foi permanecer para sempre no interior da constelação inicial. Chegar a compreender o significado da irmandade significa aprender o que se passa nas famílias e como isso é transmitido de uma geração à seguinte, como passa dos relacionamentos familiares da infância para os relacionamentos que formamos na vida adulta.

Se pudermos nos lembrar de que estamos aqui para ser irmãs umas das outras, não para ser ou ter mães, abre-se diante de nós a possibilidade de outra espécie de relação. A virada de mães para irmãs, como Freud percebeu, é como a virada de deusas para mulheres humanas, uma transição do sagrado para o profano no âmbito da relação. Existe entre irmãs a possibilidade de uma relação genuinamente mútua e recíproca; ambas são doadoras e receptoras. Podemos conhecer a outra pessoa como um ser humano com imperfeições e carências – tal qual nós. Quando não esperarmos mais que ela seja capaz de responder a todas as nossas necessidades, que seja apenas boa, não nos sentiremos mais traídas quando ela não responder e não for só boazinha. Os momentos de fusão, quando ocorrem, podem ser celebrados: porque sabemos que são *momentos*, transformadores, mas fugazes. Lembramos a intensa ambivalência e volatilidade das primeiras interações com a nossa irmã de verdade e não estamos mais aterrorizadas pelo temporário desaparecimento dessa proximidade quando diferenças inesperadas se fazem subitamente revelar.

Embora possamos não ser irmãs "de sangue", não termos sido paridas pelo mesmo útero, acredito que as mulheres podem descobrir sua irmandade como algo *dado* às suas vidas. Que bênção é saber que uma relação perdurará apesar de suas idas e vindas, a despeito daqueles momentos em que as peculiares condições que fazem o outro ser *outro* nos tornam insuportavelmente solitárias. A recordação das primeiras vivências com a irmã nos faz pensar que toda relação tem seu lado sombrio e que ele faz parte daquilo que a torna tão rejuvenescedora, tão geradora de vida e transformadora. Existe espaço no seio da irmandade para as semelhanças e para as diferenças, para as diferenças sutis que desafiam e deleitam. Existe espaço para as decepções e para as surpresas.

Adrienne Rich

Os Mistérios Fraternos
(para C. R.)

1.
Lembre-me de como andávamos
experimentando a pedra planetária
onde apoiar os pés

testando a borda dos despenhadeiros
os campos de puro
gelo ao sol da meia-noite

sentindo o cheiro das chuvas antes que viessem
sentindo a plenitude da lua
antes que despontasse no céu

desequilibradas pela vida
que revolvia em nós, ao mesmo tempo leves
e imóveis pelo peso

de crianças às nossas costas
em nossas ancas, enquanto acendíamos o fogo
moldávamos a argila, pegávamos água

Lembre-me de como o riacho
umedecia a argila entre as palmas de nossas mãos
e da chama

lambendo-a até suas cores minerais
como traçávamos nossos signos à luz da tocha
nas escuras câmaras das cavernas

e como desbastávamos os espetos
do porco-espinho com os dentes
até ficarem de uma finura transparente

e escovávamos a ráfia trançada até torná-la veludo
e por treze vezes sangramos nosso conhecimento lunar
nos sulcos

sei de cor e no entanto
preciso que você me diga
me pegue, me lembre

2.
Lembre-me de como amávamos o corpo de nossa mãe
nossas bocas sugando a primeira
doçura rala de seus bicos

nossos rostos sonhando horas a fio
contra o odor salgado do seu colo
Lembre-me
de como seu toque derretia as dores infantis

como ela flutuava grande e terna no escuro
ou ficava de pé a nos guardar
mesmo contra a nossa vontade

*e como pensávamos que ela amava
primeiro o estranho corpo masculino
que tomava, tomava de um jeito que parecia lei*

*e como ela nos mandava chorando
para aquela lei
como a reencontrávamos em nossas visões do parto*

*erecta, coroada, superior
uma escada em espiral
e rastejávamos arfando em sua direção*

*Eu sei, eu lembro, mas
me pegue, me faça recordar
de como sua carne de mulher tornou-se tabu para nós*

3.
*E como por baixo do véu
negro ou branco, as balouçantes
tranças, os amuletos, sonhávamos*

*E como, por baixo
dos estranhos corpos masculinos
afundávamos no terror ou na resignação,
como lhes ensinávamos a ternura –*

*o conter-se, o brincar,
o flutuar de um dedo,
os segredos dos bicos do seio*

*e como comíamos e bebíamos
o que deixavam, como os servíamos
em silêncio, como contávamos*

nossos segredos entre nós, chorávamos e ríamos
passávamos cascas, raízes e bagas
de uma mão para outra, sussurrando o poder uma da outra

lavando o corpo dos mortos
fazendo da lavagem da roupa uma celebração
enumerando nosso saber em galáxias acolchoadas

como habitávamos em dois mundos
as filhas e as mães
no reino dos filhos

4.
Diga-me de novo porque preciso ouvir
como carregamos os segredos de nossa mãe
até o final
dispostos em feixes de trapos ilegais
entre nossos seios
murmurados no sangue

em olhares trocados às festas
em que os pais chupavam os ossos
e firmavam suas barganhas

no quadrado aberto em que o meio-dia
causticava nossas cabeças raspadas
e as chamas se enrolavam transparentes ao sol

nos botes de pele da banquisa de gelo
– a grávida lançada a vagar,
bocas demais por alimentar –

como irmã fitava irmã
chegando através das pupilas espelhadas
de volta à mãe

5.
C. teve um filho no dia 18 de junho... Senti de forma aguda que somos estranhas, minha irmã e eu; não chegamos uma na outra, nem dizemos o que sentimos de verdade. Isso me deprimiu violentamente na época, pois então eu só queria ter sentimentos simples e generosos em relação a ela, sentir prazer pelo seu êxtase, afeição por tudo o que era dela. Mas não somos realmente amigas, e fazemos o papel de irmãs. Não sei o que realmente lhe causa dor ou alegria, assim como ela tampouco sabe se estou feliz ou se sofro (1963).

Houve anos em que você e mim
mal falamos uma com a outra
depois durante uma noite inteira
nosso pai morrendo no andar de cima

queimamos a nossa infância inteira, resmas e resmas de papel
falando até os pássaros cantarem

Seu rosto agora do outro lado da mesa: escuro
com iluminação
Esse rosto que observei mudar
durante quarenta anos

viu-me mudar
esta mente tem retorcido minhas ideias

sinto a distância da separação
das células em nós, a escolha um segundo depois

de um óvulo por um esperma?
Apoderamo-nos de armas diferentes

nosso cabelo caiu comprido
ou curto em momentos variados

lampejam de sua boca palavras que eu nunca pensei
somos traduções em dialetos diferentes

de um texto ainda em fase de redação
no original

porém nossos olhos bebem uns nos outros
nossas vidas foram empurradas pelo mesmo canal escuro abaixo

6.
Voltamos atrás tanto
que a casa da infância parece absurda

seus segredos um cabelo caído, um grão de poeira
na lâmina fotográfica

estamos eternamente nos expondo ao universo
eu a chamo de um outro planeta

para contar um sonho
a anos-luz de distância, você chora comigo

As filhas nunca foram
verdadeiras noivas do pai
as filhas foram, para início de conversa,
noivas da mãe

depois noivas uma da outra
sob uma lei diferente

Deixe-me abraçá-la e contar-lhe

Galway Kinnell

A Tristeza dos Irmãos

Mas não, isso é a leitura do medo.
Nos abraçamos na soleira da porta,
na fragilidade dos grandes
corpos de cinquenta anos esquisitos
de irmãos dos quais apenas um imaginou
aqueles que amamos, que vão embora,
entre eles este irmão,
parando subitamente
pois entre eles surge um sentimento
que só agora lembramos
e os perdemos, e depois nos voltamos
como se para assim voltar
suas ainda mais vívidas recordações
conhecidas entre nós, se for verdade,
do amor, somente o que
a carne pode suportar entregar ao tempo.

Tudo isso passado, permanecemos
na lembrança que me ocorreu nesse dia

*sobre um homem vinte e um anos estranhos a mim
cansado, vulnerável, meio-mundo idoso; e em grandes
corpos a acumular gordura, com corações doridos, bem ou mal passados,
mas gastos, contamos um ao outro, amigos da realidade,
conhecendo a tristeza comum dos irmãos*

Howard Teich

Os Gêmeos:
Uma Perspectiva Arquetípica

Na cosmogonia de muitas culturas arcaicas, a dualidade fundamental da vida está associada às duas fontes primárias de luz, o sol e a lua. Cada uma delas exerce domínio sobre o seu céu particular, embora estejam ambas reunidas no ciclo diário de morte e renascimento. Historicamente, o Sol e a Lua representam os princípios organizadores centrais em torno dos quais constelam-se mitos da criação e motivos religiosos.[1]

Contudo, uma vez que as tradições gregas e romanas se tornaram predominantes em nossa mitologia, a polaridade "solar" e "lunar" primária, em geral, tem sido representada como "masculina" e "feminina". Aquelas qualidades associadas à "psicologia solar" – clareza, voluntariedade, competitividade, resistência – têm sido rotuladas de "masculinas". As qualidades "lunares" – ternura, receptividade, intuição, compaixão, disponibilidade emocional – têm sido, contrariamente, designadas "femininas". É muito interessante que, antes da ascensão das tradições patriarcais, a maioria das mitologias considerava o princípio solar feminino, e o princípio lunar masculino.

Tanto o princípio lunar como o solar emergem no arquétipo dos "Gêmeos" de sexo masculino. O arquétipo dos Gêmeos considera o princípio lunar como masculino e personaliza os princípios solar e lunar nos âmbitos psicológico e comportamental da psique masculina. Nossas mitologias documentadas apresentam um número extraordinário de meninos gêmeos. A gemelidade de mulheres é muito menos comum e isso nos leva a pensar no significado dos "Gêmeos" primeiro no contexto da psicologia masculina.

Os gêmeos masculinos solar/lunar servem para nos tornar conscientes da tendência de nossa psique para "atrair" em duas direções aparentemente contrárias. Ver essas forças paradoxais como Gêmeos solar/lunar, em vez de como "opostos" masculino/feminino, permite-nos compreender sua natureza simétrica. Os Gêmeos solar/lunar representam uma unidade masculina integral que, como o sol e a lua, revelam-se de modo cíclico, exibindo primeiro uma variedade, depois a outra.

A perspectiva dupla especial dos Gêmeos garante uma nova maneira de enxergar o eixo solar/lunar que define as estruturas centrais de cada um e de todos os arquétipos, sem distorções restritivas de ordem cultural e de sexo. Por exemplo, o mito egípcio retrata a perspectiva gemelar essencial em Hórus, o falcão, cuja transformação final lhe confere um olho do sol e um olho da lua. Quando consideramos o material cru de um arquétipo pelo prisma da dupla solar/lunar, nossa capacidade de fazer o levantamento de seu potencial energético aumenta de uma forma dramática. A consciência de sua natureza fundamentalmente dupla permite-nos enxergar não só as funções externas do arquétipo (quer dizer, como ele reage e responde em sua relação com estímulos externos), mas também a interação da dinâmica interior que gera a própria carga energética singular a esse arquétipo.

O nascimento dos Gêmeos masculinos exige uma atenção especial, em particular porque, na família arquetípica como na vida, não existe uma "razão" óbvia ou "necessidade" evidente para que eles nasçam. Dentro do Self, os Gêmeos ocupam uma posição singular. Diferentemente dos outros membros da família arquetípica, os Gêmeos nem sempre estão entre os personagens centrais do drama familiar. Sua presença, por conseguinte, transmite invariavelmente uma aura incomum, bizarra, imanente. Por um ângulo tradicional, os Gêmeos são ao mesmo tempo louvados e temidos; sua vinda é ansiosamente aguardada (com vontade ou desprazer), sua chegada é ou proclamada com alegria e muito alarde, ou sub-repticiamente varrida para baixo do tapete e esquecida.

A Antiguidade e a ampla difusão dos Gêmeos pelos mitos e sua influência sobre as religiões e as culturas ao longo de toda a história funcionam como uma tentadora oportunidade para o estudo satisfatório e prolongado pelo qual ansiamos todos nós que rastreamos as evidências transculturais dos arquétipos universais. Talvez os dois primeiros gêmeos masculinos que vêm à mente sejam os do zodíaco, no signo de Gêmeos, Castor e Pólux. Lembramo-nos igualmente bem dos fundadores de Roma, Rômulo e Remo, e do par bíblico de irmãos gêmeos adversários, Esaú e Jacó. No entanto, até mesmo uma investigação superficial dos Gêmeos históricos torna de imediato aparente que estamos lidando com um fenômeno que ocorre muito antes que sua inscrição nos mitos conhecidos. Aliás, sua posição entre as estrelas do zodíaco pode ser a última das homenagens prestadas aos Gêmeos arcaicos.

Historicamente, os Gêmeos biológicos de todas as possíveis combinações, ao lado de sua mística concomitante, têm de há muito predominado no foco de atenções dos antropólogos que, inadvertidamente, esbarram na variedade peculiar das tradições e tabus que cercam os partos gemelares. O formidável conjunto de evidências coligidas pelo antropólogo J. Rendel Harris, a respeito dos cultos a gêmeos, relaciona com detalhes extensos e intrigantes o elenco de rituais inspirados pela adoração e pela difamação dos gêmeos.[2] Vale a pena observar aqui alguns dos ritos cerimoniais, uma vez que permitem entender à fundo os padrões que também aparecem transculturalmente nos mitos dos irmãos gêmeos.

O nascimento dos Gêmeos biológicos, passados e presentes, nunca é um evento corriqueiro. Os Gêmeos são abençoados, ou amaldiçoados, com uma carga energética especial. Harris corretamente observa que, mesmo nas culturas em que os gêmeos são reverenciados, sua elevação a um *status* divino parece ser movida mais pelo medo que pela admiração. O medo instilado pelo extraordinário nascimento de gêmeos está, às vezes, tão profundamente enraizado em uma cultura que são promulgadas as mais variadas desculpas para seu banimento ou exclusão. É costumeira em muitas histórias culturais a prática do sacrifício de um dos gêmeos, em geral o nascido em segundo lugar, e a preservação, ou até a divinização, do primogênito. Os ritos favoritos de sacrifício de um dos gêmeos implicam o abandono da criança às intempéries ou a inumação dela viva em um pote de barro.

É comum a morte de um ou de ambos os irmãos gêmeos, assim como o sacrifício regular da mãe dos gêmeos ou de uma mulher escrava no seu lugar, se o pai ainda lhe reserva algum afeto especial. A punição extra aplicada ainda à mãe dos gêmeos em muitas culturas parece decorrer de uma visão comum segundo a qual o hábito de um parto por vez distingue regularmente a humanidade das demais espécies animais. O fato de a mãe, por meio de alguma ofensa antinatural, ter-se assemelhado ou disposto a uma ordem mais baixa de animais é considerado merecedor de punição severa e igualmente antinatural, como a morte ou o banimento a uma "cidade dos gêmeos". O desentendimento da biologia também ajuda a explicar a crença comum de que o nascimento de gêmeos só poderia resultar de uma "dupla paternidade". Esse contexto tem dado margem a inúmeras lendas de gêmeos nascidos de uma imortalidade dividida, em que um dos bebês tem um pai mortal e o outro, um espírito maligno ou benigno.

A ampla distribuição e a importância central dos mitos dos Gêmeos nas culturas nativas das Américas do Sul e do Norte encorajaram o antropólogo Paul Radin a considerá-lo "o mito básico da América aborígene". Além disso, em sua pesquisa das culturas indo-europeias, o mitológico Jaan Puhvel sugeriu que os Gêmeos representam "a mais profunda camada" do nosso bolo "mitológico de camadas".[3]

Quando comecei a pesquisar as lendas dos gêmeos, minhas investigações ativeram-se principalmente à centralidade da gemelidade na formação da identidade de gênero masculino. Essa pesquisa levou-me a catalogar uma ampla variedade de mitos documentando as aventuras e os trabalhos dos irmãos Gêmeos. São abundantes os paralelismos indiscutíveis em lendas sobre gêmeos aparentemente sem qualquer relação, de culturas amplamente separadas, constatando-se em todas a grande importância arquetípica dos Gêmeos na mitologia masculina.

Os heróis gêmeos de sexo masculino aparecem nas mitologias de praticamente todas as culturas nativas: os maias, os egípcios, os burmaneses, os africanos, os romanos, os gregos, os brasileiros, os judeu-cristãos. É frequente os Gêmeos homens aparecerem como os dois criadores do mundo. Assim como se registram nos documentos históricos dos partos gemelares, a ascendência dos Gêmeos mitológicos envolve quase sempre uma mãe comum e dois pais, o que dota um dos gêmeos da imortalidade divina e o outro dos elementos telúricos da existência mortal.

O motivo do duplo criador tem sido investigado extensamente por Marie-Louise von Franz, que sugeriu que os Criadores Gêmeos encarnam uma "totalidade pré-consciente", a qual inclui todos os arquétipos. Von Franz acrescenta ainda que os Gêmeos contêm toda a gama de multiplicidades que caracterizam o criador único da nossa cultura monoteísta.[4] A coexistência não mediada sugere que a própria consciência significa uma percepção consciente da natureza "gêmea" no seu próprio cerne. Juntas, as duas metades abrangem a dicotomia fundamental que Jung descreve como "o par elementar de opostos, a consciência e a inconsciência, cujos símbolos são o Sol e a Lua".[5]

Embora Jung tenha se valido de uma terminologia contrassexual, também estava perfeitamente ciente das limitações implícitas na conferição de rótulos de gênero aos princípios lunar e solar:

> Logos e Eros são os equivalentes intuitivos, intelectualmente formulados das imagens arquetípicas, Sol e Luna. A meu ver, os dois luminares são tão descritivos que eu os prefiro aos termos mais vulgares, Logos e Eros... (Logos e Eros) oferecem-nos algo mais completo, ao passo que uma imagem arquetípica não tem nada mais que sua plena nudez que parece inapreensível ao intelecto. Conceitos (como Logos e Eros) são valores cunhados e negociáveis; imagens (Sol e Luna) são a vida.[6]

A união simbólica entre Sol e Luna, na sua graça primordial, isenta de rótulos de sexo subsequentemente atribuídos, emerge no arquétipo dos irmãos Gêmeos. Os mitos dos meninos Gêmeos quase sempre atribui a um deles os atributos "solares", ativos, e ao outro as características "lunares", mais amorfas. O primeiro comentário publicado de Joseph Campbell sobre a lenda dos Gêmeos Navajo permanece sendo talvez a descrição mais sucinta e bem-acabada do relacionamento solar/lunar entre Gêmeos:

> As duas crianças, Sol e Lua, antagonistas mas cooperativas, representam uma força cósmica única, polarizada, cindida e voltada contra si mesma em porções mutuamente suplementares. O poder gerador de vida – misterioso nos ritmos lunares oscilatórios, crescente e decrescente alternadamente – contrapõe-se ao fogo solar do zênite e modula-o, a dessecar a vida com seu brilho, e no entanto emanando um calor que a tudo dá vida.[7]

Deparamo-nos com a duplicação da dialética solar/lunar incontáveis vezes nos mitos dos Gêmeos. Os mitos patriarcais com os quais temos mais familiaridade – Rômulo e Remo, Jacó e Esaú – costumam retratar os Gêmeos como antagonistas. É típico que o Gêmeo Lunar seja sacrificado em favor do Solar. Até o momento, nossa cultura tem saudado somente o Gêmeo Solar como seu protótipo da masculinidade, consignando o Gêmeo Lunar à impotência e ao esquecimento. O caráter deste espírito lunar companheiro tem permanecido para nós misterioso, erotizado e (desvalorizado) como homossexual ou feminino. O sacrifício ou a supressão dos Gêmeos Lunares é tão profundamente efetuado em nossa cultura que a maioria não tem consciência de que praticamente toda figura masculina central de herói era, na sua origem, um Gêmeo. Até mesmo Hércules, o Herói Solar patriarcal por excelência, nasceu Gêmeo de um irmão Lunar, chamado Íficles. Outro conjunto considerável de mitos sobre Gêmeos também representa os Gêmeos que trabalham juntos, como é em geral o caso dos criadores Gêmeos do sexo masculino. Na realidade, o fenômeno da gemelidade é tão presente na mitologia da criação masculina que o analista junguiano Edward Edinger chegou a declarar taxativamente: "O ego destinado à individuação nasce como gêmeo".[8]

É importante considerar como o arquétipo dos Gêmeos difere do da Sombra, que Jung colocou como o arquétipo predominante representando o próprio gênero da pessoa e influenciando as relações de alguém com as pessoas de seu sexo. A Sombra representa aquilo que é rejeitado pelo Ego consciente. Contém os sentimentos e comportamentos possíveis que escolhemos desacreditar porque não se coadunam com nosso "ego ideal". Jung sugeriu que os impulsos rejeitados da sombra emergem nas "projeções da sombra" que a pessoa mobiliza.[9]

Em nossa cultura, o Gêmeo Lunar é um dinamismo tipicamente mesclado ao reino da Sombra e só pode ser identificado nas projeções prejudiciais dos homens. Estes tendem a projetar seu Gêmeo Lunar nos outros homens, vendo-o como "afeminado", "homossexual". Nas mulheres, os homens costumam idealizar os atributos lunares, identificando-os como a quintessência da "feminilidade". Se o Gêmeo Lunar permanece indiferenciado no seio da sombra do homem, ele continua impedindo a possibilidade de um relacionamento equilibrado consigo mesmo e com os outros homens e mulheres.

Embora o Gêmeo Lunar ainda resida na Sombra, o Gêmeo Solar do homem exerce um poder incansável sobre todos os conteúdos escuros da

Sombra. O Ego solar, por definição, é o poder da Luz sobre as Trevas: não "ver através" da escuridão da Sombra simplesmente apaga sua presença, substituindo-a com luz.

Se o Gêmeo Lunar for identificado nas projeções da sombra de um homem e retomado de volta da feminilidade, sua relação com a própria Sombra sofre uma transformação radical. Aceitar o Gêmeo Lunar torna o Ego solar/lunar gemelar mais receptivo aos aspectos da Sombra que seriam obscurecidos por um Ego solar. Como está implícito na sua denominação, o Gêmeo Lunar ilumina o lado escuro da natureza do homem, permitindo-lhe vivenciar as qualidades misteriosas, numinosas do seu ser. Assim que esse Gêmeo Lunar tiver sido destacado da Sombra, levado ao plano da consciência e incorporado no ideal do Ego do homem, este pode ter um vínculo mais integrado com o Self. A estrutura de Ego solar/lunar também lhe permite uma maior força do ego, ou libido, com a qual conter as forças negativas e destrutivas que ameaçam seu bem-estar. Em última análise, a perspectiva solar/lunar mais ampla do Ego pode trazer melhoras também para as relações dos homens. Grande parte do isolamento masculino, a homofobia, e também a misoginia, podem ser explicadas como decorrência de nossa incapacidade para reconhecer o Gêmeo Lunar como "a peça que falta" da psique masculina.

No transcurso de minhas primeiras pesquisas sobre a masculinidade, o aparecimento regular dos gêmeos masculinos nos mitos de criação levou-me a observar como acontecia essa "peça que falta" na fórmula masculina da alquimia. No estágio "monocolus" da equação alquímica, os aspectos solar e lunar do princípio masculino estão fundidos em uma "união preliminar de mesmos". Como passo indispensável à "união dos opostos" a importância desse estágio na individuação masculina nunca é demais enfatizar, na medida em que indica a vinculação dos aspectos solar/lunar em uma "união de mesmos" que deve se dar antes que o masculino chegue a uma madura "união" intrapsíquica e externa "de opostos".

Essa espécie de equilíbrio solar/lunar não está confinada à alquimia. A maioria dos sistemas psicoespirituais implica a transcendência das dualidades como pré-requisito ao despertar espiritual, e, em praticamente todos os casos, a dualidade fundamental está inscrita no simbolismo solar/lunar. A assimilação e a transcendência final de aspectos tanto solares como lunares são os sinais distintivos de figuras épicas como Osíris, Dionísio, e Cristo, cada um dos quais é descrito como alguém que atingiu "um estágio superior de desenvolvimento psicoespiritual, por terem incorporado na sua natureza andrógina e sacrificial tanto o modo solar como o lunar e transcendido os dois na morte".[10] O ciclo solar/lunar de Osíris é completado com o nascimento de seu filho, o pássaro solar Hórus, cujo "olho lunar" são símbolos para a visão alterada que acompanha a transformação espiritual.

Na mitologia, a predominância dos Gêmeos solar/lunar de sexo masculino é certamente um indício do pendor patriarcal de nossas histórias. Pode refletir ainda uma diferença central em termos da vivência do "outro" para o homem e a mulher. Do ponto de vista psicológico, a experiência primária de separação da mãe parece exercer um impacto diferente sobre a psique masculina e feminina. Esta parece reter a capacidade para ter intimidade com a mãe, sem o medo de dissolver-se nela. O menino, por outro lado, vivencia uma profunda necessidade de união com o outro mas, ambivalentemente, recua diante da mãe, temendo perder-se nela. Se o homem satisfizer essa necessidade primária com uma mulher, corre o risco de regredir outra vez para o domínio da mãe. Não obstante, seu equilíbrio psicológico requer um "outro" para que seja possível "ver" a si mesmo, senão o mais provável é que se afogue no narcisismo. Parece que a criação da figura do "gêmeo" na mitologia masculina expressa a profunda necessidade de o homem encontrar o "outro" masculino para gerar a tensão indispensável ao contraste com o que seu ego pode ter um eixo de referência a partir do qual posicionar-se diante do Self. Essa diferença crucial em termos de perspectiva egoica, aliada à atitude masculina que predomina no mito, pode explicar o abundante contingente de gêmeos meninos.

Entretanto, muitos mitos paralelos a respeito de pares de irmãs e de irmão-irmã mostram que as implicações do arquétipo dos Gêmeos solar/lunar estendem-se muito mais além do âmbito do masculino. Casais contrassexuais de Gêmeos incluem Apolo (solar) e Ártemis (lunar) e os gêmeos egípcios Shu (solar) e Tefnut (lunar). Na mitologia japonesa da criação, a deusa do sol, Amaterasu, é formada quando seu pai banha o olho esquerdo, e seu irmão deus-lua, Susano, é quem nasce depois que o pai lava o olho direito.

Entre os exemplos mais conhecidos de irmãs Gêmeas estão as deusas egípcias Ísis (solar) e Néftis (lunar), nascidas com os irmãos/maridos gêmeos Osíris (lunar) e Set (solar). Ísis trabalha com sua contraparte lunar, Néftis, para ressuscitar o deus lunar masculino, Osíris. Esse paradigma reflete-se em muitos contos folclóricos que falam dos irmãos gêmeos indo ao resgate da irmã solar aprisionada. Um par mais antigo de irmãs gêmeas solar-lunar é Wadjet, a deusa abutre (solar), e sua irmã Nekhebet, a deusa serpente (lunar). Nekhebet e Wadjet repartem a soberania do Egito inteiro e, durante séculos, os faraós tiveram o hábito de inscrever os símbolos das irmãs Gêmeas em suas tumbas para assegurar o poder e a proteção necessários para a passagem ao mundo dos mortos. Outro par de irmãs gêmeas inclui a divina Helena de Troia e sua gêmea mortal, Clitemnestra, irmãs dos gêmeos Castor e Pólux.[11]

Os padrões distintivos da gemelidade solar/lunar mitológica são muitas vezes duplicados nos contos dos irmãos não gêmeos, ou dos casais heroicos contrassexuais ou de parceiros do mesmo sexo. Devido à ambiguidade que permeia os relacionamentos míticos, as energias solar/lunar podem ser inscritas em muitos outros personagens míticos além dos Gêmeos. Isso é particularmente verdadeiro para as figuras mitológicas femininas que tendem a manifestar uma natureza dupla, embora raramente sejam representadas como Gêmeas. Por exemplo, o mito de criação iroquês apresenta Gêmeos de sexo masculino e uma bipolaridade feminina congruente, representada pela mãe e avó dos Gêmeos. Quando esta é assassinada por um de seus filhos, a avó enlutada pega o corpo da filha e, dele, cria o Sol e a Lua e todas as estrelas no céu.

Como paradigma central do equilíbrio solar/lunar, os Gêmeos têm maior probabilidade de aparecer novamente hoje em forma poderosa, pois estamos num momento em que nos encaminhamos para a necessidade de motivos arquetípicos de criação, universais, que incorporem as várias realidades abrangidas pelo novo mundo. O progressivo desmantelamento da mitologia patriarcal nos lança em um torvelinho de mitologias globais pelo qual temos de aprender a navegar. Da mesma forma como registramos um incomensurável crescimento em relação ao trabalho pioneiro e grandioso de Jung e seus colaboradores, também a próxima geração irá se beneficiar de novas teorias arquetípicas que, como a de Jung, busquem ampliar os aspectos complementares e compatíveis de uma variedade de perspectivas, mais do que reduzi-los a seus denominadores menos comuns. É minha esperança que a perspectiva solar/lunar encarnada no arquétipo dos Gêmeos seja uma das muitas teorias a contribuir para o desenvolvimento da compreensão em nossos próximos estágios psicoespirituais.

Eileen Simpson

Órfãos

Teria sido um conforto saber que não era só eu que odiava a Annie, a Órfã. Minhas colegas de escola eram malucas por ela, e eu não conseguia entender por quê. Vejo hoje que ainda mais misterioso era o fato de eu detestar tanto aqueles quadrinhos. Acho que era porque a cor espalhafatosa do cabelo de Annie era uma caricatura do meu e porque o sorriso dela era falso (aquele tipo que você empurra para o rosto quando tem medo de começar a chorar). E ainda havia um ar ameaçador no seu tutor. Ele me parecia muito mandão, e o imenso diamante que usava no peito da camisa de "smoking" me fazia lembrar aquela luz que os médicos sempre mostram bem na cara da gente quando pedem que façamos "Ahhhhh". Decerto que eu não gostaria que ele fosse o *meu* pai.

Não foi senão no Ensino Fundamental que eu descobri a órfã de literatura com quem desejava me identificar e o pai que eu seria feliz de ter, em *Papai Pernilongo (Daddy-Long-Legs)*, de Jean Webster, um livro de 1912. Judy Abbott, depois de anos vivendo em um orfanato onde trabalha tanto quanto a Annie de Riley, cuidando das crianças menores ali asiladas, é salva por um benfeitor anônimo que paga para ela ir para a faculdade. A única solicitação que ele faz é que ela lhe escreva. Ela lota suas cartas com relatos de seu progresso acadêmico, de suas atividades estudantis (oh, tão inocente e próprio da menina no Vassar de ficção daqueles tempos!). Ela não tem como agradecer-lhe o suficiente a mesada que ele lhe envia, nem as roupas que ajudam a apagar a amargura de, por tantos anos, só ter tido trajes doados para vestir.

O que mais me atraiu a respeito desse romance foi que os anos de Judy no orfanato são citados com piedosa rapidez. (O leitor só conhece os detalhes suficientes para evidenciar o contraste entre a nova vida e a antiga vida.) Ela vai *embora* para a faculdade (algo que eu tinha pouca esperança de fazer). Seu pai é tão generoso quanto se poderia desejar que um pai o fosse. E, o melhor de tudo, é que se desenvolve um romance entre o tutor e a tutelada.

Minha preferência pelo romance era sentida também por muitas outras meninas. Era imensamente popular e foi traduzido em dezesseis línguas. (Acredito que, para os não órfãos, o mais atraente de todo o enredo era a fácil resolução do conflito edipiano. Não havia mãe com quem rivalizar e, uma vez que *Papai Pernilongo* não é o verdadeiro pai da heroína, podem tornar-se amantes sem a menor culpa.)

Ao reler "Annie, a Órfã" recentemente, com a intenção de descobrir por que eu detestava tanto essa história, vi que não eram só as separações terríveis que me horrorizavam (em uma das tirinhas Warbucks chega até a morrer mas, sendo quem é, volta à vida mais uma vez). Havia também o fato de a orfandade de Annie ser interminável. Não há a promessa de um futuro melhor, de um tempo em que, depois de crescida, não esteja mais à mercê dos adultos.

Era tudo verdade, talvez, mas o apelo subliminal da órfã, desde a época do poema de Riley até o surgimento do filme, dirigia-se à família de classe média. As perdas de Annie, o fato de ela não ter lar eram a conquista da família. Ela lembrava às crianças do quanto eram felizes por terem mães e pais, lembrava às mães de que, se não fosse por elas, seus filhos estariam à mercê de srtas. Asma, sras. Warbucks e sras. Espanca-Corações, todas espalhadas pela vida. Lembrava aos pais que, não fosse por eles, as filhas ficariam para todo o sempre buscando um substituto.

As crianças que desejavam ser órfãs – e que criança não o deseja em um ou em outro momento? – eram capazes de se imaginar como Annie enquanto durava a tirinha, ou durante o devaneio que a tirinha engendrava e, não obstante, estavam livres para regressar ao abrigo, quando não à alegria, do lar e da família quando ela chegava ao fim. Os que suspeitavam que eram órfãos (por causa do modo como os pais os tratavam) podiam separar-se dos adultos com quem tinham de viver e ter uma vida mais feliz e cheia de aventuras, por conta própria.

Fora, Annie fazia com que os que estavam dentro se sentissem mais aconchegados do que poderiam se sentir sem ela para fazê-los perceber sua própria sorte. Enquanto seus leitores estavam sentados à mesa da cozinha, ou esticados no tapete da sala, Annie, lá fora no mundo, encarnava seus desejos e receios. Sua "garra", energia e vitalidade proporcionavam a seus fãs a confortadora tranquilidade de que, embora fosse comovente, também aguentava bem as coisas. Todos sabiam que, independentemente dos perigos que precisasse passar, da dor que sofresse, ela no final triunfaria. Como bodezinho expiatório indestrutível, Annie era uma órfã *para* eles. Não é de espantar que fosse tão amada.

Olga Cabral

Ocupação:
Solteira

A filha solteira do advogado Dickinson
ficava maluca de raiva com o que os vizinhos diziam: que
ela se escondia dentro de um floco de neve
já que não havia mais aonde ir.
Anos-luz caídos
dos campos estrelados de Touro
naquele corpo puritano/mente de Safo
ela a Plêiade perdida
chorava a ausência de suas Irmãs ofuscantes.

(Elas vêm a nós, as mulheres vitorianas
prisioneiras da musselina engaioladas no tafetá
com seu cabelo amarfanhado e olhos de afogadas:
mulheres de gênio cálido e feminino
que queimaram até o cristal dos próprios ossos
naquele ar árido e rarefeito.)

Em Amherst vivia Emily seus dias
embora o mundo tivesse esquecido
passando com seu calmo cabelo de coque por dias arrumados.
Seu rosto encolheu até ficar um medalhão. Ela explorava
mundos de miniatura que só as traças e os anjos conheciam

andava na borda de gotas de chuvas –
transpassada
até o infinito.

(Quantas Emilies
não tossiram e bordaram
silenciosas jarras bojudas
morrendo tão cedo nos sótãos mobiliados
enquanto o Universo fervia e incandescia
em seu pálio estrelado?)

Robert H. Hopcke

O Relacionamento Homossexual como Veículo para a Individuação

Depois de ter passado alguns bons anos (e mais do que umas poucas palavras) tentando contribuir para a psicologia junguiana com uma visão da homossexualidade e do eros homem-homem que reflita a realidade da vida dos homossexuais masculinos, sinto com a temática deste trabalho a tentação de me refugiar na teoria e no intelecto. Poderia valer-me de argumentos montados à base de dados atualizados de pesquisa sobre os relacionamentos homossexuais, e inclusive com a crítica sociopolítica contemporânea do pensamento junguiano que, penso, seria capaz de persuadir até mesmo o leitor mais conservador no sentido de que os relacionamentos homossexuais também podem ser um *locus* de totalidade e um veículo para a individuação, ou seja, um contexto em que o Self se torna manifesto.

Aqueles de nós que viveram e trabalharam na comunidade homossexual nas duas últimas décadas, porém, não foram persuadidos desta verdade por meio de argumentações intelectuais ou de pesquisas. Conhecemos a força do amor de um homem pelo outro através de nossa experiência direta. Presenciamos em nossa vida como os homens homossexuais podem criar entre si elos de amor e crescimento submetidos a testes que muitos relacionamentos heterossexuais nem sequer imaginam. Vivemos e criamos nossas famílias diante de uma sociedade inteira que nega não só o nosso direito de nos amar uns aos outros, mas também o de amar a nossa própria existência. "Os relacionamentos homossexuais não duram", "os relacionamentos homossexuais são autodestrutivos", "os homens que amam outros homens são doentes, perversos e imaturos" – essas mensagens negativas com as quais todos crescemos foram lançadas contra nós, homossexuais, não por meio de um raciocínio límpido ou de pilhas e pilhas de dados, mas por meio de nossa vivência imediata de outra realidade. Assim, é por meio de minha própria experiência, do modo como tenho vivenciado o Self no meu amor por outro homem, que espero ser mais convincente do que a teoria e o intelecto conseguem ser. No contexto público e acadêmico, acredito que haja certa margem de risco implicada no uso da vida particular como evidência em favor da própria argumentação, mas minha esperança é que, ao assumir uma abordagem decididamente pessoal, os leitores tenham um vislumbre da vivência de totalidade que eu tive, como a proporcionada pelo amor entre dois homens. No mínimo, essa abordagem mais pessoal poderá contrabalançar a invisibilidade e a negação que predominam no tocante aos relacionamentos homossexuais como forma legítima de estrutura familiar nos Estados Unidos, atualmente.

Conheci Paul há dez anos. Eu era um habitante do leste recém-transplantado, com 22 anos de idade, estudante seminarista com muita energia para queimar. Ele estava com 31 anos, há três residindo na Califórnia, administrando um centro para o estudo de novos movimentos religiosos. Eu tinha ouvido falar de uma conferência de seminaristas homossexuais a ser realizada em Berkeley naquele ano e, depois de alguns telefonemas para as escolas do Sindicato das Escolas de Teologia, fui afortunadamente encaminhado para uma conversa com Paul para obter mais informações. Encontramo-nos certa tarde para falar sobre a conferência. Embora ele não se mostrasse especialmente educado (o que, como vim a saber depois, era resultado da exasperação – a conferência fora cancelada), no transcurso de nossa conversa uma atração surgiu, não obstante. Combinamos almoçar daí a um mês, em razão de nossas agendas lotadas, porém esse almoço Paul acabou tendo de desmarcar. Por isso, encontramo-nos no White Horse para um drinque. Era dia 8 de dezembro de 1980, dia em que mataram John Lennon, em que se comemora a festa da Imaculada Conceição, aniversário da irmã de Paul, o dia seguinte dos trinta e nove anos do ataque a Pearl Harbor. Bebemos alguns drinques, falamos da Itália e, em especial, de Assis, tivemos uma maravilhosa noite de risos e conversas e fomos juntos para o apartamento dele. Naquele momento, não o sabíamos, mas eu acabara de me mudar para lá.

Ambos já contamos essa história muitas vezes, para muitas pessoas. É o nosso mito da criação, e, como todos os mitos da criação, serve para nos lembrar de como e quando uma coisa é sagrada para nós. Os relacionamentos homossexuais têm todos um mito da criação. Alguns falam de relacionamentos nascidos sob uma má estrela, outros que brotam com a luz de uma nova esperança, e muitos, é claro, transmitem o fulgor da excitação erótica. Mas todos os enamorados têm uma história para contar de como e quando se encontraram, o que aconteceu, como alguma coisa nova começou a acontecer a partir da união de duas pessoas diferentes. A magia desse encontro, o modo como seus detalhes são saboreados e recontados, a sensação de unidade e esperança – penso que são vivências que procedem do Self, cuja generosidade não está à disposição apenas dos heterossexuais. Pergunte a qualquer casal de homossexuais como é que se encontraram e aposto que eles também terão seu próprio mito da criação para contar.

Movido por um impulso, sem muito refletir, transportei minhas coisas de meu quarto solitário no dormitório do seminário para o modesto apartamento de um só quarto de Paul, em um edifício de estuque pintado de cor-de-rosa altamente californiano, e beiral azul-piscina, em Cedar Street. Cegos de amor, esperávamos, talvez como todos os enamorados, que o ficar juntos viesse a ser perfeito e completo, uma continuação dos maravilhosos e românticos primeiros dias juntos, em um mês que passamos longe um do outro, durante as férias de Natal, mês repleto de telefonemas apaixonados, cartas tórridas e, enfim, a reunião ao final das férias. Pouco tempo levou para descobrirmos que os relacionamentos não são assim tão simples.

Nossas diferenças naturais em breve emergiram ao começarmos nossa vida em comum e o primeiro ano foi mais ou menos um período de grande tensão. Por certo, olhando para o passado com a sabedoria de dez anos decorridos, vejo que grande parte dos conflitos poderiam ter sido evitados se tivéssemos ido mais devagar e se nos tivéssemos dado mais tempo. Mas não foi isso o que fizemos. Pelo contrário, nós lutamos.

Iniciamos terapia de casais para aprender a brigar de modo mais produtivo e, no decurso desse trabalho comum, continuamos a definir as muitas e variadas diferenças de nossas personalidades, estilos e expectativas de vida em comum. Paul é, em muitos sentidos, um introvertido clássico: deliberado, à vontade com a solidão, extremamente incomodado em situações públicas ou em multidões, e com uma vida mental e interior muito ativa. Quando o caracterizo na minha visão, vejo-o como um filósofo ou monge. Eu, por outro lado, sou um inegável extrovertido: sempre naturalmente em busca de atividades e pessoas, contente quando em reuniões apinhadas, perdido quando não encontro o que fazer ou ninguém para quem telefonar, peculiarmente propenso a fazer com que as coisas aconteçam no mundo exterior. Quando Paul me caracteriza em seus momentos mais generosos, ele me descreve como alguém que leva sua vida como se ela fosse uma ópera.

Viemos a descobrir com o tempo que mais e mais opostos nos caracterizam como casal. As funções pensamento e sensação de Paul são muito fortes; por isso, sua predileção pelo racional, por espaços ordenados de vida e pela sua carreira como professor de filosofia e religião. Em mim, pelo contrário, com minha longa história de interesses musicais e artísticos, tendem a predominar o sentimento e a intuição e, por isso, minha adoração por piano e animais de estimação e minha carreira como psicoterapeuta. Há mais opostos ainda: eu estava com 22 anos e no início de minha vida profissional, filho da Década do Eu, dos anos 1970, ao iniciar a relação com Paul, e ele estava com 31, pronto para assentar e construir sua vida, com os anos de juventude já deixados para trás, como boa parte da geração socialmente consciente dos anos 1960. Essa dicotomia generacional continua a nos perseguir ao longo de todos os anos de nossa vida em comum, assegurando que tanto ele como eu estamos sempre a um passo de pertencermos a estágios diferentes de vida e a décadas diferentes, independentemente do número de anos que já vivemos juntos.

A lista de opostos poderia estender-se ainda mais, mas detalhes não são o que mais importa. Ao contrário, é a existência desses opostos, ou, para ser preciso, o fato de considerarmos tais diferenças como opostos, que nos fornece a fonte da maior tensão de nosso relacionamento, assim como a fonte do nosso principal crescimento. No transcurso de nosso trabalho comum como casal e de nosso trabalho de autoconhecimento individual, fomos forçados a criar uma *união* desses opostos, embora não no senso habitual que esse termo tem para a psicologia junguiana, ou seja, denotando um processo interno de equilíbrio entre partes díspares da personalidade.

Ao contrário, Paul e eu fomos forçados como casal a *ser* uma união de opostos. Dessa maneira, nosso relacionamento serviu e continua a servir como veículo de nossa individuação, como contexto de crescimento e cura para cada um de nós, como pessoas, e para a comunidade à nossa volta.

A polaridade juventude-idade madura é um dos conjuntos de opostos que talvez melhor ilustre nosso êxito na criação dessa união, além de ser um par arquetípico de opostos bastante frequente nos relacionamentos homossexuais.[1] Desde o início de nossa relação, vali-me da idade e da experiência de Paul para me dar base, direção, referência, assim como ele contava com minha juventude, entusiasmo e vigor físico para animar a nossa vida em comum e protegê-lo de uma prematura meia-idade. O mesmo aconteceu com a cisão introversão-extroversão: a introversão de Paul ensinou-me uma maneira de ser comigo mesmo que me levou a uma das transformações possivelmente mais importantes da minha vida adulta – a descoberta da psicologia junguiana e os anos em que trabalhei com sonhos – enquanto minha extroversão funcionou como uma espécie de reconhecimento social, de ampliação de nosso círculo de amigos e atividades para contrabalançar o estilo bastante reservado que tendíamos a ter, à semelhança de tantos outros casais acadêmicos.

Por que é tão importante enfatizar esse ponto a respeito dos opostos? Primeiro, é importante assinalar, em especial com referência ao modo como a união de opostos é tão frequentemente caracterizada dentro da psicologia junguiana, que os opostos em questão em uma relação homossexual não são os opostos dos relacionamentos entre homem e mulher. Aliás, o próprio fato de existir um relacionamento amoroso entre dois homens deve forçar-nos a repensar a validade ou a utilidade que possa ter a concepção que nossa cultura faz do gênero como uma questão de opostos, assim como de seu corolário em termos de uma ideologia baseada no sexo, quer dizer, a primazia e a universalidade da heterossexualidade.

Essas duas concepções são confrontadas com um sério desafio diante da existência dos relacionamentos homossexuais. O Self contém muito mais do que a nossa visão limitada e contingente da sexualidade e do gênero pode abranger. Mesmo que envolvam pessoas que a nossa cultura identifica como sendo "do mesmo sexo", relacionamentos homossexuais encarnam uma pluralidade de opostos que ultrapassam em muito a dualidade masculino-feminino, considerada como central pela ideologia ocidental relativa aos sexos. Os relacionamentos homossexuais desafiam essa ideologia heterossexual no seu próprio cerne e devem forçar pessoas judiciosas a se perguntar de que maneira tantas características de personalidade extrínsecas ao gênero são projetadas nos "homens" e nas "mulheres". Como dois homens em uma relação, Paul e eu somos livres para simplesmente ver a nossa extroversão ou introversão, a nossa juvenilidade e sabedoria da idade madura, como partes de nós enquanto *indivíduos* e não como elementos inerentes a uma "masculinidade" ou "feminilidade" culturalmente atribuídas. Sem dúvida, essa liberdade subverte a intenção da ideologia heterossexual de nossa cultura, mas acredito que toda e qualquer manifestação pessoal ou social do Self tende a derrubar a ilusão egocêntrica de controle e estrutura que erguemos à nossa volta como proteção contra o que é numinoso e extraordinário.

Isso me leva a um segundo ponto importante a respeito dos opostos, quer dizer, o de que os relacionamentos homossexuais são de fato um contexto de individuação mesmo que – ou aliás justamente *porque* – os assim chamados opostos "masculino" – "feminino" não entram em questão. Depois de ter apresentado ao leitor alguns elementos relativos aos verdadeiros pares de opostos que foram mobilizados na relação com meu companheiro, deve ter ficado relativamente claro que nosso relacionamento contém todas as tensões e todo o potencial de qualquer elo amoroso entre dois seres humanos. O que foi preciso que Paul e eu fizéssemos é o que se pede de qualquer casal heterossexual: conscientização, trabalho, empatia, dedicação e comprometimento. O resultado disso foi um alargamento de nossas personalidades e um enriquecimento de nossas vidas. Como encarnações de uma união de opostos, todos os relacionamentos, homo ou heterossexuais, servem para corporificar o Self, não apenas para a satisfação interior das pessoas envolvidas, mas como maneira, a meu ver, de efetuar uma transformação da consciência.

Aqui, no entanto, chegamos ao modo como a realidade social da ideologia heterossexual de nossa cultura surtiu um impacto adverso sobre os relacionamentos homossexuais e, a meu ver, sobre a sociedade em geral. O casamento heterossexual, tanto como instituição social quanto qualidade de relação psicológica, é decerto entendido e celebrado como veículo de uma transformação pessoal e coletiva. A cerimônia do casamento, pelo menos para a tradição judeu-cristã, não tem apenas uma finalidade legal para formalizar o elo ou para assegurar no plano social proteção aos filhos futuros, mas é, de um ponto de vista religioso, uma maneira de demonstrar para as pessoas envolvidas e para a comunidade a que pertencem a natureza da própria divindade, o modo como Deus é união e totalidade de forma manifesta no mundo. Esse simbolismo é essencial à cerimônia e, por isso, o casamento é um sacramento dentro da teologia e da prática da Igreja Católica Romana, um meio pelo qual a graça de Deus chega ao mundo.

Para os relacionamentos homossexuais, a situação é consideravelmente diferente. No contexto da ideologia heterossexual ocidental, qualquer um que se desvie do padrão dominante de relações entre homem e mulher ou é expulso da sociedade ou é punido. Os homossexuais de ambos os sexos não existem, de acordo com esta linha de pensamento ou, se a sua existência se torna inegável, são rotulados de anormais, criminosos, perigosos para a sociedade, mentalmente desequilibrados. O efeito dessa atitude é privar os homossexuais de ambos os sexos – assim como qualquer um cujo comportamento ou pensamento varie em relação às normas prescritas – de toda espécie de comunidade sancionada, de toda espécie de visibilidade no mundo em geral. As pessoas homossexuais nem crescem com uma imagem de si mesmas dentro da cultura que confirme a sua existência ou boa índole, nem contam com imagens de relacionamentos homossexuais que acentuem a potencialidade, o sacramental e a gratificação que provêm de conhecer e amar outro homem ou outra mulher. O isolamento e a invisibilidade impostos pela ideologia heterossexual aos casais homossexuais têm surtido um efeito perniciosamente insidioso e se justifica de uma maneira enlouquecedoramente circular: os relacionamentos homossexuais não dão certo porque não têm apoio, e não têm apoio porque são tidos na conta de inerentemente instáveis.

Bem, nem todos os relacionamentos homossexuais não fracassam. Paul e eu tivemos a sorte de ter recursos e apoio com que contar na Bay Area. Mas esses recursos não estão disponíveis para a grande maioria dos homossexuais de todos os Estados Unidos. Por isso, ao final da nossa terapia de casais, Paul e eu decidimos usar a nossa relação para criar e confirmar a comunidade que vivia à nossa volta, e que nos conhecia tanto individualmente como na qualidade de um casal. Pareceu certo, depois de três anos juntos, declarar o nosso compromisso um para com o outro de alguma forma, mas penso que foi de importância capital essa declaração ter ocorrido de maneira pública. Nesse sentido, nossa cerimônia de união, que se deu a 7 de maio de 1983, tornou a nossa relação um veículo não só para nosso processo pessoal de individuação, mas também para o crescimento e a transformação da comunidade à nossa volta. Planejada e escrita por nós, estruturada para ser um ritual de percurso que começava no ponto em que estávamos antes de nos conhecer, passava pelo modo como estávamos agora que éramos um casal e ia até o que esperávamos ser no futuro, com a nossa vida em comum, a cerimônia incluiu testemunhos pessoais de nossos amigos, uma música maravilhosa, uma celebração eucarística e um ritual de troca de presentes. Durante os anos difíceis que se seguiram, o compromisso que assumi com Paul naquela cerimônia e o apoio de nossos amigos foram muitas vezes as únicas razões pelas quais nos impedimos de terminar a relação em nome de frustração, raiva ou desespero. Nossa cerimônia é uma das poucas atitudes que tomei na vida a cujo respeito posso honestamente dizer que nunca lamentei uma única vez.

Como espero que minha história pessoal tenha esclarecido, um relacionamento entre dois homens que seja baseado em amor, respeito e comprometimento em crescer é um lugar em que o simbolismo e a atuação do Self pode emergir, independentemente do gênero e da opressão social, do ódio e da intolerância. Se o Self é a personalidade superordenada em cuja direção toda individuação se encaminha, a fonte da união e da conexão com uma realidade maior do que o nosso ego pessoal, então o amor, seja qual for a sua forma, é sempre o instrumento da divindade.

Caroline T. Stevens

Família Lésbica, Família Sagrada:
A Experiência de um Arquétipo

Ao refletir sobre o arquétipo da família, veio-me à mente a secreta alegria que eu sentia, quando criança, no Natal, ao dispor as figurinhas de gesso pintado representando a Sagrada Família, embaixo da árvore. Eu as tirava da caixa forrada de palha onde tinham ficado aguardando o ano inteiro e acomodava-as na neve de algodão sob os raminhos odorosos de pinheiro. Cercavam-nas uma roda de animais, uma vaca preta e branca (com um chifre a menos), um bode marrom e cinco carneirinhos brancos. A figura de José (que era e não era o Pai) ficava protetoramente atrás de Maria e da Criança, e um pastor louro inclinava-se sobre seu cajado ali perto. Os Três Reis Magos, cobertos de púrpura, vermelho e azul, aproximavam-se das figuras centrais, em sinal de reverência, oferecendo seus presentes. A Família e os demais compunham um quadro de amor, êxtase e reverência, e o toque final no preparo da árvore, o arrumá-la, era minha prerrogativa exclusiva, empreendida com um cuidado meditativo para encontrar o lugar certo de cada figura. Os presentes de meus familiares seriam a seguir organizados em redor da árvore, e os anjos cantariam, como em todos os anos, as canções de Natal que enchiam o ar.

Meu ritual anual colocava a Mãe e a Criança no centro de um círculo protetor, como o foco de fé acolhedora de homens, animais e anjos. Embora dificuldades e perigos viessem a anuviar aquela Criança, embora Sua verdadeira contribuição para a terra naquele momento fosse indiscernível, uma estrela brilhou no Seu lugar de nascimento e o poder essencial do universo, ou assim se dizia, era o Seu verdadeiro pai. Na minha vida adulta como junguiana, senti que o eixo central de referência para minha infância fora esse mito e compreendi a profunda ânsia que me animava a fazê-lo viver nas providências que tomava em minha vida. Hoje parece-me que a mensagem central desse mito é a seguinte: a família existe para reconhecer, abrigar e favorecer a possibilidade criativa que aguarda para desabrochar em cada um de nós.

À maneira de todas as representações humanas concretas do mito, a realidade na terra costuma ficar dolorosamente aquém desse ideal. Talvez as dificuldades pelas quais passei dentro de minha própria família tenham contribuído para a maneira obstinada com que insisti em tentar novamente, contra todas as probabilidades da "disfunção", criar naquela e em outras famílias subsequentes (com marido e filhos) uma manifestação da possibilidade arquetípica. Talvez tanto o arquétipo como a limitação humana tenham contribuído para a minha escolha, na meia-idade, por uma profissão devotada ao reconhecimento e à promoção dos potenciais que aguardam para serem dados à luz, na minha própria vida ferida e nas de outras pessoas, ou seja, a psicoterapia.

Constatei, já adulta, o poder do mito e minha fé obstinada em sua produção de um fruto final tanto no meu trabalho como na minha vida. Os filhos de meus primeiros e mais inconscientes anos sobreviveram às minhas deficiências e encontraram caminhos produtivos próprios. Um dia descobri que tentar curar o companheiro não era o jeito certo para criar para ele ou para mim uma família sadia, capaz de curar. E, no meu trabalho, descobri que a fé nas possibilidades que a alma tem para se recuperar, para se renovar e se transformar pode ajudar na realização desses recursos.

A história da Sagrada Família, a meu ver, assinala um momento significativo no conflito inevitável entre os valores que sustentam a individuação e os que requerem o sacrifício da pessoa ao grupo, momento em que a nova vida e a nova visão trazidas pelo Filho são caçadas como lebres por um rei que sente sua hegemonia ameaçada por um potencial desconhecido. Parece que os velhos reis, que os velhos deuses, sempre precisam reagir dessa forma. Apsu, na Babilônia, determinou a morte de seus filhos porque eles atrapalhavam o seu sono. Urano enterrava seus filhos recém-nascidos, e Cronos os engolia. Estes dois últimos foram, depois, derrotados pelas Deusas-Mães em cumplicidade com seus filhos. Jeová foi apaziguado pela disponibilidade de Abraão de sacrificar seu próprio filho como ato de obediência ao Supremo. E, por fim, o próprio Filho tornou-se o Cristo na Cruz, sentindo-Se durante um inesquecível momento perdoado pelo Pai.

Mas Herodes era um rei secular, protótipo dos muitos reis e imperadores, ditadores, presidentes e Pais-Que-Sabem-Mais, em um número crescente de líderes humanos (homens) que tentam encarnar o arquétipo do Um que representa os Muitos, cujo poder deve garantir a sobrevivência e o bem-estar do grupo, desde a família até a nação. As sombras humanas desses líderes, contudo, cresceram ainda mais até que talvez a ameaça que representam tenha se tornado mais evidente do que os benefícios que proporcionam. Os pais terrestres, como José, guardiães da Criança, e sensíveis a um poder criador maior do que eles mesmos, permanecem um ideal, mas a "masculinidade" de um José é questionada como visão unilateral do patriarcado. O serviço à família, em especial à nova vida que dela se alimenta, passou a ser encarado como prerrogativa das mulheres, enquanto o sucesso diante do mundo competitivo para além da família veio a ser a medida dos homens.

Além disso, o máximo que um Herodes pode proporcionar, mesmo sendo a mais nobre expressão do arquétipo do rei, é a garantia de bem-estar para uma coletividade limitada, à custa de lhe prestarem serviços, obediência às suas leis e metas, anuência a suas perspectivas. O alvo do medo e da ira de Herodes era um potencial desconhecido que o ameaçava e que iria aumentar para – segundo o mito – servir ao bem-estar espiritual de toda a humanidade. No ponto de conflito aparente entre o velho e o novo, entre o coletivo estabelecido e o individual, sempre existe essa incerteza. Não podemos saber de antemão onde a nova vida, a nova visão não consagrada pelo hábito, nos irá conduzir. Uma perspectiva limitada, em geral significa uma ameaça. Todos devem decidir, talvez mais que uma vez durante a vida, onde repousam as lealdades de nossas almas. No nível de todos, o mais fundamental, descobrimos o arquétipo que vive em nós mais profundamente a determinar que nele depositemos a nossa fé. Para mim, parece ter sido o arquétipo da Sagrada Família, em uma versão particular, encontrada já em meus primeiros anos de vida: a Mãe e seu Filho, em um círculo de amoroso acolhimento e fidelidade às suas possibilidades criativas.

Para mim, a imagem da família contém o ideal da individuação como meta de um desenvolvimento pessoal. Nesse arquétipo, descobrimos o novo

Um como portador de bênçãos para os Muitos, embora não, evidentemente, na experiência humana, com magnitude literal da história do Cristo. Encontramos ali as boas-vindas à renovação da vida e um possível terceiro caminho entre as solicitações individuais e as coletivas: o caminho da individuação. Com esse termo, denota-se um processo por meio do qual cada qual se movimenta no rumo de um pleno realizar de seus potenciais singulares. Quando constatamos que esse processo está em oposição aos hábitos e concepções do coletivo, somos incentivados a aquiescer à orientação que vem de dentro, a escolher uma autenticidade pessoal em lugar da conformidade segura. Somos instados a essa escolha com a plena consciência de seus custos para nós e para outrem, assumindo toda a responsabilidade pelas suas consequências. É evidente que não se trata de uma escolha a ser feita de modo leviano e nenhuma autoridade humana externa pode sentir-se legítima e justificada para julgá-la. Aliás, sente-se que a verdadeira autoridade é aquela mais ancestral e universal que qualquer critério coletivo, aquela que fala, não obstante, à vida pessoal e através dela. O termo junguiano para essa autoridade é Self.

No cerne próprio da noção de individuação está o impulso para servir a interesses maiores do que os do ego ou do plano coletivo, para perceber com honestidade e agir com tanta integridade e autenticidade quanto possível na prestação desse serviço. Começamos, talvez, descobrindo e libertando aquelas partes de nós mesmos aprisionadas pelas primeiras mágoas e pelas percepções distorcidas que delas decorreram. Aprendemos a questionar as costumeiras projeções nos outros de nossos aspectos mais sombrios, sejam tais objetos os membros de nossa família ou de grupos étnicos ou raciais. Começamos a resgatar nossas próprias forças e fraquezas, recursos que pensávamos pertencerem apenas ao outro sexo. Mais amplas e fortalecidas, vamos avançando pelos passos que nos aproximam da verdadeira possibilidade de um serviço "altruísta" em benefício dos outros, sem sermos mais basicamente motivadas por necessidades pessoais de segurança, aceitabilidade ou demonstração de virtude. Em termos mais simples, esse é o trabalho de uma vida inteira, e por isso falamos do "caminho da individuação" e não há como profetizarmos sua meta final. A qualquer momento, um novo "Filho Sagrado" pode ser descoberto nas Beléns de nossas almas.

Chego aqui à família lésbica e ao caminho pessoal que me levou à vivência do arquétipo da família por um prisma inesperado. Minha escolha de como viver tem muitas vezes se mostrado difícil, tanto para mim quanto para as pessoas que amo. Repetidamente, me vejo dividida entre possibilidades antagônicas, que às vezes parecem conflitos entre desejos e necessidades que são dos outros e a verdade que sinto em mim. Na maioria das ocasiões, no entanto, tenho percebido que essas oposições correspondem a necessidades conflitantes da minha própria pessoa. Ainda muito jovem, escolhi casar-me com meu namorado do Ensino Médio, recém-chegado da guerra, contrariando os desejos e os planos de meus pais a meu respeito. Anos mais tarde, lutei com o desejo de ser cantora, de um lado, e de contar com a segurança e o amor que dava e recebia do meu marido e do meu filho. Mais adiante ainda vivi o conflito entre o estilo doméstico de vida dos anos 1950 e a necessidade arrebatadora de voltar a estudar.

Em um certo nível fundamental, essas lutas revolviam em torno de identidades primárias antagônicas: devo ser filha ou esposa, cantora ou esposa e mãe, esposa e mãe ou aluna em um curso de comportamento humano e social? Hoje fica fácil imaginar que nenhuma das alternativas precisava excluir a outra, mas cada uma delas me parecia existir à custa da outra e, até certo ponto, isso era verdade. Cada uma das possibilidades exigia tempo, energia e dedicação e podia ter consumido tudo o que havia em mim para oferecer-lhes. Mas a questão era a seguinte: o que sou eu, quem sou eu por baixo dos papéis e compromissos que me destinei no passado? E, pela primeira vez, não havia uma resposta pronta à mão. Alunos de meia-idade e especialistas de sexo feminino não eram comuns naquele tempo e lugar, e mulheres com paixões que não se expressavam em uma dedicação aos outros eram suspeitas. Apesar de tudo isso, havia chegado o momento certo, na minha vida e na cultura do início dos anos 1960, para que acontecesse uma reviravolta em termos de me orientar a partir da minha interioridade.

Com isso, o arquétipo da família – tão fundamental na minha vida – aprofundou-se para conter uma dimensão até aí nunca considerada no plano consciente. Como já assinalei, sentia-me compelida a tentar criar as circunstâncias nas quais a nova vida dos filhos e as possibilidades ainda não vividas de um marido pudessem brotar e florescer. Eu sentia a exigência de que meus próprios recursos ainda não realizados, intelectuais e espirituais, pudessem ser trazidos à luz e respeitados. Debati-me com essa percepção durante cinco anos, mas enfim terminei percebendo que teria que abrir mão do conforto de me sentir virtuosa, que na realidade aqueles que eu amava seriam forçados a pagar pelo meu sacrifício de aprender aquilo que tanto desejava, não uma verdade feliz ou bonita, mas aquela que eu necessitava reconhecer e admitir. Em 1962, iniciei um período de estudo integral na universidade, meu primeiro passo decidido no caminho da individuação.

Esse caminho tem sido marcado por curvas e separações inesperadas, assim como por novos encontros, chegadas e partidas para territórios até então nem sequer imaginados. Nada jamais parecera ou se mostrara tão previsível quanto a vida que eu levara antes daquele 1962 decisivo, e escolhas difíceis continuaram colocando-se à minha frente. A família a quem sirvo cresceu, aumentou e aprofundou-se. Inúmeras vezes tenho perguntado a mim mesma: o que é autêntico em mim agora, que um novo nascimento está acontecendo, como este deve ser servido em mim e nos outros com quem me encontro ao longo do caminho, na minha cultura, no mundo que todos devemos repartir? As respostas não são fáceis e costumam parecer conflitantes, mas quanto maior o nível de consciência com que formulo as dúvidas, e quantos mais conflitos elas engendram, mais livre me sinto para crescer.

Agora comecei a criação de uma nova família, nova para mim e nova em sua aparência manifesta para nós, como representação desse arquétipo. Para quem imagina que família é algo inelutável e concretamente centrado no par heterossexual, a noção de uma família criada por pessoas do mesmo sexo e centrada nesse elo pode ser, de maneira muito literal, inimaginável. Não obstante, encontro na minha vida privada em comum com outra mulher todas as possibilidades arquetípicas e muitas das dificuldades humanas vivenciadas pela unidade familiar tradicional. Chego tarde na vida a essa experiência e, assim, furtei-me ao impacto completo do preconceito social contra uma escolha tal como a que fiz. Esse impacto teria surtido um efeito cumulativo em minhas vivências pessoais se eu tivesse passado jovem e imatura por ele, ainda não curtida por outras batalhas e conflitos. Esse impacto teria formulado mais dúvidas quanto a criar meus filhos nessa espécie de família. Quais teriam sido para eles os efeitos das atitudes sociais e, para meu filho, uma vida familiar sem a presença da autoridade central do pai?

Contudo, sei por experiência própria e com base também na vida das pessoas que conheço como analista que a estrutura familiar tradicional praticamente não assegura nem garante uma vida feliz e produtiva na fase adulta para as crianças nela criadas, e que é típico ficar devendo muito em termos do leque de possibilidades que esse arquétipo abre, causando assim sofrimentos devastadores. É antes a vivência de pertencer a um lar constituído por duas pessoas cooperativas e amorosas, seja qual for o sexo a que pertençam, e para o qual ambas contribuem com talentos variados em benefício da constituição de um ambiente provedor e acolhedor, que serve como fundamento para o bem-estar dos que o compõem, velhos e jovens igualmente. Se eu tivesse chegado antes a esse modo de viver, poderia ter despendido menos energia no esforço de superar os ditames sociais e culturais acerca de meu potencial como mulher, talvez tivesse desperdiçado menos energia na tentativa de convencer os outros de que eu era uma "verdadeira mulher" e inócua, até mesmo desejável, apesar de minha fortaleza mental e do meu coração audacioso. E todos aqueles que me procuraram em busca de apoio e orientação poderiam bem mais cedo ter sido agraciados com essas bênçãos.

Minha companheira e eu reunimos nossos recursos para criar um lar, com um quarto em comum e outros aposentos para atividades individuais. Combinamos nossas experiências de vida para criar tanto novos entendimentos como novos conflitos, ou seja, as condições para o crescimento real da percepção consciente. Eu escrevo, ela cria arte visual, e nós duas trabalhamos a partir de nossas respectivas perspectivas e talentos como terapeutas, tentando ajudar os outros a promover suas próprias condições para novos nascimentos em suas vidas. Damos apoio e encorajamento uma à outra em todas as nossas iniciativas individuais e recíprocas. Nossas ligações pessoais e profissionais com filhas e filhos, irmão e irmã, e outros homens e mulheres muito importantes para nós constituem ainda outro círculo de apoio, uma rede de círculos entrelaçados que constitui o contexto mais amplo de crescimento para todos os envolvidos.

O reconhecimento e o apoio que damos às possibilidades de crescimento e às frágeis vulnerabilidades de cada uma de nós expressam com a maior plenitude que eu já conheci o arquétipo que norteou consciente e inconscientemente a maior parte da minha vida. O lado escuro do arquétipo da família, e mais profundamente o da mãe, e as inevitáveis vivências de ausência, rejeição ou restrição, fazem parte de nossas vidas, como a luz. Lá está como uma espécie de contracorrente submarina, fluindo nas águas do velho e conhecido desespero que tanto pode aumentar e intensificar-se nos momentos de perda e depressão. A empatia pode faltar, as velhas defesas podem ser erguidas mais uma vez, o elo entre nós enfraquecer a fragilizar-se. Mas percebemo-lo tecido de algo mais forte do que nossos fracassos, um tecido colorido e bordado com o emblema da Família.

PARTE 3

Dimensões Arquetípicas do Ciclo Vital

Passamos da infância para a adolescência, desta para a maturidade e depois para a velhice, a menos que nossas vidas sejam prematuramente interrompidas. Parece que passamos com toda suavidade de um estágio para o seguinte, obedecendo a uma trajetória linear progressiva. Na realidade, em certo sentido, todos esses estágios estão simultaneamente presentes. A criança continua viva dentro do adulto, e em nós, quando crianças, existem imagens do adulto que imaginamos vir a ser um dia. A figura da criança interior tornou-se familiar aos profissionais que trabalham com a perspectiva junguiana. Falamos menos do Self adulto interior, do velho sábio ou da velha sábia interiores, embora eu suspeite que atuam em nós de maneira igualmente poderosa. Também estas são imagens arquetípicas: numinosas, ambivalentes, potencialmente transformadoras.

    A Parte 3 começa com Jung e um ensaio sobre o arquétipo da criança, que enfatiza a ambivalência inerente desse arquétipo: a vulnerabilidade e a invencibilidade da criança, seus aspectos masculino e feminino, o modo como representa tanto o nosso passado como o nosso potencial, a nossa renovação, a nossa esperança. Freud, ao concentrar sua atenção sobre o impacto vitalício de nossos períodos reais de infância, apresentou-nos à criança ferida que ainda vive em nós, quando já somos psiquicamente adultos. Jung, cuja ênfase recai mais sobre a criança arquetípica ou divina, enxerga-a como representante, não de nosso trauma essencial, mas, ao contrário, de nossa capacidade de recuperação, de ludicidade, de espontaneidade, de deslumbramento, de criatividade. Essa perspectiva de cunho positivo surtiu um imenso impacto sobre a psicologia popular contemporânea, pois promete que os recursos que necessitamos para nossa transformação interna encontram-se dentro de nós.

Dedicamo-nos, a seguir, aos estágios do desenvolvimento *masculino*, segundo a visão arquetípica. Como assinala Jung: "O arquétipo não procede dos fatos físicos, mas descreve como a psique vivencia o fato físico, e, ao proceder dessa maneira, a psique em geral comporta-se de modo tão autocrático que nega a realidade palpável ou faz afirmações que voam diante desta".[1] A analista suíça Marie-Louise von Franz apresenta a sua descrição clássica do *puer aeternus*, o eterno menino, e o apresenta repleto de belas promessas e, no entanto, lamentavelmente, tão apegado às intermináveis possibilidades que, para ele, decisão, concretização e compromisso transmitem mais um senso de traição do que de realização. (Embora o modelo seja masculino, o padrão muitas vezes também aparece em mulheres; nesse caso, o equivalente feminino do *puer* é a *puella*.)

O *puer* costuma vir associado ao *senex*, o ancião, com tanta probabilidade de mostrar-se o velho rígido e encarquilhado como o mentor sábio e experiente. James Hillman escreve com grande perspicácia a respeito desse par e de como cada uma dessas figuras define e complementa a outra. Começa com uma amplificação mitológica, usando a figura do deus grego Cronos, com a finalidade de colocar em pauta os aspectos positivos e negativos do arquétipo do *senex*. Porém, o que realmente interessa a Hillman não é a mitologia, mas a psicologia, ou a nossa vivência pessoal do poder do arquétipo para moldar nossa vida não só nos anos de nossa maturidade, mas também e sempre que se tornar predominante o anseio pela certeza, perfeição e ordem. Ele observa quão provável nos é o contato com apenas o lado negativo desse arquétipo. O acesso ao lado positivo implica que seja superado e integrado o processo de cisão que exclui o *puer*.

O ensaio sobre a psicologia do homem, extraído do livro do analista junguiano Robert M. Stein, *Incesto e Amor Humano: A Traição da Alma na Psicoterapia,* mostra como o foco típico do homem em sua potência fálica obscurece muitas das necessidades mais profundas de sua alma, Stein ajuda-nos a enxergar a diferença entre o pênis como um órgão fisiológico e Príapo, o deus que corporifica uma modalidade particular de energia impulsiva e explosiva à qual os homens são particularmente suscetíveis. Mas, a menos que o homem também esteja em uma relação correta com suas qualidades receptivas "femininas", com seu "útero", sua alma não pode ser renovada nem fertilizada por Príapo.

Enquanto fazia essas escolhas, fui tomando consciência de como de fato não temos uma palavra para expressar o conceito "idade adulta do homem" – talvez porque esse estágio seja quase invisível. Este não tem sido tão frequentemente considerado porque costuma ser o ponto típico de partida *a partir do qual* consideramos tudo. Não obstante, observo que, recentemente, a masculinidade tem se tornado problemática, assim como a feminilidade o foi há algumas décadas. Escritores como Robert Bly, com sua imagem do "homem selvagem", e Robert Moore, com sua investigação dos quatro arquétipos masculinos (rei, guerreiro, mágico e amante), estão contribuindo com os referenciais básicos para o surgimento daquilo que poderíamos denominar "o masculino consciente".

Quando examinamos os estágios do ciclo de vida da mulher, temos nomes familiares para todas as três fases: virgem, mãe e anciã. No entanto, como várias feministas deixaram claro, a identificação da fase adulta da mulher com a maternidade é profundamente problemática. Existem muito mais dimensões na vida adulta da mulher, mas de alguma maneira o arquétipo da mãe (e estereótipos culturalmente específicos sobre a maternidade) tende a prevalecer. Para as mulheres adultas, desembaraçar-se das amarras desse arquétipo, abençoando ao mesmo tempo o modo como ele enriquece a nossa vida, pode ser uma tarefa dolorosa e difícil. Connie Zweig, organizadora da obra *Mulher – Em Busca da Feminilidade Perdida*, descreve como as mulheres contemporâneas estão empenhadas em dar à luz um novo arquétipo: o da mulher madura, *consciente*.

Em *Os Mistérios da Mulher*, a destacada analista junguiana M. Esther Harding apresenta-nos a imagem da virgem como alguém una-em-si-mesma, motivo esse que tem sido inspiração para gerações de mulheres, e por isso o incluímos aqui. Mais recentemente, feministas como Mary Daly e Barbara Walker ofereceram-nos imagens da anciã que representam a força e a coragem das mulheres autossuficientes, de mais idade, capazes de desafiar todas as convenções. O texto que eu mesma apresento tanto aceita como amplia essas afirmações. Concordo que, em certo sentido, a virgem representa uma inocência irrecuperável (porque jamais foi literalmente possível), uma inviolabilidade, uma autossuficiência, e a anciã, a realização longamente ansiada – mas até certo ponto não alcançada – de uma sabedoria e de um poder enfim atingidos. Essas visões, contudo, só enfocam o lado positivo dos arquétipos, ignorando a confusão, a solidão, a vulnerabilidade e o vazio da virgem e a incompletude, a impotência e a vulnerabilidade da anciã. Essa evitação do lado escuro parece ocorrer quando consideramos os arquétipos à margem da vida real.

Quando os aspectos arquetípicos e pessoais do ciclo de vida estão integrados, descobrimos a alternância recorrente entre mágoas e bênçãos em cada fase, e como todas as fases se interpenetram e se enriquecem entre si. Nunca somos apenas *puer* ou apenas *senex*, nunca apenas donzelas ou apenas "mulheres maduras". Pelo contrário, como sugere o ensaio de Jung sobre a criança, nunca somos apenas masculinos ou femininos. Assim, aquilo que aqui está contido acerca de *puer*, do *senex*, de Príapo, pode esclarecer o entendimento de mim mesma como mulher, tal como os ensaios sobre a virgem, a mulher e a "mulher madura" podem mostrar-se elucidadores para os homens.

C. G. Jung

O Arquétipo da Criança

O Abandono da Criança

Abandono, desproteção, perigo etc., são todas elaborações do início insignificante da "criança" e de seu parto misterioso e milagroso. Essa afirmação descreve certa experiência psíquica de uma natureza criativa, cujo objeto é a emergência de um conteúdo novo e até então desconhecido. Na psicologia da pessoa sempre existe, nesses momentos, uma situação agonizante de conflito do qual parece não haver saída, pelo menos para a mente consciente, pois, no que diz respeito a esse processo, *tertium non datur*.[*][1]

"Criança" significa alguma coisa que evolui no sentido da independência. Isso não lhe é possível a menos que se distancie de suas origens: o abandono é, portanto, uma condição necessária, não apenas um sintoma concomitante. O conflito não deve ser superado pela mente consciente permanecendo aprisionada entre os opostos e, por essa razão mesmo, precisa de um símbolo que assinale a necessidade de se distanciar das próprias origens. Uma vez que o símbolo da "criança" fascina e captura a mente consciente, seu efeito redentor impregna a consciência e desencadeia a separação em relação à situação de conflito que a mente consciente, por si, não tinha conseguido efetivar. O símbolo antecipa um estado

---

* Em latim no original: O terceiro não é dado. (N. da T.)

nascente da consciência. Enquanto isso não está realmente se processando, a "criança" permanece uma projeção mitológica que requer uma repetição religiosa e a renovação pelo ritual.

A Invencibilidade da Criança

É um paradoxo notável que em todos os mitos de crianças a "criança" seja, por um lado, lançada em total desproteção nas garras de inimigos terríveis, correndo um risco contínuo de extermínio, enquanto, por outro, possua poderes que excedem de muito os da humanidade normal. Isso tem grande proximidade com o fato psicológico de que, embora a criança possa ser "insignificante", "desconhecida", "mera criança", também é divina. De uma perspectiva consciente, parece que estamos lidando com um conteúdo insignificante que não tem um caráter libertador, quanto mais redentor. A mente consciente está detida nesta sua situação de conflito, e as forças antagônicas parecem tão arrebatadoras que a "criança" como conteúdo isolado não tem nenhuma relação com os fatores conscientes. Pelo menos, isso é o que deveríamos temer se as coisas acabassem acontecendo de acordo com a nossa expectativa consciente. O mito, contudo, enfatiza que não é assim que se passa e que a "criança" é dotada de poderes superiores e que, apesar de todos os perigos, inesperadamente, se sairá bem. A "criança" vem à luz desde o útero do inconsciente, produzida pelas profundezas da natureza humana, ou melhor, pela própria Natureza viva. Ela é uma personificação das forças vitais que vai muito além do limitado alcance de nossa mente consciente; uma personificação dos meios e possibilidades totalmente ignorados por nossa mente consciente unilateral; uma personificação da totalidade que abrange as próprias bases estruturais da Natureza. Representa a ânsia mais intensa e inelutável de todo ser, ou seja, a ânsia de se realizar a si mesma. É, por assim dizer, uma encarnação da *impossibilidade de fazer outra coisa*, equipada com todos os poderes da natureza e do instinto, enquanto a mente consciente está sempre sendo detida pela sua suposta habilidade de fazer outra coisa. A ânsia e a compulsão à autorrealização é uma lei da natureza e, nessa medida, de poder invencível, mesmo que, no princípio seu efeito seja insignificante e improvável. Seu poder se revela nos feitos milagrosos do herói-criança.

A fenomenologia do nascimento da "criança" sempre aponta atrás para um estado psicológico original de não reconhecimento, isto é, de escuridão ou penumbra, de não diferenciação entre sujeito e objeto, de identidade inconsciente entre homem e natureza. Essa fase de indiferenciação produz o *ovo dourado*, que é tanto homem como universo e, não obstante, nenhum deles, e sim um terceiro irracional.

Os símbolos do Self surgem nas profundezas do corpo e expressam cada elemento de sua materialidade tanto quanto a estrutura da consciência perceptiva. O símbolo é, portanto, um corpo vivo, *corpus et anima*. Assim, a "criança" é uma fórmula adequada para o símbolo. A singularidade da psique nunca pode ingressar por completo na realidade; ela só pode ser captada por aproximação, embora continue sendo a base absoluta de toda a consciência. As "camadas" mais profundas da psique perdem sua singularidade individual quanto mais recuarem para dentro da escuridão. "Para dentro e para baixo", melhor dizendo, pois ao se aproximarem dos sistemas funcionais autônomos tornam-se cada vez mais coletivas até serem universalizadas e extintas na materialidade do corpo, ou seja, em substâncias químicas. O carbono corporal é simplesmente carbono. Portanto, "no fundo", a psique é simplesmente "mundo". Nesse sentido, considero que Kerényi está absolutamente certo quando diz que, no símbolo, *o próprio mundo* está falando. Quanto mais arcaico e "profundo", ou seja, mais *fisiológico*, for o símbolo, mais coletivo e universal, mais "material" ele é. Quanto mais abstrato, diferenciado e específico for, quanto mais sua natureza se aproximar da singularidade consciente e da individualidade, mais estará despido do seu caráter universal. Depois de ter atingido a plena consciência, corre o risco de tornar-se uma mera alegoria que em nenhum momento ultrapassa os limites da compreensão consciente, sendo então exposto a todas as tentativas de explicação racionalista e, por isso, inadequada.

O Hermafroditismo da Criança

É um fato notável que talvez a maioria dos deuses cosmogônicos tenham natureza bissexual. O hermafrodita significa nada menos que a união dos opostos mais fortes e contundentes. Em primeiro lugar, essa união faz referência a um estado primitivo e ancestral da mente, a uma penumbra em que diferenças e contrastes ou estavam mal delineadas ou completamente fundidas umas nas outras. Com uma crescente clareza da consciência, no entanto, os opostos vão se distanciando cada vez mais nítidos e irreconciliáveis. Se, portanto, o hermafrodita fosse somente um produto da não diferenciação primitiva, seria de esperar que em breve fosse eliminado com o avanço da civilização. Mas isso não é de forma alguma o que acontece. Pelo contrário, a imaginação do homem tem-se preocupado com essa ideia continuamente, nos mais elevados níveis da cultura.

Por isso, não podemos mais estar diante da existência contínua de um fantasma primitivo, ou de uma contaminação original de opostos. Ao contrário, podemos constatar pelos textos medievais que a ideia primordial tornou-se *um símbolo da união criativa dos opostos*, "um símbolo unificador" no sentido literal. Em sua significação funcional, o símbolo não é um indicador que retrocede, mas que aponta uma meta ainda não atingida. A despeito de sua monstruosidade, o hermafrodita aos poucos foi se tornando um apaziguador de conflitos e um portador de cura, e alcançou esse significado ainda em etapas relativamente precoces da civilização. Esse seu sentido vital explica por que a imagem do hermafrodita não se desvaneceu nos tempos primitivos, mas, pelo contrário, pôde afirmar-se com profundidade cada vez maior de conteúdo simbólico ao longo de milhares de anos. O fato de uma ideia tão completamente arcaica poder alçar-se a alturas tão elevadas de significado não só assinala a vitalidade das ideias arquetípicas como também demonstra a correção do princípio segundo o qual o arquétipo, em virtude de seu poder de união dos opostos, é o mediador entre o substrato inconsciente e a mente consciente. Ele atua como uma ponte entre a consciência contemporânea, sempre em risco de perder suas raízes, e a totalidade natural inconsciente e instintiva dos tempos primevos. Mediante essa mediação, a singularidade, a peculiaridade e a unilateralidade de nossa consciência individual presente são mais uma vez vinculadas às suas raízes naturais raciais. Progresso e desenvolvimento são ideais que não devem ser rejeitados levianamente, mas perdem todo o significado se o homem só atinge seu novo estado como um fragmento de si mesmo, tendo deixado sua origem essencial para trás, nas sombras do inconsciente, em um estado primitivo, melhor dizendo, em uma condição de barbárie. A mente consciente, apartada de suas origens, incapaz de captar o significado do novo estado, recai então com grande intensidade em uma situação muito pior do que aquela que a inovação tinha a finalidade de libertá-la.

À medida que a civilização se desenvolve, o ser bissexual primordial se transforma em um símbolo da unidade da personalidade, em um símbolo do Self, em que a guerra de opostos chega a um acordo de paz. Desse modo, o ser primordial torna-se a meta longínqua do desenvolvimento pessoal do homem, tendo sido desde o seu início uma projeção de sua totalidade inconsciente.

A Criança Como Começo e Fim

A "criança" é tanto começo como fim, uma criatura inicial e terminal. A criatura inicial existiu antes que o homem existisse, e a criatura terminal existirá quando o homem deixar de ser. Em termos psicológicos, isso significa que a "criança" simboliza a essência pré e pós-consciente do homem. Sua essência pré-consciente é o estado inconsciente do início da infância; sua essência pós-consciente é uma antecipação por analogia da vida depois da morte. Expressa-se nesta noção a natureza todo-abrangente da totalidade psíquica. A totalidade nunca é abarcada pela abrangência da mente consciente; ela inclui a extensão indefinida e indefinível também do inconsciente. Totalidade, em termos empíricos, é portanto a extensão incomensurável, mais velha e mais jovem que a consciência, que a engloba no tempo e no espaço. Não se trata de especulação, mas de uma vivência psíquica imediata. Não só é o processo consciente continuamente acompanhado, como também dirigido, ajudado, ou interrompido, por acontecimentos inconscientes. A criança teve uma vida psíquica antes de ter consciência. Até mesmo o adulto diz e faz coisas cujo significado ele só vai compreender mais tarde, quando compreende. Não obstante, ele as disse e as executou como se soubesse o que queriam dizer. Nossos sonhos estão constantemente dizendo coisas além da nossa compreensão consciente (razão pela qual são tão úteis na terapia das neuroses). Temos indícios e intuições procedentes de fontes ignoradas. Temores, alterações do humor, planos e esperanças vêm a nós sem uma causa visível. Essas experiências concretas estão no cerne mesmo da sensação que temos de nos conhecermos muito pouco bem como da dolorosa conjectura de que surpresas poderiam estar nos aguardando.

O homem primitivo não é um enigma para si mesmo. A indagação "o que é o homem?" é a pergunta que o homem sempre guardou até o último instante. O homem primitivo tem tanta psique fora de sua mente consciente que a vivência de algo psíquico fora de seu perímetro pessoal lhe é muito mais familiar do que o é para nós. A consciência confinada pelos poderes psíquicos, sustentada ou ameaçada ou iludida por estes, é a vivência ancestral da humanidade. Essa experiência projetou-se no arquétipo da criança que expressa a totalidade do homem. "Criança" é tudo o que está abandonado e desprotegido e que é, ao mesmo tempo, divinamente poderoso: o princípio insignificante e dúbio, o final triunfante. A "eterna criança" no homem é uma experiência indescritível, uma incongruência, uma desvantagem e uma prerrogativa divina; um elemento imponderável que determina, em última análise, a ausência ou presença de valor em uma personalidade.

Marie-Louise von Franz

Puer

Puer aeternus é o nome de um deus da Antiguidade. As palavras em si decorrem das *Metamorfoses*, de Ovídio,[1] e lá são aplicadas ao deus-criança dos mistérios de Elêusis. Ovídio fala do deus-criança Iacchus, referindo-se a ele como *puer aeternus* e elogiando o papel que desempenha nesses mistérios. Em épocas posteriores, o deus-criança foi identificado com Dionísio e com Eros. Ele é o jovem divino que nasceu à noite, segundo o típico mistério desse culto à mãe, em Elêusis, e que é um redentor. Ele é um deus da vida, da morte e da ressurreição, o deus da juventude divina, correspondendo aos deuses orientais Tammuz, Attis e Adônis. O título *puer aeternus* significa, portanto, "eterna juventude" mas também o empregamos para indicar certo tipo de jovem que tenha um notório complexo materno e que, por isso, comporta-se de certos modos típicos, que eu gostaria de passar agora a caracterizar.

Em geral, o homem que se identifica com o arquétipo do *puer aeternus* permanece tempo demais na psicologia da adolescência, quer dizer, todas aquelas características que são normais em um jovem de 17 ou 18 anos são mantidas até mais idade, e na maioria dos casos estão associadas a uma dependência muito grande da mãe. As duas perturbações típicas de um homem com um complexo materno notório são, como assinala Jung,[2] a homossexualidade e o donjuanismo. Nesse último caso, a imagem de uma mãe – da mulher perfeita que dará tudo para o homem e que não tem qualquer imperfeição – é procurada em todas as mulheres. Ele está em busca de uma deusa-mãe. Sendo assim, toda vez que é fascinado por uma mulher tem que descobrir mais tarde que ela é um ser humano comum. Tendo vivido com ela a sexualidade, desaparece toda a fascinação e ele se afasta decepcionado, apenas para projetar de novo essa imagem em uma nova mulher atrás da outra. Ele anseia eternamente pela mulher maternal que o envolverá em seus braços e satisfará todas as suas necessidades. Muitas vezes, isso costuma vir acompanhado da atitude romântica do adolescente.

Em geral, é vivida uma grande dificuldade na adaptação à situação social. Em alguns casos, existe uma espécie de individualismo associal: sendo uma coisa especial, a pessoa não tem necessidade de se adaptar, pois seria impossível para esse gênio em potencial, e assim por diante. Além disso, uma atitude arrogante aparece com relação às outras pessoas, devido tanto a um complexo de inferioridade como a falsos sentimentos de superioridade. Essas pessoas em geral têm grande dificuldade para encontrar o tipo certo de trabalho, pois tudo o que encontram nunca está bom nem é exatamente aquilo que queriam. Sempre há um porém. A mulher nunca é exatamente a mulher certa; ela é uma ótima amiga, mas... Sempre existe um "mas", que impede o casamento ou qualquer tipo de compromisso.

Tudo isso leva a uma forma de neurose, que H. G. Baynes descreveu como a "vida provisória", ou seja, a atitude e a sensação estranha de que a mulher *ainda não é* o que realmente é desejado, e existe sempre a fantasia de que no futuro isso irá acontecer. Se essa atitude se sustenta tempo suficiente, significa uma constante recusa interior em se comprometer com o momento. Acompanha essa neurose, em maior ou menor extensão, o complexo do salvador ou do Messias, com o pensamento secreto de que um dia essa pessoa será capaz de salvar o mundo, que será encontrada a última palavra em filosofia, em religião, em política, em arte, ou em qualquer outra área. Isso pode progredir até uma megalomania patológica típica, ou podem aparecer traços megalomaníacos menores, na ideia de que "ainda não chegou" o seu momento. A situação mais temida por esse tipo de homem é estar vinculado a qualquer coisa que seja. Existe o medo aterrorizante de assumir algum compromisso, de entrar por completo no tempo e no espaço, de ser o ser humano específico que é. Existe sempre o receio de ser feito prisioneiro de uma situação da qual seja impossível esgueirar-se novamente para fora. Qualquer situação que tenha essa conotação é o próprio inferno. Ao mesmo tempo, existe algo altamente simbólico, isto é, uma fascinação por esportes perigosos, em especial pela aviação e pelo alpinismo, para subir tão alto quanto possível. O símbolo dessa predileção é afastar-se da mãe, ou seja, da terra, da vida cotidiana. Se esse tipo de complexo for muito pronunciado, muitos homens que se identificam com ele morrem jovens em acidentes aéreos ou de alpinismo. Trata-se de um anseio espiritual exteriorizado que se expressa dessa forma.

Uma dramática apresentação do que voar realmente significa para o *puer* é oferecida pelo poema de John Magee. Logo depois de tê-lo escrito, o autor faleceu em um acidente aéreo.

Voo nas Alturas

Oh, deslizei para além dos grosseiros limites de Terra
  E dancei pelos céus em asas risonhas de prata
Até o Sol fui subindo e mergulhei no júbilo rodopiante
  Das nuvens trespassadas pelo sol – e fiz mil coisas
Que você nem imaginaria – corri e flanei e girei
  No alto do silêncio iluminado pelo sol. Pairando lá
Bem alto, cacei o vento tonitruante e deixei
  Meu ávido avião perseguir colunas e colunas suspensas de ar...

Lá longe, no alto, o vasto, delirante, escaldante azul
  No topo de altitudes varridas pelo vento estive com elegante facilidade,
Lugares que nem a cotovia ou mesmo a águia rasgaram –
  E, enquanto com mente silenciosa e elevada, atravessava
A alta e inviolada santidade do espaço,
  Com a mão estendida toquei o rosto de Deus.[3]

Os homens pueris em geral não apreciam esportes que requerem paciência e longo treinamento, pois o *puer aeternus* – no sentido negativo da expressão – é em geral pessoa de uma disposição muito impaciente. Conheço um rapaz, exemplo clássico do *puer aeternus*, que praticou muito montanhismo, mas odiava tanto carregar uma tenda que preferiu treinar-se a dormir ao relento mesmo que fosse na chuva ou na neve. Ele cavava um buraco na neve e se enrolava em um abrigo de seda contra chuva e, com uma espécie de respiração yogue, era capaz de dormir ao ar livre. Também treinou para passar praticamente sem comida, simplesmente para evitar carregar qualquer peso. Perambulou durante anos por todas as montanhas da Europa e de outros continentes, dormindo embaixo das árvores ou na neve. De certo modo, levou uma existência muito heroica apenas para não estar preso à necessidade de se dirigir a um abrigo ou de carregar uma tenda portátil. Pode-se dizer que isso era simbólico, pois, na vida real, esse rapaz não quer ser sobrecarregado com qualquer tipo de peso: a única coisa que ele absolutamente recusa é a responsabilidade pelo que quer que seja, é carregar o peso de uma situação.

Em geral, a qualidade positiva desses jovens é certo tipo de espiritualidade que decorre de um contato relativamente íntimo com o inconsciente coletivo. Muitos têm o encanto da juventude e a qualidade embriagadora de uma taça de champanhe. Os *pueri aeterni* em geral têm uma conversa muito agradável. Costumam ter coisas interessantes para dizer e surtem um efeito revigorante nos que os escutam. Não gostam de situações convencionais. Formulam perguntas profundas e vão sem rodeios em busca da verdade. Em geral, buscam uma religião genuína, busca essa que é típica das pessoas no final da adolescência. Em geral, o encanto juvenil do *puer aeternus* se prolonga por estágios posteriores de sua vida.

Existe, no entanto, outro tipo de *puer* que não exibe o encanto do eterno jovem, nem brilha através dele o arquétipo do jovem divino. Pelo contrário, ele vive em um aturdimento sonolento ininterrupto que também é uma típica característica adolescente: o jovem dorminhoco, indisciplinado, magro e comprido que fica o tempo todo sem fazer nada, com a mente divagando indiscriminadamente, a tal ponto que às vezes dá em alguém a vontade de jogar-lhe em cima um balde de água fria. Esse quase entorpecimento não passa de um traço exterior; se você conseguir ir além dele, descobrirá uma animada vida de fantasia cuidadosamente alimentada.

O que expus acima é um rápido resumo das características principais de certos rapazes prisioneiros do complexo materno e que, com isso, são identificados com o arquétipo do *puer*. Apresentei uma imagem predominantemente negativa dessas pessoas porque é isso que parecem ser a uma consideração superficial, mas, como vocês perceberão, não explicamos qual é realmente a questão. A questão é: por que o problema desse tipo, o jovem preso à mãe, tornou-se tão pronunciado em nossa época. Como se sabe, a homossexualidade – não penso que o donjuanismo seja tão difundido – está aumentando cada vez mais. Até mesmo adolescentes estão envolvidos e parece-me que o problema do *puer aeternus* está se tornando cada vez mais real. Sem dúvida alguma, as mães sempre tentaram manter os filhos dentro do ninho e alguns deles sempre tiveram mais dificuldade para se libertar e teriam preferido continuar desfrutando dos prazeres assim oferecidos. Não obstante, ainda não está claro por que esse problema natural em si deveria tornar-se agora um problema tão sério da nossa época. Penso que esta seja a verdadeira e mais profunda pergunta que temos de nos fazer, porque o resto é mais ou menos evidente por si. O homem que tem um complexo materno sempre terá de lutar com a sua propensão para se tornar um *puer aeternus*. Que cura há para isso? – é o que perguntamos. Se um homem descobre que tem um complexo materno, e isso é algo que lhe aconteceu – algo que ele não causou a si mesmo –, o que pode ele fazer a respeito? Em *Símbolos da Transformação*, o dr. Jung mencionou uma determinada cura – trabalho – e tendo dito isso hesitou por um instante e pensou: "Será realmente tão simples assim? Será essa a única cura? Posso dizer isso assim mesmo?" Mas trabalho é a palavra mais desagradável dentre todas as que o *puer aeternus* gosta de ouvir e o dr. Jung chegou à conclusão de que essa era a resposta certa. Minha experiência também tem confirmado que, através do trabalho, o homem pode arrancar-se dessa espécie de neurose juvenil.

    Existem, no entanto, alguns equívocos no entendimento dessa conexão, pois o *puer aeternus* pode trabalhar, como aliás todos os primitivos ou povos com complexos egoicos fracos quando fascinados ou em um estado de grande entusiasmo. Nessa disposição, o *puer* pode trabalhar 24 horas por dia e até mesmo mais, até ter um colapso. Mas o que ele não consegue realizar é o trabalho naquela manhã monótona, chuvosa, em que as atividades são tediosas e é preciso forçar-se para fazê-las. Essa é a única coisa que o *puer aeternus* em geral não consegue enfrentar, e usará todo tipo de desculpa para esquivar-se de fazê-lo. A análise de um *puer aeternus*, cedo ou tarde, sempre acaba deparando esse problema. É somente quando o ego tiver sido fortalecido o bastante que o problema pode ser superado e que surge a possibilidade de ater-se ao trabalho. Naturalmente, embora se conheça a meta, cada caso é diferente de todos os outros. Pessoalmente, não considero que tenha muita utilidade apenas insistir, como em um sermão, dizendo para a pessoa que deve trabalhar, porque simplesmente o sujeito fica com raiva e vai embora de uma vez.

Até onde me foi dado perceber, o inconsciente em geral tenta produzir uma espécie de acordo, ou seja, indica a direção em que poderia haver algum entusiasmo ou que facilitaria o fluxo da energia psicológica do modo mais natural possível, pois, sem dúvida, é mais fácil treinar-se a trabalhar em uma direção que tenha o apoio dos próprios instintos. Isso não é tão árduo como trabalhar em sentido completamente inverso ou oposto ao próprio fluxo de energia, quer dizer, empurrando pedra ladeira acima. Portanto, é em geral aconselhável aguardar um pouco, descobrir para onde conduz o fluxo natural dos interesses e da energia, e depois tentar fazer com que o homem trabalhe nessa área. Mas em todos os campos de trabalho sempre chega o momento em que a rotina deve ser encarada. Todo tipo de trabalho, até mesmo o trabalho criativo, contém certa dose de rotina monótona, que é por onde o *puer aeternus* escapa e chega à conclusão, mais uma vez, de que "não é por aqui!". Nesses momentos, se a pessoa conta com a ajuda do inconsciente, os sonhos aparecem mostrando que é o caso de superar esse obstáculo. Se isso der certo, então a batalha terá sido vencida.

Em certa carta,[4] Jung disse a respeito do *puer*: "Considero a atitude do *puer aeternus* um mal inevitável. Identificar-se com ele significa uma puerilidade psicológica que nada pode fazer de melhor que superar-se a si mesma. Ela sempre provoca golpes externos do destino que apontam para a necessidade de outra postura. Mas a razão nada consegue porque o *puer aeternus* sempre é um agente do destino".

James Hillman

Senex

Segundo a magistral pesquisa do Instituto Warburg sobre Saturno, em nenhuma figura grega divina o aspecto da duplicidade é tão real, tão fundamental, quanto na figura de Cronos, de tal modo que, mesmo com os posteriores acréscimos do Saturno romano, que "originalmente não era ambivalente, mas apenas bom", a imagem composta enfim prevalece, bipolar na sua essência. Saturno é ao mesmo tempo a imagem arquetípica do velho sábio, do sábio solitário, do *lapis* como rocha milenar com todas as suas virtudes morais e intelectuais positivas, e do Velho Rei, o ogro castrado e castrador. Ele é o mundo, enquanto construtor de cidades, e o não mundo, o exílio. Ao mesmo tempo em que é o pai de tudo o que consome, consome tudo. Ao viver sua paternidade alimenta-se insaciavelmente da abundância de seu próprio paternalismo. *Saturno é a imagem tanto do senex positivo como do negativo.*

Na astrologia, essa dualidade foi abordada pelo exame da posição de Saturno no mapa natal. Dessa forma, os polos bom e mau inerentes à sua natureza podiam ser mantidos em sua distinção. Seu temperamento é *frio*. Essa frieza também pode ser expressa como *distância*, o peregrino solitário, afastado, exilado. A frieza também é a fria realidade, as coisas exatamente como são e, não obstante, Saturno está no limite extremo da realidade. Como senhor do mais baixo, ele vê o mundo de fora e de tão longe que, por assim dizer, vê de ponta-cabeça, embora estrutural e abstratamente, todas as coisas. A preocupação com a estrutura e com a abstração faz de Saturno o princípio da *ordem*, seja no tempo, na hierarquia, na ciência exata e no sistema, nos limites e fronteiras, no poder, na introspecção e na reflexão, ou na terra e nas formas que ela provê. O frio também é *lento*, pesado, plúmbeo, e seco ou úmido, mas sempre o *coagulador* pela densidade, pela lentidão e pelo peso que se expressam nos estados de ânimo da tristeza, da depressão e da melancolia. Assim, ele é *negro*, inverno e noite, mas, através de seu dia, sábado, anuncia o retomo da sagrada luz solar no domingo. Sua relação com a *sexualidade* é, mais uma vez, dupla: por um lado, é o patrono dos eunucos e celibatários, sendo seco e impotente. Por outro lado, é representado pelo cão e pelo bode lascivo, sendo ainda um deus da fertilidade como inventor da agricultura, deus da terra e do lavrador, da colheita e da Saturnália, regente do fruto e da semente. Mas a colheita é um *armazenar*; o produto final amadurecido, e o colher e reunir podem novamente ser duplos. Sob a égide de Saturno, podem manifestar-se qualidades de cupidez e tirania, em que colher e reunir significa estocar por avareza, significa sovinice, significa fazer as coisas durarem até o fim. (Saturno rege as moedas, a cunhagem e a riqueza.) Aqui encontramos as características da avareza, da gulodice e uma voracidade tamanha que Saturno é *bhoga* – "mastigando o mundo" – e identificado com Moloc; este, por sua vez, pode novamente, em sua face positiva, exigir o *sacrifício* extremo, podendo ser então entendido como Abraão e Moisés, o mentor patriarcal que exige o extremo.

Sua relação com o *feminino* tem sido expressa com as seguintes palavras: os que nascem sob Saturno "não gostam de andar com as mulheres e passar o tempo". "Nunca contam com o apoio da mulher ou da esposa." Assim, Saturno está associado à viuvez, à inexistência de filhos, à orfandade, ao abandono de crianças; está presente nos partos para poder comer os recém-nascidos, pois qualquer coisa nova que chegue à vida pode tornar-se alimento para o *senex*. Velhos hábitos e atitudes assimilam cada novo conteúdo; duradouramente imutável, mastiga suas próprias possibilidades de mudanças.

Seus *aspectos morais* são bilaterais. Rege a honestidade verbal – e o logro; rege os segredos, o silêncio e a loquacidade ao lado da difamação; rege a lealdade, a amizade, o egoísmo, a crueldade, a astúcia, o roubo e o assassinato. Atesta tanto as avaliações honestas como as fraudes. É o deus do esterco, das latrinas, do vento ruim, e é o purificador das almas. Suas *qualidades intelectuais* incluem o gênio inspirado da introspecção melancólica, a criatividade pela contemplação, a deliberação nas ciências exatas e na matemática, assim como os mais elevados segredos ocultos, por exemplo a angelologia, a teologia e o furor profético. É o velho hindu às costas do elefante, o velho sábio e o "criador dos homens sábios", como Agostinho o chamou na primeira polêmica sistemática contra esse arquétipo do *senex*.

Essa amplificação pode nos oferecer uma descrição fenomenológica desse arquétipo, mas não é psicologia. A psicologia pode basear-se em uma temática arquetípica, mas a psicologia propriamente dita só começa quando esses elementos dominantes, vivenciados como realidades emocionais dentro de nossos complexos e através deles, parecem constelar e moldar a nossa vida. A amplificação pode nos dar a mitografia ou a antropologia, ou a *Kunstgeschichte* [História da Arte]. No entanto, permanece na periferia, interessante, mas dificilmente envolvente. Mas deixemo-la tocar-nos através do cerne arquetípico do complexo em nossa vida individual, e então as descrições dos mitos e dos ritos, da arte e dos símbolos, são de repente a psicologia viva! Nesse momento, ele nos atinge como "interior", e "importante", pertencendo a nós ou possuindo-nos. Então importa, torna-se uma necessidade, e somos mobilizados a amplificar nossos problemas psicológicos mediante o entendimento arquetípico. Então, é urgente. Por causa do complexo, vamos aos livros.

Do ponto de vista psicológico, o *senex* está no cerne de *qualquer complexo* ou governa *qualquer atitude*, quando esses processos psicológicos entram em sua fase final. Esperamos que corresponda à senectude biológica, assim como muitas de suas imagens – secura, noite, frio, inverno, colheita – são extraídas dos processos do tempo e da natureza. Mas, para sermos exatos, o arquétipo do *senex* transcende a mera senectude biológica, e é dado desde o princípio como um potencial de ordem, de significado, de realização teológica – e de morte – no seio da psique e em todas as suas partes. Assim a morte que o *senex* traz não é só biofísica. É a morte que vem pela perfeição e pela ordem. É a morte das conquistas e das realizações, a morte que cresce em poder no interior de qualquer complexo ou atitude à medida que esse processo psicológico amadurece pela consciência até o nível da ordem, tornando-se habitual e dominante e, portanto, de novo inconsciente. Paradoxalmente, somos menos conscientes no ponto em que ganhamos a máxima consciência.

O *senex* negativo é o *senex* afastado do seu próprio lado *puer*. Aquele que perdeu a sua "criança". O cerne arquetípico do complexo, agora cindido, perde sua tensão intrínseca, sua ambivalência, e simplesmente morre em meio ao fulgor que é o seu próprio eclipse, como um *Sol Niger* negativo. Sem o entusiasmo e o eros do filho, a autoridade perde o seu idealismo. Aspira a nada mais que à sua perpetuação, levando apenas à tirania e ao cinismo, pois *o significado não pode ser mantido apenas pela estrutura e pela ordem*. Esse espírito é unilateral e a unilateralidade é deformante. Ser é estático, um pleroma que não pode vir a ser. O tempo – chamado por eufemismo de "vivência", mas, no mais das vezes, tão somente os petrificados acúmulos da história profana – torna-se uma virtude moral e até mesmo o testemunho da verdade: *"Veritas filia temporis"* [A Verdade é Filha do Tempo]. O antigo é sempre preferível em relação ao novo. A sexualidade sem o jovem eros torna-se lasciva; a fraqueza vira lamúria; o isolamento criativo, apenas solidão paranoica. Por ser incapaz de perceber e deitar suas sementes, o complexo se abastece do crescimento de outros complexos ou de outras pessoas, como o crescimento dos próprios filhos, ou o processo de desenvolvimento que se desenrola nos analisandos. Apartado do próprio filho e imbecilizado, o complexo não tem mais nada a nos dizer. A loucura e a imaturidade são projetadas em terceiros. Sem loucura não há nele sabedoria, somente conhecimento – um conhecimento sério, deprimente, encapsulado em saguões acadêmicos ou usado como poder. O feminino pode ser mantido em segredo, ou pode ser a Senhora da Melancolia, cônjuge rabugenta, como uma atmosfera que emana do complexo moribundo, outorgando-lhe o fétido odor de Saturno. A integração da personalidade torna-se a subjugação da personalidade, uma unificação obtida por dominação, e a integridade se reduz à mesmíssima repetição dos princípios inabaláveis. Ou, para reacender o lado *puer* outra vez, pode acontecer uma paixão induzida pelo complexo. (Vênus nasce da espuma imaginária no inconsciente, fruto da sexualidade dissociada e amputada de Saturno.)

Resumindo então a discussão do *senex*: está lá, desde o começo, como todos os elementos arquetípicos dominantes, sendo identificado na criança pequena quando ela sabe e diz "Eu sei" e "meu", pondo nessas palavras toda a intensidade do seu ser, aquela criança pequena que é a última a sentir pena e a primeira a tiranizar, que destrói o que construiu, e que na sua fraqueza vive nas fantasias orais de onipotência, defendendo seu território e testando os limites impostos pelos outros. Mas, embora o *senex* esteja na criança, o espírito do *senex* aparece na sua máxima clareza quando qualquer função que usamos, ou atitude que temos, ou complexo psíquico, começa a coagular e a perder o seu vigor. É o Saturno dentro do complexo que torna difícil o abrir mão; a sensação densa, lenta e enlouquecedoramente deprimente – a loucura do veneno do chumbo – a sensação da perene indestrutibilidade do complexo. Saturno priva o complexo da vida e do feminino, inibe-o e o introverte rumo ao isolamento. Nessa medida, está por trás da agilidade de nossos hábitos e da habilidade que temos de criar uma virtude a partir de qualquer vício, apenas mantendo-o dentro da ordem ou atribuindo-o ao destino. O *senex*, como complexo, aparece em sonhos muito antes que a própria pessoa tenha envergado sua *toga senilis* (por volta do ano 60 da Era Cristã, em Roma). Manifesta-se como o pai onírico, o mentor, o velho sábio, do qual a consciência do sonhador é aprendiz. Quando acentuado, parece ter atraído para si todo o poder, paralisando tudo o mais, e a pessoa torna-se incapaz de tomar uma decisão sem primeiro aconselhar-se com o inconsciente, aguardando uma voz judiciosa de oráculo ou visão. Embora esse conselho possa provir do inconsciente, pode ser tão coletivo como aquele que vem dos cânones padronizados da cultura, pois afirmações sagazes e significativas, até mesmo verdades espirituais, podem ser um mau conselho. Essas representações – o pai, os ancestrais, os mentores e os sábios – conferem uma autoridade e uma sabedoria que está além da experiência do sonhador. Portanto, essa autoridade pode absorver a pessoa, em lugar de esta absorver a outra, e, quando isso se dá, ela é movida por uma certeza inconsciente que a torna "mais sábia do que a sua idade permite", ambicionando ser reconhecida pelos mais velhos e mostrando intolerância acerca de sua própria juvenilidade. O espírito de *senex* afeta também toda atitude ou complexo em que a contemplação criativa de seu significado essencial, sua relação com o destino, seus mais profundos "porquês", tornam-se constelados. Então, o invólucro de qualquer atitude habitual despojada de todo poder externo murcha até virar grão, mas, contido nos pequenos limites dessa semente, está toda a força (*vis*) do complexo original. Voltado assim para cima e para dentro de si mesmo, quase ao ponto de desaparecer por inteiro, deixando apenas um estado melancólico de ânimo de *mortificatio* ou *putrefactio*, na noite negra e fria da privação, reserva ainda uma espécie de comunhão solitária com o futuro. Depois, valendo-se do gênio profético do espírito de *senex*, revela aquilo que está além dos limites de sua foice segadora destrutiva, aquilo que irá rebentar em brotos verdes e tenros dos grãos que ele mesmo dizimou.

Essa dualidade do próprio *senex* – que nos atinge a imaginação na figura positivo-negativa de Cronos-Saturno – confere a todos nós aqueles problemas intensamente difíceis de nosso processo particular de individuação. Como o Velho Rei em minhas atitudes termina mudando? Como é que o meu conhecimento pode tornar-se sabedoria? Como é que admito a incerteza, a desordem, e o absurdo dentro de minhas próprias fronteiras? O modo como elaboramos essas questões afeta a transição histórica, pois cada um de nós faz uma contribuição marcante.

A dualidade do senex *fundamenta-se em uma polaridade arquetípica ainda mais elementar, a do arquétipo* senex-puer. Assim, o problema psicológico crucial expresso pelos termos "*senex* negativo" e "*senex* positivo", ogro e Velho Sábio, que diz respeito à nossa vida individual e a "como ser", que se reflete nos sintomas deste milênio idoso, e que influencia a natureza de nosso efeito sobre a transição histórica atual – esse problema psicológico crucial decorre de uma divisão fundamental entre o *senex* e o *puer* no cerne de um mesmo arquétipo. As atitudes e condutas negativas do *senex* resultam dessa cisão arquetípica, enquanto as positivas refletem sua integração. Assim, a expressão "*senex* positivo" ou velho sábio refere-se apenas a uma continuação transformada do *puer*. É aqui que chegamos enfim ao ponto central do tema: *a diferença entre as qualidades positivas e negativas do* senex *reflete a cisão ou a conexão no cerne do arquétipo* senex-puer.

Robert M. Stein

Príapo e a Psicologia do Masculino

Masculino e Feminino são qualidades da personalidade humana em ambos os sexos. Mas a natureza do homem é mais propensa a alicerçar-se no espírito Fálico, ao passo que a da mulher costuma emergir mais do espírito Uterino.

O espírito Fálico, como o pênis, funciona de modo autônomo, independentemente do controle da mente racional. Pode-se questionar, dizendo que as reações do pênis estão sujeitas ao controle racional, mas isso é duvidoso. Embora o pênis possa, aparentemente, ser manipulado para desempenhar suas funções, tem decerto uma vontade própria que resiste a todas as artimanhas da mente racional (do ego) se assim o desejar. Além disso, os homens que costumam valer-se do ego para controlar as reações do pênis têm sucesso apenas na medida em que exercem graus variáveis de um distanciamento entorpecido. Em última análise, o espírito fálico no pênis responde a esse tratamento causando alguma espécie de impotência psicológica ou fisiológica. Sem sombra de dúvida, o controle do ego sobre o pênis é mínimo e de duração limitada. Contudo, a atitude e o relacionamento do ego para com o pênis pode efetuar profundas mudanças nas reações deste órgão primário da sexualidade masculina.

O inesperado e incontrolável afluxo de sangue até o pênis, fazendo-o ficar ereto, é um grande mistério. O desejo que está por trás disso pode ser amor por outra pessoa, ou mesmo pura paixão ou desejo pelo poder de controlar o outro, e talvez ainda uma mistura de todos esses elementos. Com frequência, o pênis se excita com fantasias sexuais que não têm ligação com uma pessoa real. Em outras ocasiões, uma repentina ereção totalmente desvinculada de desejo sexual pode ocorrer, sugerindo com isso que o impulso fálico de energia até o pênis é um espírito que transcende o impulso sexual.

Se aceitarmos a ideia de que o pênis é um órgão que sofre a influência específica do espírito fálico, podemos deduzir alguma coisa acerca da natureza desse Deus Príapo. Acima de tudo, reconhecemos sua qualidade essencialmente imprevisível. As vivências pessoais dão testemunho de este manifestar-se como impulso súbito e poderoso, ou com um arremesso interior, que rapidamente une o seu fluxo com o do desejo de entrar em contato com outro objeto, seja este uma ideia, uma imagem, outra pessoa ou um objeto inanimado. Embora o desejo do espírito Uterino feminino seja ser penetrado, receber e acolher, o desejo de Príapo é sempre mover-se no sentido da penetração de um âmbito desconhecido. Príapo é por conseguinte fundamental a toda iniciativa humana. Sem ele, podemos ser mobilizados, mas não podemos nos mover. A pessoa que teme ser lançada para fora das estruturas antigas e estáveis, ingressando em áreas novas, desconhecidas, informes, receará o repentino e irracional afluxo de Príapo. Por isso, o reto relacionamento com esse espírito é indispensável para a mudança e para o desenvolvimento psicológico. É, ao mesmo tempo, um espírito em constante mudança: curioso, impulsivo, explosivo, ousado, mas incapaz de comprometer-se, repleto de alegria pelo seu próprio poder e pronto para usá-lo contra qualquer coisa que se interponha em seu caminho, desinteressado de cuidar do alheio e de alimentar os relacionamentos humanos a menos que temperados e contidos no Eros. Quando as mulheres se queixam que os homens só querem tirar suas calcinhas sem se incomodar muito com a relação, estão na realidade falando de Príapo. Quando uma mãe é incapaz de lidar com a atividade constante, a lúdica curiosidade e as exigências de seu filho, muitas vezes estará padecendo de uma má ligação com Príapo.

Lembro-me de uma jovem mãe que estava tendo muita dificuldade com o filho, uma criança impossível. Ela sonhou que o filho estava correndo em zigue-zague e atirando-se como uma bola contra as paredes de seu quarto com tal velocidade que ela precisava o tempo todo se abaixar para evitar que ele a atingisse. De repente, ele se tornou um Príapo imenso e ela acordou aterrorizada. Sem dúvida, essa mulher estava em uma má relação com Príapo. O relacionamento do menino com a raiz fálica da sua natureza masculina será profundamente afetado por uma mãe tão ameaçada e condenatória na sua atitude referente à masculinidade essencial do garoto.

Amor e Príapo são muitas vezes difíceis de distinguir porque ambos são, fundamentalmente, princípios ativos, forças de vida com iniciativa. Ambos são vivenciados como forças que levam as pessoas para longe de onde elas estão, na direção de outro objeto ou pessoa. Sobretudo, a Deusa do Amor tem sua suposta origem nos genitais amputados e esparsos do deus celeste, Urano. Sem dúvida, existe uma íntima ligação entre Príapo e Amor. Talvez Príapo seja a fonte primal de energia, contida em toda emoção que motiva o homem a se pôr em movimento, a agir, a iniciar. Uma vez que o Amor é, essencialmente, um grande movimento no sentido da união com outrem, também deve estar fundamentado em Príapo.

No entanto, Amor e Príapo não são processos idênticos. Em que diferem? Talvez a diferença principal seja que o Amor é sempre um desejo de fusão, de união, ao passo que Príapo é, essencialmente, um desejo de penetração e investigação. Além disso, o Amor sempre evoca uma grande preocupação pela preservação da beleza e da integridade do outro, enquanto Príapo não tem essa preocupação. Em sua forma pura, este tende a estuprar e, em última análise, destruir o objeto da sua fascinação.

Decerto que Príapo é a fonte de toda a energia criativa do homem. É uma força que sempre se afasta do antigo, do que é, rumo ao novo e ao desconhecido. A curiosidade fálica é o princípio ativador por trás da imaginação criativa do homem, mas a qualidade penetrante e dissecadora da curiosidade torna-se destrutiva e anti-humana sem Eros a preservar a integridade e o mistério do objeto desconhecido.

Príapo, como força geradora de vida, é emoção pura, puro desejo. Todo pensamento, impulso, imagem ou ideia é trazido à vida por Príapo. É o puro espírito, a energia pura usando qualquer coisa, tudo, como veículo para moldar sua ânsia de criatividade. Em sua fome insaciável para fertilizar e criar novas formas, não tem nem a percepção consciente, nem o interesse pelas limitações humanas. Sem Príapo nada se mexe, nada muda. O medo de Príapo resulta na fragmentação e na estase. Eu devo estar aberto e desejoso de receber Príapo, ou ele não pode me penetrar. Portanto, se eu não tenho uma relação correta com as qualidades femininas e receptivas de minha alma, meu útero estará fechado e eu começarei a secar e a esturricar porque não posso ser fertilizado nem renovado por Príapo. O útero, a terra receptiva, é, portanto, elementar. Sem ele, a Força Vital não tem vaso para ser recebida, e o sangue da minha própria vida em breve deixará de fluir. Morte.

Retornemos agora à mulher que se sentiu tão ameaçada pelas qualidades fálicas do filho. A imagem interna do feminino arquetípico é, em grande extensão, moldada pela experiência que o homem tem de sua mãe. O mais típico é que a maior parte dos ocidentais vivencia os aspectos receptivos maternais de sua própria psique como rejeição de Príapo. De que modo poderia ser diferente? Tudo o que sabemos a respeito dos mistérios femininos ancestrais indica que estavam centrados em torno da adoração de Príapo. A mulher moderna está marginalizada em relação a esses mistérios, tal como Édipo. Em vez de seu Eros abraçando e humanizando as energias fálicas em potencial no filho, ela tenta subjugá-las e controlar seu espírito irracional com o próprio ego. Enquanto a imagem interna que o homem tem do feminino for que este rejeita Príapo, ele jamais conseguirá chegar a um reto relacionamento com seu próprio espírito criativo, e a mesma situação vale para as mulheres, como passaremos logo a ver. Por conseguinte, o feminino interior (a *anima*) deve mudar, antes que o homem possa verdadeiramente abrir-se para Príapo.

Como é que essa vivência negativa do feminino se manifesta no plano interno e na vida externa? Segundo os sonhos dos homens, um motivo frequente é o súbito aparecimento da mãe ou de uma figura materna no instante em que o sonhador está prestes a render-se ao seu desejo sexual. *A mãe inibe Príapo*. Uma vez que a mãe também está vinculada aos sentimentos de ternura, doçura, afeto, e que Príapo é a fonte de toda paixão, o homem tem grande dificuldade em conseguir que a sua paixão se mescle com o seu amor quando sua vivência do arquétipo materno é tão castradora. Num grande número de vezes, esse mesmo padrão arquetípico será constelado no relacionamento com a esposa. Já ouvi muitas esposas expressarem sua dor por não conseguirem ser fisicamente próximas e ternas com o marido porque, no instante em que tentam comportar-se assim, ele quer ter uma relação sexual. E já ouvi muitos homens se queixarem de como a esposa pode dizer não ao sexo depois de os terem excitado com intimidade física. Esse dilema comum é uma nítida indicação de que os dois parceiros estão sofrendo do mesmo relacionamento negativo com Príapo. No caso de a mulher entregar-se à paixão sexual do marido, ela sabe que os sentimentos mais ternos serão obliterados, pois também ela é, dentro de si mesma, atormentada por esse arquétipo materno rejeitador.

A impotência – mental, espiritual e física – é consequência da incapacidade do homem em acolher Príapo. Nada alterará sua sensação básica de inadequação enquanto ele não superar esse temor de Príapo quando este começa a se agitar, a se erguer como força numinosa na base mesma do seu ser. Para a mulher é diferente. Enquanto ela se sentir ligada à suavidade e à receptividade de seu útero, se sentirá feminina, a menos que sua alma esteja insatisfeita com só viver o feminino arquetípico. Contudo, qualquer mulher que tenha a necessidade de pensar de forma criativa, de tornar-se espiritualmente livre de sua dependência em relação a algum homem, de individuar-se, se sentirá inadequada e não realizada enquanto também ela não consentir que a plena potência de Príapo atinja a sua consciência. Ainda assim, a mulher pode ter uma vida relativamente completa, mesmo que inconsciente, durante muitos anos antes de ser forçada a resolver o seu receio de Príapo. O homem não. Para ele, é essencial essa resolução para que se inicie na masculinidade.

Quando a força vital geradora (o Príapo) está a todo vapor, fluindo, a pessoa ainda pode sentir-se receosa, mas há sempre um fascínio e uma intensa admiração. O Príapo ereto é para ser respeitado. Mas o Príapo não está sempre ereto, a Força Vital nem sempre flui para fora. Muitas vezes, recua ou permanece em paz, adormecida. Amar Príapo significa não só acolher a própria potência, mas também a própria impotência. A menos que a pessoa possa concordar em ser fraca, boba, impotente, sempre sentirá medo da potência de irrupção de Príapo. O outro lado da tumescência é o esvaziamento. Como a vida, Príapo avança como potente jorro vital, mas esta, como a maré, reflui com a mesma rapidez e imprevisibilidade com que subiu.

Depois, então, de termos feito a associação entre o medo da potência fálica e o medo da impotência, podemos discutir algumas diferenças importantes entre a psicologia masculina e a feminina. A incapacidade de dar início a uma ação efetiva no sentido da realização de um desejo tende a fazer com que o homem se sinta impotente. Não é necessário tanto que ele aja como que ele sinta o poder de agir. A mulher tende a sentir-se impotente principalmente quando está *sem* desejo; pelo menos, parece que é esse o caso quando ela está vinculada ao alicerce de sua natureza uterina. Enquanto ela se sentir aberta para responder ao chamado da vida, pode – sem se sentir inadequada – aceitar sua passividade assim como sua incapacidade de agir com eficácia a partir de um desejo seu. Claro que ela pode vivenciar dor e frustração pelo fato de suas necessidades não serem satisfeitas. No entanto, sua sensação de potência não depende de seu poder de agir, mas sim de sua ligação com o seu desejo, e da sua crença na própria capacidade de reagir à satisfação deste. Por exemplo, uma mulher jovem e extremamente passiva viveu durante anos em estado de isolamento, totalmente à parte de qualquer relação com homens. Depois de meses de análise, nos quais se recusava a examinar sua relação com os homens e a sexualidade, ela finalmente revelou que não achava que houvesse nada de errado com ela nessas áreas. Sua sensação de adequação vinha da sua fantasia de que, tão logo o homem certo surgisse em sua vida, ela seria capaz de recebê-lo. Ela conseguiu expor sua identificação com a princesa do mito de A Bela Adormecida depois de ter subitamente percebido que seria incapaz de receber o Príncipe Encantado mesmo que ele aparecesse. Também o homem pode viver durante anos numa ilusão fantasiosa a respeito da sua potência. Mas seu mito é que ele tem o poder de ativamente efetivar a realização do seu desejo, e que só o está contendo até que chegue o momento certo.

Assim, parece que o homem obtém o seu senso de força e potência na sua capacidade de agir, ao passo que a força da mulher estaria mais enraizada no seu desejo de responder. A exigência de que Príapo esteja sempre ereto e em condição de afirmar-se é naturalmente mais predominante nos homens do que nas mulheres, embora muitas delas sejam internamente atormentadas por uma cobrança semelhante. O homem se sentirá continuamente menor e espiritualmente aleijado enquanto alimentar as equações: Príapo Ereto = Potência; Príapo Plácido = Impotência.

Além disso, ele é forçado a fugir para o reino de seus delírios fantásticos de potência fálica para manter o mínimo senso de adequação e respeito a si mesmo. Para ele, a vida passa a ser uma série de evasões. Ele considera intoleravelmente dolorosas as realidades da sua condição existencial e as dimensões não fálicas da sua personalidade, de tal modo que as necessidades autênticas da sua alma estão sempre escapando à sua apreensão e ele continua insatisfeito e irrealizado.

Nossa cultura ocidental identifica progresso e produtividade com vitalidade e força masculina. O produtivo é potente e criativo; o contraprodutivo é impotente e destrutivo. Sem dúvida, essas atitudes refletem a incompreensão e a distorção do que é a masculinidade. O homem pode libertar-se de sua fixação fálica somente se aceitar com alegria esses estados passivos, desconhecidos, impotentes, como manifestações de sua natureza feminina receptiva. Em lugar de encolher-se de aflição diante da sensação de impotência, o homem deve ser capaz de mergulhar profundamente na *força* do seu próprio desejo de ser fertilizado.

M. Esther Harding

A Virgem

A Grande Mãe é sempre representada como *Virgem*, a despeito do fato de ter muitos parceiros e ser mãe de muitos filhos, ou de um só filho, que morre apenas para ser ressuscitado seguidas vezes, ano após ano. Esse termo "virgem" necessita de certa investigação, pois, evidentemente, diante da sua conotação moderna de casta, inocente, não pode ser usado para a *Magna Mater*, a menos que presumamos que ela permanece milagrosamente virgem apesar das experiências por ela vividas e que tornariam o termo inaplicável. Frazer, no entanto, tem uma afirmação iluminada a esse respeito: "O termo grego *parthenos* aplicado a Ártemis, que comumente traduzimos como virgem, significa apenas uma mulher não casada e, naqueles tempos, as duas coisas não eram em absoluto o mesmo [...] não havia adoração pública de Ártemis, a Casta. Até onde seus títulos sagrados se referem à relação entre os sexos, eles demonstram que, pelo contrário, como Diana na Itália, ela dizia respeito especialmente à perda da virgindade e à geração de filhos [...]. Nada porém deixa mais claro o verdadeiro caráter de Ártemis como deusa da fecundidade, embora não como fruto de laço conjugal, do que sua constante identificação com as deusas asiáticas do amor e da fertilidade, não casadas, mas não castas. Estas eram adoradas com ritos de notória libertinagem em seus santuários públicos".[1] Em uma nota de rodapé, Frazer comenta a esse respeito citando o Profeta Isaías, "e uma virgem conceberá", e diz que o termo hebraico aqui traduzido como "virgem" não significa mais do que "mulher jovem" e que "uma tradução correta teria evitado a necessidade de um milagre". Esse comentário não explica a contento, porém, o ponto de dificuldade, pois o que quer que o profeta Isaías tenha querido dizer com essas palavras não há dúvida de que a Virgem Maria era venerada pela igreja medieval e ainda é venerada pelos católicos de hoje como uma mulher virgem em nosso sentido atual do termo, mesmo que a tradição tenha reconhecido que ela deu filhos de carne e osso a José depois do nascimento virginal de seu Filho Mais Velho, e que também seja glorificada nos hinos em latim como esposa e também mãe de seu Filho. Todos esses elementos constelam uma flagrante contradição ou exigem a presença de outro milagre impossível, para que possam ser tidas como verdadeiras no plano objetivo. Se, contudo, temos os conceitos religiosos como simbólicos e interpretamos essas contradições no plano psicológico, damo-nos conta de que o termo "virgindade" deve referir-se a uma *qualidade*, a um estado subjetivo, a uma atitude psicológica, e não a um fato fisiológico ou externo. Quando aplicado na expressão Virgem Maria, ou para citar as deusas virgens de outras religiões, não pode ser empregado como denotação de uma situação de fato, pois a qualidade de virgem persiste de uma maneira até certo ponto inexplicável apesar das experiências com a sexualidade, com o parto e com o avanço da idade.

Briffault aponta uma solução para esse enigma. Diz ele que "o termo virgem"

> é sem dúvida usado nesses títulos em seu sentido primitivo, para denotar "não casada" e para conotar o próprio inverso daquilo que o termo passou a implicar. A virgem Ishtar também é com frequência chamada de "A Prostituta", e ela mesma diz: "Uma prostituta compassiva é o que sou". Ela veste o "posin" ou véu que, entre os judeus, era o sinal distintivo tanto de "virgens" como de prostitutas. As hieródulas, ou prostitutas sagradas dos templos, também eram denominadas "as santas virgens" [...] os filhos nascidos fora do casamento eram chamados "parthenioi", "nascidos de virgem". O termo "virgem" em si não tem, estritamente falando, o significado que lhe atribuímos. A expressão em latim que corretamente descreve a donzela não tocada não é "virgo", mas "virgo intacta". A própria Afrodite era uma Virgem.[2]

A deusa mãe dos esquimós tem a mesma característica de virgindade no antigo sentido do termo. Os esquimós chamam-na de "Aquela que não terá marido". Deméter também teria "execrado o casamento". Ela presidia não o casamento, mas o divórcio. A virgem chinesa sagrada, Shing-Moo, a Grande Mãe, concebeu e deu à luz um filho permanecendo virgem. É venerada como padrão de pureza. Sua concepção da Criança Sagrada é tida como imaculada, mas seu caráter ancestral é revelado no fato de ela ser a padroeira das prostitutas.

O termo virgem, então, quando usado a respeito das deusas ancestrais, tem claramente um significado que não é o de hoje. Pode ser usado para descrever uma mulher que tenha tido muitas experiências sexuais. Pode ser aplicado, inclusive, a uma prostituta. Seu significado real será encontrado em seu uso como antônimo de "casada".

Nos tempos primitivos, uma mulher casada era propriedade do marido, geralmente comprada por um preço considerável, pago ao pai. A ideia básica que justifica esse costume sustenta-se de algum modo até entre nós. No período dos "casamentos arranjados" e dos "acordos de casamento", o pressuposto de que a mulher era um bem adquirido pode ser detectado nas decorosas negociações, e o costume de "entregar" a noiva lembra o mesmo conceito psicológico subjacente, ou seja, o de que uma mulher não é dona de si mesma, e sim a propriedade de seu pai, que a transfere *como propriedade* para o marido.

Segundo o nosso sistema patriarcal ocidental, a moça solteira pertence ao pai, mas, antigamente, como ainda acontece em certas comunidades primitivas, ela era a sua própria dona até casar-se. O direito de dispor de sua pessoa até casar-se faz parte do conceito primitivo de liberdade. Existem muitas evidências de que as moças eram em geral cuidadosamente guardadas nas sociedades primitivas, tanto dentro como fora da tribo; por exemplo, eram guardadas da violência, e, em especial, do "incesto" com seus "irmãos de clã", mas com os homens do clã com quem se casarão podem dar livre vazão aos seus desejos. Essa liberdade de ação implica o direito de recusar ou de aceitar intimidades. A moça pertence *a si mesma* enquanto é virgem – não casada – e não pode ser forçada, seja a preservar sua castidade, seja a ceder a um convite sexual indesejado.

Enquanto virgem, ela pertence apenas a si própria; ela é "una-em-si--mesma". Gauguin observa esse aspecto nas mulheres do Taiti e fala dele em seu livro *Noa Noa*. Para ele, isso era estranho. Ele relata como qualquer mulher prontamente se entregava a um desconhecido se ele a atraísse, mas não ao homem com quem tinha tido a relação sexual, e sim a si mesma, ao seu próprio instinto, de tal modo que, mesmo depois de a relação terminar, ela continuava una-em-si-mesma. Não dependia do homem, não se apegava a ele nem exigia que a relação fosse permanente. Ainda era dona de si mesma, virgem no sentido ancestral, original.

É nesse mesmo sentido que as deusas lunares podem ser corretamente consideradas virgens. A qualidade da virgindade é, aliás, característica dessas deusas. Outras deusas das religiões ancestrais e primitivas não partilham dela, não são unas-em-si-mesmas. Aparentemente, não têm uma existência própria, separada, mas são concebidas apenas como esposas ou consortes dos deuses dos quais derivam tanto seu poder como seu prestígio. Assim é que a deusa tem o mesmo nome que o deus, os mesmos atributos e poderes, ou talvez tenha a versão feminina de suas qualidades mais masculinas. Formam um par, indiferenciados, exceto quanto ao sexo. A deusa é tão somente a parceira do deus, como a mulher o é do homem. Seu nome não era nem questão de interesse; ela era designada apenas pela forma feminina do nome do deus masculino. Por exemplo, a esposa de Fauno era Fauna; Júpiter (Jovis) era Juno Dione era o feminino de Zeus e Agnazi, de Agni; Nauet corresponde a Nun e Hehut e Hehu. Até mesmo os deuses primitivos do céu e da terra formavam um par unido nos casamentos, o sr. Céu e a sra. Terra.

As deusas que existem dessa maneira, como consortes dos deuses, são de um tipo diferente. Representam o ideal da mulher casada e personificam aquele aspecto da natureza feminina apegado e dependente. Divinizam as virtudes domésticas da esposa, voltada apenas para os interesses do marido e dos filhos.

Esse é o ideal latente em expressões tais como "e os dois serão uma só carne". Também é esse o arquétipo que está na base da história da criação de Eva a partir da costela de Adão. Nessa situação, a "entidade" ou a unidade é o par, o casal casado, a família. Os membros que compõem essa unidade não têm existência separada ou completa, assim como também não têm um caráter ou personalidade próprios, completos e distintos. Nesses casamentos, o homem representa a parte masculina da entidade e a mulher, a feminina. A própria psique, no entanto, é tanto masculina como feminina. Todo ser humano contém em si próprio potencialidades que vão em ambas as direções. Se a pessoa não assume os dois aspectos e os desenvolve e disciplina dentro de si mesma, é só meia pessoa, não pode ser uma personalidade completa. Quando duas pessoas formam um casamento de complementaridade, em que tudo o que é masculino compete ao homem, e tudo o que é feminino à mulher, segue-se que as duas pessoas permanecem unilaterais, pois o lado não vivido da sua psique, sendo inconsciente, é projetado no outro. Essa condição pode ser relativamente certa enquanto os dois estiverem vivendo em bons termos. Mas, quando um dos parceiros falece, o outro sentirá uma perda séria e, talvez só então, quando já for tarde demais, ele perceberá o quanto sua vida foi limitada e unilateral.

Na sociedade ocidental patriarcal, ao longo de muitos séculos, o homem se preocupou em ser dominante e superior, ao passo que a mulher foi relegada a uma posição de dependência e inferioridade. Por conseguinte, o princípio feminino não tem recebido o reconhecimento e o valor que lhe são devidos em nossa cultura. E até mesmo hoje, quando as manifestações exteriores dessa unilateralidade já passaram por uma mudança considerável, persistem os seus efeitos psicológicos, e tanto os homens como as mulheres sofrem com uma psique mutilada, que deveria ser inteira. Essa condição é representada pela deusa que é tão somente a contrapartida do deus masculino, nada mais.

A relação entre a Mãe Lua e o deus que lhe é associado é inteiramente diferente. Ela é a deusa do amor sexual, mas não do casamento. Não há um deus masculino que, como marido, governe a sua conduta ou determine as suas qualidades. Em vez disso, ela é a mãe de um filho a quem controla. Quando ele cresce, torna-se seu amante e depois morre, para nascer novamente como seu filho. A Deusa Lua pertence ao sistema matriarcal, e não ao patriarcal. Ela não está vinculada a nenhum deus como esposa deste ou sua "consorte". Ela é a sua própria senhora, virgem, una-em-si-mesma. As características dessas grandes e poderosas deusas não são o reflexo de nenhum dos atributos dos deuses masculinos, nem representam a contrapartida feminina de características originalmente masculinas. Suas histórias são independentes, e suas funções, insígnias e ritos pertencem apenas a si mesmas, pois representam a essência do feminino no seu mais acentuado contraste com a essência da masculinidade.

Connie Zweig

O Feminino Consciente: Nascimento de um Novo Arquétipo

> Um dia haverá meninas e mulheres cujos nomes significarão mais do que apenas o oposto do que é masculino; significarão algo em si, que nos faça pensar não em alguma forma de complemento ou limite, mas sim apenas em vida e existência: o ser humano feminino.
>
> Rainer Maria Rilke

As mulheres são feitas, não nascem prontas. Sem terem atravessado as labaredas da individuação, algumas permanecem meninas. Despreocupadas e talvez descuidadas, ficam atadas a seus ideais da infância, à promessa da perfeição, ao sonho do potencial humano sem limites. Ficam boiando na superfície, sem contato com as profundezas, repletas de sorrisos otimistas, mas incapazes de suportar o peso da responsabilidade, as tensões do compromisso, a sóbria realidade da idade adulta.

Outras tornam-se damas. Revestidas dos símbolos e comportamentos correspondentes à feminilidade tradicional, moldam-se de maneira a atender às necessidades dos outros. Conhecidas nos círculos junguianos como *mulheres anima*, elas de bom grado, mas talvez inadvertidamente são receptivas às projeções dos homens, e assumem as imagens estereotipadas que a sociedade adota para beleza, a fim de agradar os homens e permanecer próximas a eles.

Existem outras há que se tornam pseudo-homens. Conhecidas como *mulheres animus*, moldam-se para serem independentes, produtivas e terem uma determinação firme. São popularmente taxadas de "as filhinhas do papai" que desprezam suas mães, identificando-se mais com o mundo masculino. Uma amiga comentou comigo que, para afastar a constante pressão sedutora dos homens no início de sua adolescência, ela intencionalmente neutralizou sua aparência e aprendeu a agir de modo rude, como "um dos garotões". Hoje, ela prefere roupas de alta-costura e tem um ar de rígida intransigência.

As *mulheres animus* costumam ser sociáveis, competentes e confiantes, exceto talvez a respeito de sua feminilidade, que não se expressa segundo os moldes estereotipados de atratividade. Os homens querem ser amigos e conversar com elas, mas procuram outras mulheres quando estão escolhendo uma parceira para romance, o que pode deixar as *mulheres animus* sentindo-se abandonadas e perplexas. Para muitas delas, essa vivência pode provocar um doloroso conflito interno entre sentir-se poderosa no mundo e ser atraente como mulher. Mas pode também despertar na mulher a consciência de um anseio profundo de ser autenticamente feminina, vivenciando-se plenamente como ser humano feminino e, ao mesmo tempo, como indivíduo forte e independente cujo poder e autoridade fundamentam-se no seu próprio ser.

Nossa sociedade está de tal maneira estruturada atualmente que esse anseio não encontra satisfação. Como assinalaram Polly Young-Eisendrath e Florence Wiedemann, em seu livro *Female Authority: Empowering Women through Psychotherapy,* uma mulher não pode ser ao mesmo tempo uma adulta saudável e uma mulher ideal. Se adotar uma atitude capaz e der voz a suas opiniões, é considerada "masculina" demais e, por isso, deixa de ser atraente para os homens, ou atrai os homens pueris, suaves, que vão em busca de sua força e clareza.

Por outro lado, se ela escolhe um estilo tradicional de feminilidade, definido pelos homens e pela cultura dominada pelo masculino, torna-se dependente, impotente e privada de escolhas. De qualquer um dos modos, muitas mulheres relatam sua sensação de profunda insatisfação *como mulheres.*

Infelizmente, as imagens arquetípicas da psicologia profunda, acima descritas, não correspondem às mais radicais necessidades das mulheres. Desenvolver apenas a *puella* (a eterna menina), a mulher *anima* (Afrodite/amante), ou a mulher *animus* (Atená/amazona) é deixar nossas almas femininas carentes e sem resposta para a questão fundamental.

O que significa ser uma mulher em um mundo de homens, para aquelas que não desejam ficar em casa e "ser como nossas mães", nem lutar de forma agressiva e "tornar-se parecidas com os homens"? Que ritos de passagem irão nos permitir imaginar e dar corpo a uma espécie de feminilidade que é escolhida com consciência e que contém os benefícios de nossa independência tão arduamente conquistada?

Durante os vários anos de pesquisa para a confecção de meu livro *To Be a Woman*, fui me deparando com pistas que assinalam algumas respostas novas. Acredito que, em resposta às nossas oportunidades econômicas, educacionais e psicológicas sem precedentes, estamos presenciando o surgimento de um novo arquétipo do desenvolvimento feminino. Marion Woodman fala da feminilidade consciente, e eu escolhi chamar o processo de "feminino consciente", em uma referência ao *status* feminino como princípio arquetípico em lugar de seu poder modificador como adjetivo.

Existem muitas vias de acesso ao feminino consciente. Estas se abrem contínua e simultaneamente para a mulher que estiver fazendo seu trabalho interior. Por exemplo, precisamos investigar as bases de nossas mágoas mãe-filha. O sentimento essencial que toda menina tem de si mesma, do seu corpo e de suas relações com as outras pessoas baseia-se no vínculo entre ela e sua mãe. Ela é a nossa fonte, é o nosso modelo de como sermos mulheres.

Uma vez que a maioria das relações mãe-filha carece dolorosamente, seja de intimidade, seja de independência, encontramo-nos ansiando pela mãe que nunca houve e que nunca poderia haver. Por esse motivo, já adultas, talvez devamos aprender a ser a nossa própria mãe, ao encontrar em meio a um leque de opções os meios para despertar no nosso íntimo aquelas qualidades maternais que buscávamos fora. Essas opções incluem a retomada do vínculo com a menininha interior, o ser acolhida e orientada por uma mãe substituta tal como a terapeuta ou a amiga, a revitalização do elo com a mãe real, exercer a maternidade com tanta conscientização quanta nos for possível, ou receber as abençoadas palavras de uma avó sábia.

Como Kathie Carlson escreve na obra *In Her Image*:

> devemos nos dispor a *sofrer* nossas mães dentro de nós, a enxergar as raízes do comportamento delas em nós, e a perdoá-las e transformá-las em nós mesmas. Poderemos nos tornar capazes de enxergar o que é comum a todas nós, mulheres, encontrando em nossas mães interiores as respostas à impotência, às perversões do espírito, ou os potenciais distorcidos.

Tornarmo-nos conscientes dos efeitos negativos de nossas mães na nossa vida não é suficiente. Carlson acrescenta: "É como se devêssemos trazer nossas mães *para dentro* de nós e carregá-las psicologicamente, como antes elas nos carregaram fisicamente".

Além disso, precisamos realizar a investigação das mágoas entre pai e filha. As raízes dessas dores são profundas e formam-se pelo entrelaçamento de nossos pais pessoais com outros homens significativos, com a cultura patriarcal em que vivemos e com o princípio interno masculino (ou *animus*) em nós. Todas essas influências atuam juntas para compor as imagens e as expectativas dos homens e do mundo masculino, tal como as vivenciamos. Quando começarmos a esclarecer e tornar consciente sua dinâmica latente, começaremos também a ser o pai de nós mesmas.

Tal como nossas mães, nossos pais não conseguiram corresponder às necessidades mais que humanas que neles projetamos em nossa infância. Às vezes, infelizmente, não puderam sequer satisfazer nossas necessidades tão humanas, talvez por causa de terem eles mesmos sofrido suas carências de pai e mãe. Por isso, a maioria das mulheres tem mágoas muito grandes dos pais e esse sentimento que em uma ponta pode mostrar-se como ódio intenso, na outra transveste-se de adoração idealizada.

Nosso desenvolvimento psicológico pede que façamos um exame cuidadoso desses sentimentos e dos efeitos superficiais que surtem em nossa vida. Precisamos avaliar de perto até onde absorvemos ou rejeitamos as qualidades de nossos pais, como nos identificamos e nos tornamos parecidas com eles, de que maneira sentimos medo deles, como nos revoltamos. Por exemplo, certa mulher me contou que adotara deliberadamente alguns traços do pai e que inclusive tentara realizar os sonhos profissionais dele. Sua irmã, por outro lado, inclinou-se na direção oposta, distorcendo os desejos do pai. No primeiro caso, a mulher tentou viver a vida que ele deixara de viver e, no segundo, a tentativa foi de escapar à sua influência. No entanto, do ponto de vista da individuação, cada uma delas está aprisionada pela dinâmica resultante de sentimentos intensos pelo pai, e nenhuma das duas está agindo segundo suas próprias escolhas como mulheres adultas.

Nossos pais também têm um grande impacto no modo como vivenciamos nosso sentimento de poder e de sedução. A *anima* do pai (sua imagem feminina interior) pode ser inadvertidamente captada pela filha, o que dá a esta uma noção de controle sobre ele, embora à custa de aprisioná-la na imagem pessoal que ele tem da beleza e da feminilidade. Por outro lado, pode haver aquele pai que desvaloriza o estilo de feminilidade da filha, criticando o desabrochar de seu corpo, ou seus modos "de menino", e assim destruindo seu tenro sentimento de autoconfiança ainda jovem. Ao mesmo tempo, ela começa a anelar por ser uma mulher que não é.

Mais tarde na vida, ao nos sentirmos atraídas por namorados e companheiros, nossos pais (agora plenamente internalizados em nosso íntimo) continuam afetando nossas escolhas e comportamentos. As mulheres com pais ausentes podem projetar seus ideais perfeitos, imaginados, nas pessoas do sexo masculino, buscando sem cessar "aquele que se foi" e que tem o poder de consertar tudo. Outras vão atrás do oposto do pai, de suas qualidades de sombra, determinadas mesmo sem o saber a não recriar o relacionamento pai-filha original. Entrevistei uma moça, certa vez, cujo pai permanecia como presença muito amorosa e envolvida em sua vida. Ele é um interlocutor de primeira linha, muito bem-sucedido nos negócios, e valoriza bastante conhecimentos de política e história. Durante anos, essa mulher envolveu-se intimamente com homens que, diferente de seu pai, eram retraídos, antissociais e financeiramente instáveis, cuja prioridade básica era o desenvolvimento de suas capacidades emocionais e psíquicas. Na realidade, estava buscando o oposto do pai, quase como se um homem do tipo dele já fosse o suficiente em sua vida.

Por essas e outras razões, é essencial que comecemos a discernir os elementos complexos desse relacionamento fundamental. Independentemente de nos identificarmos com nossos pais de forma ostensiva ou de os rejeitarmos sem meias medidas, não estamos livres para criar a nossa própria feminilidade enquanto não detectarmos sua mão invisível em nosso destino.

O pai e outras figuras paternas da vida de uma mulher são também a fonte do seu *animus* (o elemento masculino interior). Nessa medida, refazer o trajeto interno do pai implica conscientizar e destacar esse elemento do inconsciente. Os arquétipos do *animus* e da *anima* são padrões universais da psique humana. Jung usou os termos *animus* e *anima* em sua derivação do latim *animare*, que significa animar, vivificar, porque ele acreditava que esses arquétipos agem como almas ou espíritos vivificantes, respectivamente nos homens e nas mulheres.

O analista junguiano John A. Sanford, em seu livro *Os Parceiros Invisíveis: o Masculino e o Feminino Dentro de Cada um de Nós*, explica como o *animus* da mulher costuma ser difícil para ela detectar. Da mesma maneira que os homens que, identificados basicamente com o masculino, projetam nas mulheres sua feminilidade, assim as mulheres, exclusivamente identificadas com o feminino, projetam nos homens seu lado masculino inconsciente. Por essa razão, nosso *animus* parece pertencer a outra pessoa, talvez ao namorado que parece ser a imagem viva do "parceiro ideal". Sanford chama esses elementos projetados de "os parceiros invisíveis", nos relacionamentos entre homem e mulher.

Sanford acrescenta que, se a mulher projeta no homem sua imagem de *animus* positiva – o salvador, o herói, o guia espiritual – ela o sobrevalorizará. Se este faz o mesmo e enxerga a mulher como seu ideal, suas projeções serão correspondentes e os dois se apaixonarão. Presos em seu fascínio, em sua atração recíproca, acabam sentindo-se completos somente através do outro, cegos para o mecanismo da projeção que tinge a sua realidade. Se, no entanto, ela projeta sua imagem negativa de *animus*, ele se torna uma fonte de decepção e traições, um "desgraçado"; se ele faz o mesmo, ela é uma "megera".

Começar a entender o papel da projeção do *animus* em nossos relacionamentos com os homens é começar a discriminar entre o que está "aqui dentro" e o que está "lá fora". Quando aprendermos a ser as donas do lado masculino de nossa personalidade, desenvolvendo a fonte interior de espiritualidade e autonomia, dependeremos cada vez menos dos homens para vivenciarmos essas qualidades. Então, o anseio pelo parceiro ideal, que causa tanto sofrimento e que nenhum homem vivo pode de fato satisfazer, pode em certa medida ser realizado por essas dimensões vivas de nossa própria personalidade, a qual então torna-se uma rica fonte de criatividade.

Existe um lado "de lá" na projeção que a mulher faz do elemento masculino nas figuras dos homens de sua vida: o risco de se identificar excessivamente com o *animus*. Esse estágio psicológico é hoje muito difundido entre as mulheres contemporâneas. Em nosso esforço para nos libertarmos dos padrões estereotipados de feminilidade, adotamos em lugar daqueles um modo "masculinizado" de enfrentar os desafios, tornando-nos assim "as boas filhas que seguem o caminho do pai".

É uma lástima que a linguagem habitualmente usada para explicar essa dinâmica seja por demais simplista e carente de profundidade e complexidade para fazer jus às vivências que as mulheres de hoje acumulam. Diz-se que a mulher com um *animus* altamente desenvolvido torna-se abertamente agressiva, intelectual e faminta de poder, na tentativa de dar um basta aos padrões de passividade, dependência e rabugice.

Nos primeiros dias do feminismo, por exemplo, muitas mulheres quiseram descartar o mito da biologia como destino, dando evidências da capacidade feminina de pensar com clareza, lidar com a autoridade sem hesitação e chegar a resultados que alguns homens conseguem alcançar. Como decorrência dessa postura, algumas mulheres viciaram-se em produzir em alta velocidade, tornaram-se dependentes do trabalho e assumiram a incumbência de se mostrar "supermulheres". Assim como suas mães que sacrificaram trabalhar por amor, elas, por sua vez, sacrificam relacionamentos amorosos para poderem desenvolver suas carreiras profissionais. Essas mulheres sentem que a relação com os homens sofre de uma falta de clareza na identidade dos gêneros. Alguns observadores, entre eles o poeta Robert Bly, notaram que, durante o auge do feminismo, muitos homens tornaram-se mais suaves, receptivos e acolhedores em resposta ao desenvolvimento, nas mulheres, de traços que eles percebiam como "masculinos".

O lado benéfico dessa mudança, claro, é que, pela primeira vez, um grande número de mulheres teve, e continuará tendo, um tremendo impacto dentro de uma cultura que é predominantemente patriarcal. Por intermédio de um uso mais extenso de nossas amplas capacidades, começamos a deixar impressa a nossa marca em todos os campos de atividade humana. Além disso, e novamente pela primeira vez, os relacionamentos entre homem e mulher podem tornar-se um veículo para o crescimento da consciência, na medida em que cresceu nossa compreensão do processo da projeção e em que a retomamos, apropriando-nos dos conteúdos que havíamos projetado em nossos entes queridos. O sofrimento decorrente de papéis indistintos para homens e mulheres carrega consigo a investigação de formas mais profundas de amor, e conexões humanas mais significativas que só podem emergir depois que as projeções *animus-anima* tiverem sido conscientizadas.

Quando a mulher não coloca mais o masculino do lado de fora de si mesma, o *animus* não é mais inconsciente. Quando o homem não coloca mais o feminino fora de si, nas mulheres, ele não está mais nas garras da *anima* inconsciente, que o mobiliza para a busca incessante da mulher ideal. Essa situação, portanto, implica uma considerável mudança em nossos relacionamentos íntimos, assim como em nossa vida criativa interna, convocando-nos ao desenvolvimento de uma nova linguagem que vai mais além da classificação proposta por Jung e que era adequada para a sua época, "quando os homens eram homens e as mulheres, mulheres".

Hoje estamos em meio a esse processo de transição psicológica. Muitas mulheres saíram de uma identificação inconsciente com o modelo feminino tradicional, adotando um estilo ativo, mais focalizado, "masculino". Ao mesmo tempo, o próximo passo também já se iniciou: as mulheres hoje relatam sentirem-se insatisfeitas com os limites desses recém-descobertos caminhos, lamentando a feminilidade perdida.

A analista junguiana June Singer chama essa síndrome de "a tristeza da mulher bem-sucedida". Segundo a autora, parece que tal tristeza vem de perder o contato com nossos instintos femininos, ao darmos prioridade para o desenvolvimento da identidade individual à custa dos valores afetivos. Singer não está propondo que as mulheres se submetam a um retorno regressivo ao papel de provedoras de cuidados em tempo integral; ao contrário, sugere que irão irromper sentimentos de conflito intenso quando a vida for unilateral, que é o que acontece quando a meta de desenvolvimento profissional não validar o Self feminino.

Essa tendência à insatisfação em vidas que se orientam apenas pelo sucesso profissional significa um novo estágio no desenvolvimento das mulheres. Podemos predizer com isso o início do colapso da identificação com o *animus*, e o começo do surgimento do feminino consciente.

Além de trabalhar para o resgate terapêutico de sua história pessoal, a mulher pode querer explorar o âmbito mitológico também. Hoje muitas mulheres estão redefinindo a vida espiritual ao despertar novamente para o feminino divino. Quando meninas, os adultos nos disseram que tínhamos sido feitas à imagem e semelhança de Deus. No entanto, em nossa imaginação ainda em processo de formação, o rosto de Deus parece muito o de um avô sorridente, afetuoso, de cabelo branco, ou então de um patriarca idoso, severo, com o dedo abanando ameaçadoramente diante de nosso nariz, e nada com o rosto que vemos no espelho. Como resultado disso, Deus é alguma Outra coisa, fora de nós, e os meninos e homens têm uma ligação mais próxima com ele.

Contudo, nós *somos* feitas à imagem de Deus – o nosso Deus. Somos o que imaginamos. A forma que atribuímos aos nossos ancestrais divinos em nossa imaginação coletiva e pessoal é a forma a que aspiramos nos tornar. Se imaginarmos uma figura masculina perfeita e todo-poderosa, consideramos que essas são as qualidades ideais. Se imaginarmos uma mulher generosa, compassiva, geradora de vida, exaltaremos esses atributos. Se imaginarmos uma relação de parceria em que há um fluxo desimpedido, uma divindade masculino/feminina em que acolhemos uns aos outros ao mesmo tempo que acolhemos a vida e a morte, então o poder do masculino e do feminino serão ambos honrados.

É trágico, mas, para nós, as múltiplas faces do divino viram-se reduzidas a um instantâneo unidimensional. Para as mulheres, esse Deus singular de gênero masculino tem significado uma perda terrível. Nossa imaginação foi empobrecida, nossa capacidade de identificação com o divino diminuída. Em última análise, a vida regida pelo Deus pai terminou significando que a maior parte do que fora valorizado na vivência das mulheres nos tempos antigos – sexualidade, menstruação, gestação-parto, maternidade, menopausa, envelhecimento, ritual, poder feminino de gerar – perdeu sua importância e sua autoridade sagrada. Em última análise, o "poder feminino" tornou-se um oxímoro. A mulher só pode se identificar com Deus se negar sua própria identidade. Isso significa que ser mulher é não participar do plano divino.

Como decorrência do movimento de retomada de uma espiritualidade feminina, emergiu a Deusa, que tanto pode ser concebida como única figura transcendental, como representar as muitas energias de vida. Ela nos proporciona uma visão da Mulher que transcende os muros do patriarcado. Ela afirma o nosso corpo, a nossa mente, o nosso coração, os nossos poderes, a nossa irmandade.

Imaginar o feminino divino é satisfazer uma necessidade muito profunda e inverter nossas prioridades de uma maneira radical. Em seu livro *The Goddess*, Christine Downing explica o processo da seguinte maneira:

> Ser alimentada apenas por imagens masculinas do divino é ser muito mal alimentada. Estamos carentes de imagens que reconheçam a sacralidade do Feminino e a complexidade, a riqueza e o poder provedor da energia feminina [...]. Buscamos imagens que afirmem que o amor que as mulheres recebem das mulheres, da mãe, da irmã, da filha, da namorada, da amiga, alcança tão fundo e é tão confiável, necessário e fundamental, quanto o amor simbolizado pelo pai, pelo irmão, pelo filho e pelo marido. Ansiamos por imagens que denominem como autenticamente femininas a coragem, a criatividade, a lealdade, a autoconfiança, a capacidade de aturar, a constância, a capacidade de introvisão e clareza de discernimento, a inclinação para o isolamento e a intensidade da paixão.

Talvez o arquétipo emergente do feminino consciente possa contribuir para o rico legado de imagens arquetípicas que foram detectadas e reconhecidas nas culturas antigas. Nas palavras de Edward C. Whitmont, o feminino é a "sacerdotisa da plenitude da vida". Ela modifica o significado e a diretriz da vida. Inicia um novo relacionamento com o Self, com o Outro e com o Divino.

Com isso, acontece uma alteração em nosso vínculo com a matéria, com nosso corpo e com a terra. A analista junguiana Marion Woodman assinala que o mundo nunca conheceu o arquétipo da mãe consciente. Eu gostaria de acrescentar que ele nunca conheceu o arquétipo da mulher madura e consciente [...]. Precisamos entrar em contato com ela, como diz Woodman, "porque o poder que move o patriarcado, o poder que está estuprando a terra, o impulso de poder que está por trás dos vícios tem que ser transformado. Precisa existir um contraequilíbrio a todo esse frenesi, desvario, aniquilação, ambição, competição e materialismo".

O paradoxo do patriarcado atingiu o seu pico: o senso subdesenvolvido de si mesmo associado a uma tecnologia superdesenvolvida criou a crise que enfrentamos. Em resposta a isso, o feminino apareceu sob muitas formas: um renovado respeito pela terra, pelas relações, pelas crianças; uma imensa onda de interesse pela cura, pela compaixão, pelo altruísmo.

A própria ecologia implica agir no contexto das relações, o que é uma espécie de ação quintessencialmente feminina.

À medida que o arquétipo da consciência feminina vai se tornando cada vez mais consciente, seus arquétipos aliados também sofrem modificações. Nunca conhecemos o masculino consciente também. Confundimos o princípio do poder patriarcal, que controla e molda a natureza a qualquer preço, com o próprio masculino. Também este sofre de um desequilíbrio decorrente da perda do feminino, e também ele precisa ser renovado, esclarecido e renascido dentro de nós. Com sua emergência, teremos uma oportunidade muito real de praticar a alquimia espiritual, de cumprir o mistério do Outro no casamento sagrado.

Christine Downing

A Velha Sábia

"Velha Sábia" – a própria expressão gera em mim uma profunda ambivalência. Por um lado, sinto-me indigna dessa designação, não sendo sábia, completa, velha ou transcendente o bastante. Por outro lado, sinto-me poderosa, ativa, feliz e saudável demais para sê-lo.

Eu sei que a Anciã em geral é identificada com a realização há muito ansiada, mas até certo ponto não atingida, de uma sabedoria e de um poder enfim alcançado. Mas não fico satisfeita com uma visão que só focaliza o lado positivo do arquétipo, ignorando o quanto há nele de incompleto, impotente e vulnerável. Essa evitação do lado escuro parece-me ocorrer quando consentimos que os arquétipos tenham uma existência independente das vidas ou dos mitos reais.

Suspeito que meu repúdio em relação à Velha Sábia seja até certo ponto relacionado ao que esse arquétipo implica, requer, dá e retém. Acredito que meu repúdio não é somente pessoal. Vejo minha mãe, com quase 90 anos, ainda manter-se a distância dele. Leio os relatos de mulheres muito mais velhas que eu, tentando articular sua experiência como pessoas de 70, 80 ou 90 anos, e descubro que também para elas existe o reconhecimento e a negação da Velha Sábia. Talvez por isso essa seja uma figura inerentemente transcendental. (Lembro-me de que os gregos reconheciam a velhice como uma etapa de transição específica, que encarnava o limiar entre a vida e a morte, não tanto um estágio final da existência, mas a passagem para além da vida.)[1]

Ela mobiliza em nós a ambivalência. As mulheres da minha idade lembram-se inevitavelmente das conotações negativas evocadas pelo termo "velha" e seus análogos, "megera", "bruxa", "harpia", "jararaca", "mulher malvada", "virago". Essas palavras referem-se a mulheres horríveis, repugnantes, aterrorizantes, acumpliciadas com os espíritos malignos. Celebramos com feministas como Mary Daly e Barbara Walker a retomada do significado desses termos, que nos encoraja a pensar nas "velhas" como sobreviventes persistentes, como mulheres sábias e poderosas, dotadas de um pleno senso de autoafirmação, traquinas e voluntariosas, intratáveis também, mulheres que se recusam a ceder diante do poder patriarcal e, nessa medida, representam tudo o que os homens acham aterrorizante nas mulheres independentes.[2]

Não obstante, existe algo simples demais nessa visão feminista apenas positiva da Velha Sábia. Nela, a Velha Sábia é o mesmo que o poder das mulheres identificadas como mulheres que os homens consideram assustadoras, feias, e que por isso eles as difamam. Mas essa visão não parece levar em conta toda a extensão da Velha como uma mulher *idosa*. A sensação que se tem é a de que Velha é a mulher que decididamente *não* é mãe, talvez *nunca* o tenha sido, que no mínimo está na fase *pós*-mãe. As mulheres que mais ou menos são as minhas contemporâneas têm orgulho em se chamar de velhas, mas de um tal modo que parecem ignorar as realidades da verdadeira velhice e também o lado sombrio do arquétipo da Velha Sábia. Não estou tão certa de que apenas os homens sintam medo da Velha, pois ela talvez represente algo em nós que nos atemoriza e que evitamos ao alegar que já somos "idosas".

Nessa medida, parece importante ser honesta a respeito de onde estou agora, à beira do meu 60º aniversário. Existem razões válidas para eu estar resistindo à relevância do arquétipo da Velha Sábia para *mim*. Sem dúvida, tenho ainda pouca experiência com as perdas mais significativas que as mulheres mais velhas enfatizam, como a perda do corpo familiar, de amigos, e outras que no geral correspondem à perda do próprio mundo. Aliás, fiquei chocada com o ressentimento manifestado por algumas "Velhas Sábia" genuínas diante da prontidão com que uma mulher de meia-idade falava com tanta autoridade acerca de mulheres idosas, "silenciando assim inconscientemente o radicalismo inerente da única que lhe pode contar como é que acontece na realidade".[3]

Embora eu reconheça a inadequação de uma identificação prematura com a Velha Sábia, também vejo os perigos de negar essa identificação. Parece importante considerar de maneira honesta o que está sendo evitado com essa negativa. As mesmas mulheres que escrevem com tanto ardor contra as mulheres mais jovens que usurpam seu direito de definir a velhice também protestam vigorosamente contra os autoenganos implicados em "passar" por mais jovem do que de fato se é. Assim, dou-me conta da necessidade de indagar: Que medo, que ira, que misoginia estou escondendo quando não considero Velha Sábia como Outro?

No último verão, compareci a uma reunião de mulheres que, pelo menos durante aquela tarde, estavam se identificando como "velhas". Impressionou-me descobrir que praticamente todas tinham a mesma idade que eu, mas que o tema sobre o qual mais gostaríamos de falar era de nossas mães! Percebi o quanto isso era verdadeiro acerca de minhas contemporâneas. Estamos às voltas com nossa relação com a mãe de uma maneira como não nos acontecia desde que nós mesmas havíamos nos tornado mães. E o que muitas de nós comentam é, antes de tudo, a preocupação com a infelicidade, a raiva, a impotência e a ressentida dependência de nós evidenciada por muitas de nossas mães; também se levanta a questão, ainda mais pungente, do nosso medo de virmos a ser como elas. Enquanto antigamente poderíamos ter dito: "Não quero crescer e ficar como ela", agora nos surpreendemos dizendo: "Não quero ficar uma velha igual a ela". Sabemos que isso não é racional. *Eu* sei que não é. Tomei muitas decisões na vida bastante diferentes das que a minha mãe tomou em relação à dela. Existe pouca probabilidade de que eu venha a sentir a mesma raiva diante de presentes obsoletos, diante das vezes em que não houve o devido reconhecimento, do *status* não alcançado, do companheiro de vida por quem "sacrifiquei" a minha existência, rancores esses que alimentam a obsessiva lenga-lenga de minha mãe. Sinto por ela uma empatia profunda. Compreendo que sua ira seja aquela que a análise feminista justifica – no entanto, fico aterrorizada com ela, em parte porque nada posso fazer para mitigá-la. Confirmar a visão que ela tem da verdadeira tragédia de sua vida parece apenas mantê-la atolada em seus sofrimentos e mágoas. Recordar-lhe o quanto sua vida *foi* criativa não parece honrar o quanto isso não basta para ela agora. Sugerir que a forma lamentada de sua vida é, em parte, consequência das escolhas que ela fez, e que não é inteiramente devida ao que lhe impuseram de fora, não lhe faz sentido e não é um tema que ela deseje investigar. Sinto por e com ela, e fico com raiva dela por não apenas ser infeliz, mas também por eu ter de vir a ser como ela. Estou tão ciente de como até mesmo agora ela está *em* mim – no meu corpo, no meu modo de andar, no meu sorriso, no meu franzir de testa, nos meus gestos. Talvez um dia ela tome conta de mim.

Conheço muitas outras mulheres de idade, e algumas delas parecem ser bem mais felizes do que minha mãe. Fico comovida e impressionada pela contínua criatividade, mesmo em idade tão avançada, de mulheres como Meridel LeSueur, Georgia O'Keefe, Louise Nevelson, Martha Graham. Apesar delas todas, o modelo de Velha para mim continua sendo minha mãe. Parece-me que, de alguma maneira, conforme vamos nos aproximando da velhice, fica novamente difícil desemaranhar a mãe pessoal do arquétipo, da Velha. Pensei já ter feito isso há *muito* tempo, mas continua aí o trabalho para ser novamente feito.

O corpo da Velha Sábia, sua relação com a morte, seu poder, sua ira, sua sabedoria e suas lembranças: são estes os temas que o envolvimento com o arquétipo traz à tona. Em seu livro simples e sábio, chamado *Old Age*, Helen M. Luke fala dos três presentes reservados para os velhos: as mudanças que ocorrem no corpo, a raiva impotente e a memória. Ela concorda que às vezes pode ficar difícil lembrar-se de que essas coisas são "presentes".[4] Talvez seja precisamente o modo como cada um deles é ao mesmo tempo bênção e maldição que os torna tão profundamente relevantes ao entendimento do que constitui o pleno significado do arquétipo da Velha Sábia.

Ao considerarmos a significação das mudanças corporais associadas a esse arquétipo, pode tornar-se relevante retomar a etimologia que vincula "crone" (velha) ao latim *carn* (carne), e assim torna-o cognato de "carnal", "carnaval" e "encarnado". Gosto dessa constatação, de que as velhas são seres *encarnados*, que não podemos fazer-lhes justiça a menos que as associemos a seus corpos envelhecidos e reconheçamos nossa expectativa de que o estado de sua alma seja compatível com o de seu corpo.

Como tantas outras coisas, essa postura tem dois gumes. Nós, mulheres, fomos socializadas para atribuir um grande peso à aparência do nosso corpo e, por isso, talvez seja difícil para nós aceitar o seu envelhecimento. Por certo que levo uma nítida vantagem, nos momentos em que posso me tornar genuinamente interessada pelas modificações físicas que ocorrem no meu corpo: as manchas castanhas que cobrem meus braços e peito, as veias saltadas de minhas mãos, a barriga flácida, as rugas faciais que registram minhas ansiedades e meus deleites, a pele solta que pende de meus braços, as nádegas murchas e flácidas, os pelos pubianos que vão se tornado menos densos. Barbara Macdonald comove-me profundamente com a naturalidade com que expressa sobre isso:

> Digo muitas vezes para mim mesma, presa de deslumbramento: "Esse é o meu corpo fazendo isso". Não posso detê-lo. Nem sei o que ele está fazendo. Não saberia como orientá-lo. Meu próprio corpo está passando por um processo que só o meu corpo sabe de que se trata. Nunca fiquei velha antes, nunca morri. Não sei, de verdade, como é que isso acontece.[5]

Isso me faz lembrar de como me senti quando engravidei: abismada diante do conhecimento do meu corpo em fazer aquilo. Também me senti da mesma maneira diante da menstruação, do orgasmo e da amamentação, mas não tinha pensado em me sentir assim por causa de envelhecer, antes de ter lido essas palavras! Meu corpo sabe como fazer isso: ele me ensinará. Mas essa não é uma aceitação facilmente conquistada. A aceitação que de fato conseguimos pode coexistir com o remorso, que vem de muito mais fundo do que o identificar-me com a sedução juvenil e o fascínio sexual – lástima de saber-me mortal. O corpo que sabe como envelhecer é um corpo que se prepara para morrer.

A mulher velha não só tem que se ajustar à sua própria morte vindoura, mas também assimila o fato de que é considerada representante da morte, portadora da morte, não só pelos homens – mas pelas mulheres também. Acredito inclusive que precisamos de imagens de morte que honrem nosso medo de morrer tanto quanto nossa aceitação da morte. A noção de mulheres inequivocadamente reconciliadas com a morte é simples demais. Pode ser verdade que nós, mulheres, passamos mais facilmente pela aceitação de nossa participação humana nos ciclos naturais da vida, morte e renovação do que os homens, mas não estou convencida de que, mesmo para nós, seja fácil.

Suspeito que o anseio por uma Velha Sábia que signifique uma aceitação totalmente elaborada da morte esteja relacionado com a persistente fantasia de que uma vida verdadeiramente *completa* é possível. Carolyn Heilbrun acredita que essa fantasia exerce um poder especial sobre as mulheres: "Nós, mulheres, vivemos tempo demais enclausuradas [...]. Parece que a possibilidade de alguma coisa encerrar, serenar, limpar de uma vez por todas o caminho do contentamento está sempre à espreita. Essa é a ilusão da vida passiva".[6]

Acolher a Velha Sábia, torná-la nossa aliada, parece em muitos sentidos ser mais difícil do que poderíamos desejar. Queremos tanto receber dela a afirmação de que, no final, isso ficará fácil. Queremos que ela fique diante de nós não como mulher destemida diante da morte, mas como mulher poderosa em vida. No entanto, como já sugeri, tenho profundas reservas quanto a enfatizar o *poder* da Velha, especialmente quando nos esquecemos do quanto da sua força peculiar está justamente nessa admissão da própria fraqueza, de sua necessidade de outras pessoas, e de seu ódio por ser frágil e dependente.

Helen Luke fala da tarefa de aprendermos a viver *sem* os poderes que levamos a vida inteira consolidando, "poderes que nos serão retirados quando tivermos cumprido o padrão de vida e morte". Para ela, o poder do velho depende de sua disponibilidade para aceitar sua dependência em relação aos outros e para renunciar à vontade de ter poder, à "vontade de dominar as pessoas, as coisas, ou sua própria alma". Pois, se continuarmos a depender do ego ou do espírito criativo para nos proporcionar um senso de significado e realização, a velhice se tornará pesadelo, desespero.[7]

Luke cita a "raiva impotente" como um dos presentes da velhice, mas desprovida da aprovação inquestionada da raiva e da ira das mulheres que às vezes acompanha as reflexões sobre a Velha Sábia. Ela observa com que frequência o ego tolerará as piores agonias da infelicidade neurótica para não consentir com a morte sequer da menor parte de suas exigências ou de seu senso de importância. Para ela, a ira se torna "um campo de treinamento" no qual se aprende a diferença entre o que ela chama de "depressão" e "sofrimento". É uma ocasião para aprender a enxergar sob outro prisma, para chegar a ver que a escuridão que projetamos nos outros ou nas circunstâncias é, em verdade, nossa. E também para chegar à liberdade daquela culpa arrogante por nosso fracasso, que supõe que deveríamos ter sido capazes de viver isentas de culpas. O ideal, segundo sugere Luke, é que o velho chegue a uma raiva transformada, capaz de aceitar a gratuidade de seu sofrimento e, não obstante, seja também capaz de dar as boas-vindas ao término dele.[8]

Assim como o poder da Velha Sábia é uma estranha forma de poder, também sua sabedoria é uma estranha forma de sabedoria, permeada pelo reconhecimento do quão pouco se sabe, de como, afora essa constatação, não se está mais sábio do que sempre se foi.

A Velha Sábia está continuamente às voltas com suas recordações, com o relato de sua história para si mesma e para quem mais ouvir. Os gregos acreditavam que o que ocupava a psique, a alma dos mortos, no Hades era lembrar – não as novas experiências, os novos pensamentos, mas simplesmente retomar inúmeras vezes o que já tinha sido vivido. Lembrar torna-se reviver, repor as peças juntas de novo, para compor um todo novo. Já escutei, como muitas outras pessoas decerto já escutaram, minha mãe repetir vezes sem conta os mesmos acontecimentos vividamente relembrados de seus anos de meninice, juventude e meia-idade. De fora, parece em geral que não está acontecendo nenhuma evolução, que não está havendo nenhum novo discernimento ou introvisão; de dentro, no mais das vezes, parece que esse recordar é quase uma experiência passiva. No entanto, ao ouvir minha mãe, sei que o que ela está fazendo é sem dúvida *um trabalho*, não apenas o retomar passivo de vivências. Muitas de suas recordações são dolorosas, muito mais dolorosas em geral do que o evento real. Ela está aprendendo a vê-lo de outro jeito, a se ver sob outro ângulo. Mas a nova perspectiva deve ser redescoberta inúmeras vezes seguidas, antes de ser plenamente assimilada. Luke acha que essa revalorização de nosso passado é o que justifica tais recordações. Podemos descobrir, para nosso horror, que a maior parte do que fizemos foi realmente em busca de reconhecimento, conforto ou mérito espiritual. Que grande parte do que pensáramos ser virtuoso ou efetivo realmente prejudicou os outros. Que na maior parte de nossos atos coube tanto bem como mal.[9]

Enquanto buscava ouvir com atenção o que as mulheres idosas disseram ou escreveram a respeito de suas vivências de envelhecimento, acabei crendo que ninguém é velho, no sentido de saber o que é ser velho. As mulheres de 70 anos e as de 80 também, ou 90, ainda *estão descobrindo* do que se trata. Nas palavras de Meridel LeSueur, somos apenas iniciadas nos "ritos do amadurecimento ancestral".[10]

Parte 4

Papéis Arquetípicos

Talvez a mais familiar de todas as imagens arquetípicas seja a figura do herói. Joseph Campbell, em seu *O Herói de Mil Faces*,* nos introduz a um padrão sempre recorrente de uma jornada heroica e a uma variedade praticamente infinita de maneiras pelas quais esse padrão é vivido. A análise de Campbell também torna evidente como o arquétipo molda a vida de figuras mitológicas como Odisseu e Buda, assim como a nossa.

Mais recentemente, tem sido questionado o destaque concedido ao herói como arquétipo dos arquétipos. Em seu ensaio, o professor de Estudos Liberais, Daniel C. Noel, mostra o quanto esse arquétipo pode ser limitador e como parece impor (ou tornar a impor) o modelo egocentrado de Self de que uma psicologia arquetípica estaria justamente nos livrando. Ele escreve como um homem que reconhece o poder do arquétipo, que luta com suas limitações e que descobre que o herói tem, afinal de contas, o seu lugar, mesmo que não seja o único.

Annis Pratt, autora do livro *Archetypal Patterns in Women's Fictions*, observa até que ponto a busca do herói, descrita por Campbell e outros, é uma busca *masculina*. Ela tenta delinear o padrão arquetípico característico das buscas *femininas*, e descobre que parecem existir dois padrões bastante diferentes, um característico das mulheres mais jovens e concentrado

---

* Editora Cultrix/Pensamento, SP, 1988.

no mundo social, e outro que tem um enfoque mais espiritual, pertinente a mulheres na segunda metade da vida.

Já observamos antes como os arquétipos muitas vezes aparecem aos pares: o *puer* e o *senex* costumam vir juntos, assim como a *persona* e a sombra. De forma semelhante, é típico do herói aparecer em batalhas complementado pelo monstro. Em seu estudo dos sonhos de crianças, Denyse Beaudet, autora do livro *Encountering the Monster: Pathways in Children's Dreams*, mostra que até em crianças pequenas esse monstro aparece como um personagem do cenário interior. É através do envolvimento com o monstro que começa a emergir um Self mais resistente.

A analista junguiana Lyn Cowan sugere que outro complemento da figura do herói é a vítima. No seu ensaio, temos a possibilidade de considerar esse papel arquetípico de um novo ângulo. Reconhecemos de imediato o aspecto negativo da vítima, mas Cowan revela um lado mais profundo e criativo. A vítima pode nos ensinar a admitir e honrar a fragilidade e as limitações humanas como dados inescapáveis.

É claro que nem todos os papéis arquetípicos são versões do herói ou de outras figuras consteladas pelo arquétipo do herói. O professor de Estudos Religiosos, William G. Doty, presta uma minuciosa atenção ao aparecimento do embusteiro nas tradições míticas de culturas de todo o mundo. Em seu ensaio, ele analisa como esse arquétipo atua em nossa vida para desestabilizar nossas confortáveis suposições a respeito de nós mesmos, para com seus ardis nos fazer crescer e mudar de verdade quando não o queremos ou acreditamos que não estamos prontos. O "traquinas" é o Hermes psicopompo que aparece, como Jung disse que os deuses fazem, convidado ou não.

Depois de Doty, temos o exame que a analista junguiana Jan Clanton Collins faz da figura do xamã, o curador das culturas tradicionais, na sua qualidade de protótipo do moderno psicoterapeuta. Ela sugere o quanto é importante perceber que esse arquétipo não existe apenas "lá fora", no passado, em culturas exóticas, ou somente nos clínicos profissionais. Como James Hillman, ela deseja libertar a psique do seu confinamento às salas de consultório, ajudando-nos a descobrir o que ela denomina de "xamã interior".

Meu ensaio sobre o trabalho do curador e o do analista junguiano Adolf Guggenbühl-Craig acerca do inválido concorda com seus pontos de vista e enfatiza a importância de ver que o inválido e o curador coexistem em todos nós. Sem se admitir isso, pouca esperança existe de que a resposta à vivência arquetípica tenha verdadeiramente poder para reformular nossa vida.

Mary E. Hunt descreve de que maneira a atenção ao arquétipo da amizade nos leva para mais além dos interesses narcisistas com *minha* alma, *minha* psique, *minha* transformação, permitindo-nos reconhecer nossa interdependência de uns com os outros, o quanto precisamos dos outros e temos para dar. Esse arquétipo nos lembra que estamos ligados a outras pessoas não só no fundo da alma, mas também *aqui*, no mundo social em que encontramos outros seres vivos de carne e osso.

Hunt não o diz, mas poderia tê-lo feito: precisamos aprender a acolher as imagens arquetípicas também, não só aquelas que enfocamos neste livro, mas as muitas outras que vivem em nós e através de nós. Como notamos antes, não existe uma lista definitiva de arquétipos e cada um de nós provavelmente compõe a sua própria relação dos que são mais importantes. Mas todos os arquétipos precisam receber as boas-vindas. Pois, como diz Hillman, "não podemos chegar à alma da imagem sem o amor pela imagem".[1]

Daniel C. Noel

A Reformulação do Arquétipo de Herói

Mais do que qualquer outro nos últimos anos, o já falecido mitólogo Joseph Campbell nos instruiu acerca do papel do Herói. Disse Campbell que as mitologias de todas as culturas destacam figuras, muitas vezes consideradas semidivinas, que participam de uma jornada dividida em três partes. Revestidas de características locais, essas figuras empreendem uma busca que é essencialmente idêntica e, portanto, reflete uma estrutura profunda da cultura humana, ou um motivo arquetípico único, o "monomito".

Como primórdio de sua busca, uma figura típica de Herói, incomodada pelo *status quo* em casa, é seduzida ou impressionada por determinadas circunstâncias a deixar a família e o que lhe é familiar, para iniciar uma aventura pelo desconhecido. Confrontando guardiães de portais ao iniciar sua jornada, esta pode implicar que ele "morra" para alcançar a separação, de tal modo que a aventura ocorre no mundo inferior ou no domínio sobrenatural de terrores e maravilhas, deuses e demônios. Sua iniciação requer que ele enfrente essas etapas como testes ou tarefas, e ele conta com a ajuda de um mentor sábio ou de espíritos animais auxiliares para enfrentar suas lutas. No ponto mais baixo de seus padecimentos no mundo inferior, o Herói deve enfrentar o desafio supremo: matar o dragão ou apoderar-se do tesouro, resgatar a princesa ou localizar o prêmio. Suas recompensas pelo sucesso são grandes – consumação em um casamento sagrado, reconciliação com o pai, e tornar-se até mesmo um deus.

Mas há um terceiro e crucial estágio da busca além da partida e da iniciação. O Herói deve sacrificar os benefícios sobrenaturais de seu triunfo pessoal e voltar com seu elixir para o mundo dos mortais comuns. Essa volta é a verdadeira justificativa e a meta de toda a sua jornada: tanto o Herói como a sociedade necessitam de uma recuperação espiritual e ele deve trazer de volta a dádiva sagrada para seus semelhantes, seja a família, a aldeia, a nação, ou, no caso de Jesus, de Maomé e de Gautama Buda, o mundo inteiro.

A imagem traçada por Campbell desse protagonista arquetípico, tão central a toda a sua noção do poder do mito, pode ser persuasiva. Nos contos de fadas, nas lendas míticas, nos textos religiosos das culturas tradicionais, como nas artes, na ciência e nos meios populares de comunicação do mundo atual, guerreiros, sábios e santos nos inspiram, evocando em nós a nossa admiração e desejo de imitá-los. As histórias de vida de pessoas como Martin Luther King Jr. ou Luke Skywalker – reais ou fictícias – ainda nos parecem hoje "mais do que realmente humanas". Isso, diria Campbell, é porque essas figuras

> foram capazes de vencer a batalha de suas limitações pessoais e históricas, ultrapassá-las e ingressar no âmbito de formas humanas normais, válidas em geral. As visões, ideias e inspirações surgem imaculadas das fontes primárias da vida e do pensamento humanos. Por isso, são eloquentes, não para a sociedade e a psique presentes e desintegradoras, mas para a fonte inquebrantável de onde renasce a sociedade.[1]

Além disso, Campbell nos fez lembrar que esses poderes cosmicamente criativos podem se personificar na vida moderna através da forma aparentemente humilde de pessoas como nós: "A última encarnação de Édipo, a continuação do romance entre a Bela e a Fera, estão esta tarde na esquina da rua 42 com a 5ª Avenida, esperando que o sinal mude para verde".[2]

Sobretudo, a separação, a iniciação e a volta do Herói antigo ou moderno pode ser também nossa aventura pessoal interior. Nas sentenças que precedem esta tão citada passagem, Campbell já tinha apontado as poderosas reverberações psicológicas do padrão do Herói, seu reflexo no desenvolvimento de nossa personalidade individual: "Freud, Jung e seus seguidores demonstraram, de modo irrefutável, que a lógica, os heróis e os feitos dos mitos sobrevivem nos tempos modernos. Na ausência de uma mitologia geral eficiente, cada um de nós tem um panteão de sonhos particular, ignorado, rudimentar, mas de uma força secreta".³

Erich Neumann, notável seguidor de C. G. Jung, discriminou com grandes detalhes a relação entre a busca heroica da cultura e o processo psicológico pessoal. Em sua obra *História das Origens da Consciência*,* espalham-se informações que compõem um panorama dos estágios da evolução da consciência tanto na cultura ocidental como nas pessoas que nela vivem. Em uma extrapolação do conceito junguiano de "individuação", que é o desenvolvimento da natureza única e peculiar a cada ser humano, Neumann lê a jornada mítica do Herói do ponto de vista psicológico, como "a história da autoemancipação do ego, que se esforça para se libertar do poder do inconsciente e firmar-se como presença própria vencendo obstáculos monumentais".⁴ Uma vez que o inconsciente é, em termos junguianos clássicos, "maternal", a luta do Herói é nascer e depois superar e abandonar a Grande Mãe do mito (ou seus análogos simbólicos, como o "uroboros" circular que engole a própria cauda).

Depois de ter-se desprendido do inconsciente maternal e ter-se estabelecido no mundo de opostos, o ego heroico enfrenta o estágio final do que Neumann chama de "centroversão": a volta transformadora a um novo relacionamento de igualdade com o inconsciente, em uma relação que promove a união equilibrada da natureza pessoal amadurecida. Para Neumann, a cultura ocidental está tão *repleta* de mitos de Herói como *constitui* um vasto mito do Herói em si mesma, na evolução de sua consciência desde o animismo primitivo por meio de um racionalismo cético até a perspectiva de uma interação harmoniosa e centrada entre a ciência e a espiritualidade. Os três estágios do movimento rumo à centroversão da cultura, por um lado, e à centroversão da personalidade, por outro, servem de modelo entre si.

Esse resumo da versão psico-histórica de Neumann para a aventura do Herói dificilmente faz justiça à erudição de seu volumoso trabalho. Como o de Joseph Campbell, o trabalho de Neumann é caracterizado por múltiplos exemplos de simbolismo heroico que o autor supõe exemplificarem o

---

* São Paulo, Cultrix, 2ª edição, 2022.

padrão dominante, e muito há que aplaudir nas teorias de ambos. Decerto que eles fazem com que as ações agressivas do Herói pareçam adequadas em nome do desenvolvimento ativo que marca a primeira metade de vida para a pessoa e a cultura, enquanto o estágio final, em cada caso, é apresentado como uma admirável reconciliação de opostos, um proveitoso casamento para todos os envolvidos. Na realidade, é difícil derrubar a visão de Joseph Campbell, formulada há quarenta anos, segundo a qual "herói é o homem que realizou a sua própria submissão".[5]

Não obstante, desenvolvi uma aversão por essa figura arquetípica, pelo menos por dois motivos. Primeiro, considero impossível isolar da minha forma de compreender a psicologia junguiana em termos de simbolismo religioso tradicional as críticas feministas das costumeiramente tão sutis maquinações – e do machismo já não tão sutil – desta cultura patriarcal. Como especialista em religião e cultura dentro da perspectiva junguiana, fui forçado por essas críticas a "reencontrar" o que Jung e sucessores como Campbell e Neumann tinham a dizer acerca do heroísmo espiritual do desenvolvimento da personalidade. Assim procedendo, cheguei a ver que o Herói é um modelo profundamente problemático para a individuação.

Por um lado, o Herói é inevitavelmente masculino e, infelizmente, macho. Apesar da referência feita por Campbell à submissão deliberada a si mesmo e às maneiras pelas quais se pode aludir a um equilíbrio final no trato do Herói com as profundezas maternais, a despeito dos exemplos de suaves místicos asiáticos como heróis ou mulheres em trabalho de parto, e à revelia dos indistintos limites entre o Herói e outros papéis arquetípicos mais agradáveis como o do Explorador e o do Mágico, acredito que colocar o Herói no centro da busca de si mesmo é como instalar um guerreiro dominador e intransigente no controle da psique de cada um de nós, mulheres e homens sem distinção, pretos, brancos e outros, velhos e jovens por igual.

A psicóloga Carol Gilligan, a pedagoga Mary Belenky e colaboradoras publicaram trabalhos que me convenceram da existência, entre as mulheres, de outros meios de crescer e conhecer que não os arrolados pelo modelo do Herói.[6] As psicólogas feministas da religião, Naomi Goldenberg e Demaris Wehr, concentraram sua análise diretamente sobre a teoria junguiana, debatendo a viabilidade de categorias psicomíticas como "o feminino", tal como aplicadas à vida real de mulheres de carne e osso.[7]

O filósofo Michael Zimmerman resume essa primeira fonte da minha aversão pelo arquétipo do Herói em seu trabalho sobre o ecofeminismo:

> A "história da consciência", então, acabou sendo a história do desenvolvimento *do homem*. O homem heroico luta violentamente para se libertar das amarras dos poderes coletivos e subconscientes da Grande Mãe. Somente com o ato matricida de assassinar a fera (que representa a Grande Mãe) é que o herói atinge sua individuação. A ferocidade com que o ego reprime o feminino, o corporal e o natural é diretamente proporcional à constatação feita pelo ego de sua condição elementar de *dependência*. Mas o ego ansioso enfim alega estar independente de tudo, até do Divino.

Zimmerman acrescenta então que "a maioria das feministas [...] concluiu que a história da individuação de Jung e Neumann, apesar de sua crítica às distorções de perspectiva da consciência patriarcal, é em si mesma tão marcada por categorias masculinas que não pode ser útil para a elaboração de uma concepção alternativa de individuação".[8]

A segunda fonte de minha reação negativa ao Herói arquetípico teve, no mínimo, uma influência comparável. Outro seguidor de Jung – embora este tenha desmontado de uma maneira surpreendente não só o pensamento junguiano como também a psicologia em geral – apresentou uma crítica de todos os ideais de individuação centrados no ego. Os textos de James Hillman acentuam a maneira insidiosa com que essa noção egocentrada da individuação pode penetrar e atingir até os objetivos mais benignos de harmonia entre ego e inconsciente.

Segundo Hillman, isso acontece por muitas razões. São especialmente importantes entre essas nossas tendências para visualizar apenas uma espécie de ego, para só vê-lo como heroico em um determinado sentido, e para considerar a relação com o restante da personalidade como algo que exerce um controle por demais central. Ao nos atermos a essa noção egocentrada e monocêntrica do Self, esquecemo-nos de que o ego é em si uma *fantasia* heroica da psicologia moderna, e não um fato empírico sólido. E quando fazemos o ego corresponder ao Herói mítico em um reconhecimento parcial desse fator de fantasia, esquecemo-nos de que, no mito grego (a "base" do heroísmo ocidental), o herói tinha deuses e deusas como as forças de controle às quais serviam.

Em seu livro *Re-Visioning Psychology*, James Hillman busca honrar a prioridade imaginal dessas outras forças ao configurar a individuação como "feitura da alma" em uma psicologia não heroica (alma, em grego, *psyche*; em latim, *anima*), que cede espaço à realidade de nossas vidas ambivalentes, feridas e dificilmente passíveis de controle, alicerçadas em um fluxo ininterrupto de múltiplas imagens de fantasia. Nesta, a consciência do ego não é a força dominante, com pretensões a uma divinização secular. Há lugar e reverência também para a "consciência da *anima*", consciência essa que tem contato com os confusos estados de ânimo criados pela imaginação e a constatação da mortalidade.

Essa consciência não heroica é, segundo Hillman, mobilizada por alguma coisa que vivenciamos em nossa vida real praticamente todos os dias (e que se reflete em nossos pesadelos, quando não aparece regularmente de forma distorcida em sonhos menos assustadores): ansiedades e perplexidades, dores e padecimentos, em suma, "o sintoma", que ele descreve como "aquela coisa tão estranha ao ego, aquela coisa que encerra o reinado do herói". O processo de *observar* o sintoma como passo no caminho de uma consciência de *anima*, ou de feitura da alma, é então denominado de patologização: "As forças patologizantes forçam a alma a uma consciência de si mesma como algo diferente do ego e da vida que este leva, a uma consciência que obedece a suas próprias leis de concretização metafórica em íntima relação com a morte".[9]

Hillman tem dito que "o arquétipo do Herói é ativo, combativo, vitorioso. Mas a alma torna o Herói vulnerável porque é o lugar em que ele se torna suscetível a doenças e à morte, a cair ou enfraquecer [...]. Em geral, sempre que o termo 'alma' é empregado, ele evoca outro conjunto de coisas. Evoca amor, emoções, morrer, valor, beleza".[10] Essas evocações a mim parecem contribuir para um ideal mais autenticamente holístico do Self do que a dominação do ego heroico.

Embora feministas como Naomi Goldenberg e Demaris Wehr tenham encontrado pontos elogiáveis nos trabalhos de Hillman, ele raramente faz afirmações feministas inequívocas. Entretanto, sua crítica do heroísmo egoico pode ser associada às lúcidas constatações de mulheres eruditas que assinalam o viés masculino na narrativa do Herói. Diz Hillman:

> Por meio dessa narrativa, estipulamos que a Mãe é dominadora e controladora, pois dissemos que devemos deixá-la. Mas talvez ela esteja dizendo: "Você não tem que me deixar. Sou a natureza e as pedras. Sou a Terra. Sou o eterno amor. Estou constantemente emanando coisas novas. Você não tem que me deixar [...]. A coisa mais importante é que a Mãe é tudo que a Mãe é. Ela pode querer conservá-lo para sempre, mas você tem que aprender o que quer dizer esse conservar. Por que é que o Herói deve se afastar, desprender-se dela?[11]

Tendo em mente esses poderosos argumentos levantados contra o modelo do Herói para representar o processo da individuação, fiquei em uma difícil situação quando Christine Downing me pediu que escrevesse este ensaio. Aliás, senti-me plenamente preparado para recusar o convite.

Mas naquela noite tive um sonho. Primeiro, depois de ter acordado no dia seguinte, não conseguia me lembrar de detalhes exceto do fato de que George Foreman estava no sonho. Porém, logo depois recordei um episódio do sonho no qual eu tentava comprar alguma coisa para comer que era muito rica em calorias e uma amiga minha, que estava na loja, dizia: "Olhe para você". Fiquei em dúvida se ela queria dizer que meu rosto parecia gordo ou se ela estava me condenando pelo fato de eu estar prestes a burlar a minha dieta.

Mas eu sabia que "olhar para mim" poderia implicar uma autoinvestigação mais importante: um apelo para inspecionar minha identidade estava sendo transmitido naquele sonho. E George Foreman, ex-campeão mundial de boxe na categoria peso-pesado, e personagem do dia a dia em quem eu não pensava havia meses, tinha chegado para desempenhar algum papel nessa identidade.

Ao longo desse dia, tentei pensar no que teria ouvido sobre a vida de Foreman a partir das notícias da mídia divulgadas nos últimos dois anos. Por volta de 1990, ele era um gigante envelhecido e obeso, tentando regressar ao mundo do ringue dezesseis anos depois de ter perdido o título para Muhammed Ali. Nos três anos de sua volta – depois de ter ficado fora do cenário do boxe por mais de uma década –, ele facilmente derrotou uma série de adversários, mas não foi levado a sério como lutador. Suas vítimas tinham sido cuidadosamente escolhidas pela sua inépcia, era o que parecia, e ele estava agora na casa dos 40 anos, calvo, e vinte quilos acima do que pesara quando se sagrara esbeltamente campeão.

Contudo, todos concordavam que ainda era um lutador da pesada. Talvez o que ainda fosse mais importante era que sua atitude parecia estar muito diferente do estilo não comunicativo, soturno, com que conquistara o mundo nos anos 1970. Nesse meio-tempo, ele tinha se tornado um líder pregador em um movimento religioso cristão conservador, e parecia estar muitíssimo contente com todas as mostras de popularidade que estava obtendo.

Incomodado com a constatação, pareceu-me que eu estava ali diante do que era a *minha* imagem arquetípica do herói – termo que me havia ocorrido assim que eu acordara na manhã seguinte ao sonho – ou de meu próprio heroísmo interior. Além das reservas acadêmicas que eu alimentava a respeito do arquétipo do Herói como *conceito*, talvez a alma sonhante estivesse enviando uma mensagem: a de o estilo de heroísmo personificado por um homem gigantesco, escuro, parecido com Buda, estar ajudando a sustentar a minha noção pessoal de quem eu era. Nesse caso, George Foreman não parecia um guerreiro comum, dedicado e entroncado como Rocky Balboa ou Rambo. Embora estivesse às voltas com um mundo violentamente masculino que, moral e intelectualmente, eu considerava muito repreensível, meu "proto-homem" também parecia estar oferecendo uma definição diferente de como uma pessoa poderia destacar-se, estar na liderança, ser heroica.

Duas semanas depois de ter tido esse sonho, recebi uma espécie de confirmação dessas possibilidades. O George Foreman da realidade, que havia funcionado como o distante resíduo diário do meu sonho e a matéria-prima para imaginá-lo mais adiante em um tempo futuro, estava lutando na televisão. Eu estava pronto e manejando o controle remoto do meu videocassete, gravando uma luta de boxe a serviço da feitura da alma. A primeira coisa que percebi foi que "as risadas tinham parado". Os adversários de George estavam se tornando mais críveis e, depois de 22 nocautes em 23 lutas marcando seu retorno, ele estava sendo considerado um candidato viável para o título mundial. Essa luta estava ocorrendo em

Londres, contra Terry Andersen, um respeitado peso-pesado, 12 anos mais jovem que ele.

A mídia britânica e George Foreman, neste meio-tempo, tinham tido uma espécie de romance particular. As manchetes a respeito do "pregador--boxeador" incluíam até seu chiste: "Eu costumava comer 12 ovos no café da manhã. Agora estou de dieta: só como 11". Gravado em vários pontos de Londres assinando autógrafos e tomando sorvete de casquinha, apontando para as Casas do Parlamento e depois para si próprio ("Big Ben – Big George", proclamou), estava descontraído e brincalhão, como em uma entrevista que deu antes da luta. Observou que para as pessoas que iam vê-lo aos 42 anos "Não se trata de boxe". Quando os outros grandes lutadores peso-pesado vêm ao ringue "não significa nada [...] é só outro esporte. Mas se George Foreman se torna o campeão mundial dos pesos-pesados", continua com um punho erguido e um sorriso doce no rosto, "todos podem celebrar com um grande brinde de Geritol". Também fez comentários jocosos a respeito de outro lutador que "faz halterofilismo e tenta parecer um He-Man". Depois levou seus 128 quilos para o ringue e nocauteou o Terry Anderson de 115, no primeiro assalto.

No final da luta, o anunciador enfatizou na televisão a força de George, sua experiência e o que chamou de uma "atitude despreocupada – a luta não foi uma situação do tipo mata-ou-morre, em que tem que se provar como fazia antigamente". De sua parte, George mal estava suando, mas mostrou-se elegante na vitória, elogiando a força dos golpes de Anderson e acrescentou que "todos esses novatos pensam que vão bater no velho, mas não é isso que necessariamente conseguem". Além disso, havia outras coisas na sua cabeça que não o boxe, mesmo nesse momento de triunfo do macho: "Têm aqui uma excelente comida e eu não vim para a Europa para me sacrificar. Vou comer".

Mais ou menos na época em que fiquei sabendo que a luta Foreman--Anderson seria transmitida pela televisão, eu já tinha mudado a minha decisão a respeito de escrever este artigo. O ter refletido sobre o meu sonho havia me convencido de que a psique nutria a respeito da questão uma opinião diferente da adotada pela minha relutância intelectual. O Herói estava vivo e bem, em algum lugar dentro de mim. Eu sustentara a noção de que o Herói era o representante de um ideal de guerreiro, que se mostrava inaceitavelmente unilateral e politicamente incorreto. Mas talvez eu, na minha atitude egoica deliberada, estivesse sendo heroico dessa maneira rígida e controladora, encarnando aquela própria espécie de heroísmo que eu condenava com tanta convicção. Eu era tão destituído de humor na minha inflexibilidade e tão sacrificialmente moralista a respeito do Herói quanto tinha sido a respeito de minha dieta.

Minha retidão política também poderia passar por uma revisão. Sua tendência a um dogmatismo pretensioso estava no ponto certo para um exame minucioso. Ali estava um Herói não jovem, não branco, e embora ele sem dúvida fosse uma figura poderosamente masculina – George alegava ter tido nove filhos –, ele não parecia estar impondo seu padrão ao desenvolvimento psicológico das mulheres. (Foi a mulher do sonho que me aconselhou a olhar para mim mesmo, o que poderia significar examinar minhas questões masculinas pessoais, à margem das legítimas contenções do feminismo).

Não há dúvida de que o Herói não é possivelmente a categoria correta para a imagem do "George Foreman" que desfez minha concentrada resistência. Talvez fosse a de "Sombra positiva", conceito junguiano que me havia até certo ponto deixado atônito. Um homem negro, forte, tinha chegado para se opor a uma atitude consciente, não como ameaça mas como uma doce cotovelada nas minhas costelas psíquicas e uma bem-humorada advertência para "sair dessa". Por outro lado, apesar do fato de eu ser mais velho que George e de ter uma educação formal maior, sua ênfase sobre a questão da idade e suas lições indiretas de como conviver com ela podem colocá-lo no papel do Velho Sábio.

Também pode ser que o *processo* da manifestação arquetípica simplesmente garanta uma variação mais ampla do que costumamos supor que seja possível: o Herói de fato aparece com mais de mil faces, inclusive com algumas que vêm mescladas com outras imagens arquetípicas. São essas faces específicas, aliás, que suspeito mais necessitarem da nossa atenção. No que diz respeito à vivência real da própria natureza (no caso, a minha), as manifestações particulares do heroísmo arquetípico sem dúvida informam o significado de sua suposta essência. Precisamos refletir sobre a ideia de que o Herói é uma figura como George Foreman, ou vice-versa.

Essa qualidade da especificidade é, afinal de contas, o sinal distintivo da imagem de fantasia, que, por sua vez, é – como o próprio Jung insistia – a alma em si mesma.[12] Já idoso, Jung escreveu que servir à alma e às suas imagens no processo de autodesenvolvimento não exige que abandonemos o Herói, mas, sim, que relativizemos a sua ascendência sobre o ego quando ambos se tornarem ditatoriais.[13] Em seu esplêndido estudo intitulado *The Quest of Self in the Collected Poems of Wallace Stevens*, Michael Sexson assinala que

> a psicologia do ego e o mito do herói, com suas pretensões literalísticas, também são movimentos na imaginação, na alma, na *anima*. Quando isso é esquecido, existe a tentação de cair no mesmo tipo de literalismo acusando-os de "matar" a imaginação para depois tentar "destroná-los", "ultrapassá-los" ou, de alguma outra forma, "derrotá-los".[14]

Essas palavras, que só recordei e reli depois de meu sonho, antecipam o meu esquecimento e tentação iniciais. Hoje, contudo, minha conclusão endossa essa afirmação e acrescentaria apenas que a imaginação pode ser até capaz de ver o Herói como uma figura que descarta as unilateralidades racionais, e é capaz de abrir mão do controle em favor dos muitos outros arquétipos de um Self multicentrado.

Annis Pratt

A Heroína

As heroínas estão às voltas com duas espécies de busca: a da mais jovem por seu desenvolvimento, que Carol Christ chama de a "busca social", e a jornada de renascimento, mais comumente empreendida na segunda metade da vida ou mais tarde. Christ define a primeira como uma "busca pelo Self em que a protagonista começa na alienação e vai em busca da integração no seio de uma comunidade humana onde possa desenvolver-se mais plenamente". A segunda busca trata "de uma relação com o poder ou poderes cósmicos".[1]

Ao estudar a ficção produzida por mulheres inglesas e americanas, descubro que essas autoras muitas vezes subordinam as heroínas a limitações impostas pelo seu gênero, e em um nível ainda mais devastador do que o experimentado pelas próprias escritoras em suas vidas. Descobri, porém, que as ficções de mulheres não são inteiramente determinadas pela cultura patriarcal limitadora. Mesmo as autoras mais conservadoras intercalam em suas tramas indícios de uma possibilidade feminina mais holista, que subverte as ideias que os homens têm a respeito do que as mulheres devem ser e fazer. Em seus relatos de moças às voltas com sua busca social, mesmo as autoras mais feministas retratam suas protagonistas como pessoas assoberbadas pelas prescrições patriarcais que limitam o desenvolvimento de sua genuína natureza adulta, razão pela qual a heroína é forçada a decrescer, em lugar de crescer. Mas, nos romances de transformação e renascimento, as autoras em geral apresentam uma maturação psicológica mais completa das heroínas do que o aprovado pelo patriarcado. A ficção das mulheres, como nossos sonhos, fortalece-nos a resistência contra aquilo que mais nos aterroriza e impele-nos a imaginar criativamente mundos alternativos.

A literatura produzida por mulheres sugere que a busca social da heroína implica, de modo previsível, uma série de estágios acentuadamente diferentes dos que Joseph Campbell e outros descreveram como característicos da jornada do herói masculino:

O mundo verde. À medida que a jovem heroína vai se aproximando da puberdade, ela é muitas vezes mobilizada por uma ânsia de mergulho na natureza. Diante da expectativa de conformar-se à feminilidade adulta, o que no patriarcado significa conter-se para caber dentro do controle dos homens, ela sente que no mundo verde possui a si mesma e experimenta a relutância de abandonar os elos vivificantes com a natureza. Essa é uma época em que ela vivencia na natureza o complemento da sua natureza individual, que teme vir a perder quando crescer.

Cruzando o limiar. Nesse estágio, a moça deve deixar a casa dos pais para que aconteça a sua diferenciação. Enquanto os rapazes se revoltam contra os pais e desejam evitar uma cumplicidade fatal com a mãe enquanto "outro", elas não obstante buscam superar a vida social e sexual do pai, dentro do mundo social dos homens. As moças tendem a lançar um olhar por sobre o ombro, enxergando às suas costas o arquétipo materno poderosamente vitimado e com o qual temem uma fusão letal. Tendo deixado a mãe para trás, esta serve menos como modelo a ser seguido do que como exemplo a ser contradito. É por isso que a busca feminina de Eros, seja hetero ou homossexual, torna-se infestada pelo perigo de retomar a atuação de vínculos infantis ou de antagonismos adolescentes.

O enamorado do mundo verde. A heroína se volta de modo típico para um enamorado fantasioso, que é inteiramente não patriarcal, que deseja mais participar de uma relação amorosa mutuamente prazerosa do que ter poder sobre ela. No entanto, essa figura do desejo pode ser projetada em namorados inadequados ou infectados pelo patriarcado, o que leva ao...

Trauma do estupro. Embora, em sua forma mais dramática e prejudicial, essa experiência constitua a violenta penetração da mulher contra seu desejo erótico, também implica qualquer relação amorosa que a jovem heroína não deseje. Penelope Washburn escreve: "'Fazer amor' com um homem a quem ela não ama, fingir uma atração ou excitação erótica, estar grávida de um filho que ela não quer, ter uma relação sexual contra sua vontade são formas de morte espiritual para a mulher".[2] Os vestígios da teoria segundo a qual a mulher que desfruta do sexo não é decente são com frequência internalizados e bloqueiam o acesso a um Eros autenticamente desejado e também à maturação psicológica.

Confinamento dentro do patriarcado. A conformidade às normas conjugais para o gênero feminino e a outras normas ameaça fechar as portas da busca do Self. Segundo a descrição feita por uma heroína sobre seus sentimentos no dia do casamento, ao consentir com uma situação que contrariava seus mais profundos instintos, ela parecia estar sendo mergulhada em uma gigantesca bolha de *marshmallow*.

O completamento da busca: a consecução da totalidade erótica e profissional. O bem-sucedido completamento da busca da heroína pela sua natureza autêntica só raramente acontece nos romances que estudei, exceto nos romances de ficção em que ela conquista um mundo no qual pode ter uma vida adulta plena, como membro participante de uma coletividade não patriarcal de fantasia. Aquilo que é normal para a busca do herói é o desvio para a heroína. Embora o herói também possa revoltar-se contra sua identidade social, a heroína não tem escolha nesse sentido. Para ser completa, para experimentar a totalidade da sua sexualidade, competência, crescimento intelectual e perícia profissional, que constituem a natureza humana própria, ela corre o risco de ser punida e marginalizada. No âmbito da autodeterminação sexual, o homem é recompensado, ao passo que encontrei apenas duas ou três heroínas de ficção que tiveram licença para sobreviver a um prazer sexual satisfatório, escolhido por elas. A jovem mulher que completa a busca é, por definição, uma pária da sociedade e sua busca social é por definição associal.

Os estágios da busca de renascimento da heroína também são muito diferentes dos estágios típicos da jornada do herói:

Rejeição da persona. Nos estágios iniciais, a heroína primeiro sente uma insatisfação vaga que depois se torna mais consciente em relação aos papéis sociais que assumiu. Pode ter-se masculinizado em uma espécie de travestismo psicológico, desenvolvendo características competitivas, duras, agressivas, excessivamente racionais, que considerara necessárias para vencer no mundo do trabalho. Ou, então, pode ter-se conformado com normas de gênero para a submissão feminina, em uma série de papéis nos quais dá de si mesma em detrimento de sua própria natureza. Frequentemente, a jornada de renascimento começa com o afastamento em relação ao marido ou companheiro, ou com a tão aguardada decisão de parar de se identificar com o próprio pai.

O encontro com a sombra. A sombra desempenha um papel nitidamente diferente na busca de renascimento da heroína em comparação com a do herói. A sombra masculina, proposta por Jung, ou anti-eu, é antissocial, tendo a ver com impulsos que decorrem da revolta contra as normas e os costumes culturais, e dos impulsos reprimidos no inconsciente. Descobri que as sombras de mulheres, retratadas na ficção, são socialmente conformistas, incorporando o autodesprezo das mulheres por suas manifestações de desvio em relação às normas para seu gênero, inclusive as que proíbem a sexualidade feminina. A heroína é mais propensa a encontrar em sua sombra a sua própria rejeição socialmente internalizada de arquétipos femininos mais profundos. Na ficção como na poesia produzidas por mulheres, a sombra da heroína assume a forma de um companheiro especialmente horroroso, em que a sombra ginofóbica e o *animus* se fundem em um "marido medonho" ou em um namorado horrível que reforça suas autorrecriminações e tenta arrastá-la a uma cumplicidade com os padrões sociais. Se a heroína permanecer atolada nesta fase, incapaz de transcender as mensagens comunicadas através das experiências sociais cotidianas, pelo patriarcado, fracassará na sua jornada de renascimento.

O encontro com as figuras parentais. Em sua jornada, a heroína reencontra as figuras dos pais, tanto na realidade como na memória. Esse é o momento de completar a diferenciação psicológica, alcançada no plano físico pelo distanciamento deles em uma etapa anterior da sua vida. Somente na meia-idade, ou ainda depois, é que a heroína chega a um acordo bem-sucedido com o pai e a mãe, como figuras da sua memória pessoal. Assim que os elementos positivos e negativos do pai e da mãe biográficos forem absorvidos e transcendidos, e superado qualquer exagero de identificação ou fusão antagônica com os pais vivos reais, pode acontecer o encontro com o arquétipo materno em uma dimensão mais profunda.

O guia ou a senha do mundo verde. Enquanto está às voltas com a busca de renascimento, a heroína refaz um caminho em espiral, de volta a questões antigas que não tinham sido examinadas em toda a sua complexidade, naquela ocasião, por causa da conformidade ao social. Os guias e as senhas do mundo verde que parece fomentar o avanço do desenvolvimento surgem com o desejo de revisitar certo local da natureza, ou como o sonho de um animal. Assim como acontece na busca social do jovem herói nativo americano que "suplica por uma visão" e muitas vezes encontra um animal ou outro elemento conhecido da natureza, as heroínas da ficção, neste estágio, deparam-se com focas oníricas, tartarugas imaginárias, frases de uma música repentinamente portentosa e, inclusive, no caso de uma solteira já idosa que dá um grande pontapé nos elementos patriarcais para tornar-se uma feiticeira, uma cesta de frutas de aparência totalmente inocente, que lhe é enviada do interior. As heroínas negras podem se sentir atraídas pelo estudo da sua herança africana, ou ter vontade de regressar à terra de origem de sua família.

O namorado do mundo verde. Na ficção produzida por mulheres, o encontro com uma deusa ou deus eróticos tende a ser natural, antissocial e profundamente não conjugal, isento do conteúdo da sombra patriarcalizada. As heroínas da ficção acabam loucas, mortas ou no mínimo excluídas do convívio social, quando se permitem romances com o amante do mundo verde. Seja este uma figura real ou imaginária, o amante ideal aparece como guia iniciático e muitas vezes ajuda as mulheres em pontos difíceis de sua busca. Ele (às vezes ela) não constitui nem o grande momento, nem a meta, da jornada de renascimento. O encontro com o amante do mundo verde permite que a heroína aceite sua potente sexualidade feminina e prossiga em sua jornada de renascimento.

O arquétipo materno. Na versão masculina da busca de renascimento, o encontro final é com o "outro", de outro gênero, e isso assume a forma de uma luta com o feminino interior da psique masculina. O perigo desse processo é a cumplicidade fatal com um ser estranho e contrassexual: a meta é subordinar a heroína como elemento do Self masculino renascido. A polarização junguiana de gêneros e a valorização de comportamentos de prática do poder subvertem a meta masculina de atingir uma psicologia equilibrada, andrógina.

O encontro da heroína com uma figura feminina e maternal da profundeza de sua psique envolve uma clareza a respeito do que deve ser abjurado e do que é para ser absorvido de sua figura original de mãe e de suas vivências femininas pessoais. Assim que a submissão do sexo é superada e que se completa o trabalho de elaboração da relação com a mãe pessoal, em um nível subconsciente, a heroína avança no sentido de uma transformação da personalidade em uma fusão favorecedora com o arquétipo materno, ou em uma simbiose de complementaridade com este. Enquanto antes, na busca social, ela talvez tenha vivenciado uma perda de sua própria natureza ou uma fusão, ditadas por esse processo, agora seus limites pessoais estão diferenciados o suficiente dos da mãe biológica para que ela tente reempoderar-se através do arquétipo da mãe.

A volta à sociedade. Depois de ultrapassado o terror do arquétipo materno, é de se esperar uma explosão de imagens naturais, agudamente particulares e a envolvente participação sensual no fluxo contínuo do início da vida. Em sua volta à sociedade depois de uma jornada em que se transformou em agente do seu próprio destino, em sintonia com a natureza e repleta de prazer sexual, competência, amor-próprio e coragem, a heroína agora é uma Velha, ou Velha Sábia. Nas sociedades eurocêntricas, existe uma falta de respeito pelos mais velhos, em particular por mulheres de meia-idade e mais velhas, um desrespeito que é muitas vezes reforçado por homens e mulheres que não completaram suas próprias jornadas de renascimento e que alimentam medo e antagonismo pelas pessoas que podem servir de continente para suas projeções do arquétipo materno não assimilado. Por causa disso, a Velha recém-nascida costuma receber poucas demonstrações de reverência da parte da comunidade pela sua sabedoria espiritual, e é provável que mobilize medo e até mesmo desprezo.

O esboço que apresento para a busca social e para a busca de renascimento baseia-se em observações da literatura. Embora os dados de ficção sejam em geral mais desanimadores do que as experiências vivas das mulheres, a poesia que examinei tem-se mostrado mais esperançosa. Além disso, muitas das mais exuberantes jornadas de renascimento da ficção recente têm sido escritas por mulheres negras, empoderadas pela rejeição que as feministas negras têm demonstrado dos padrões europeus brancos, em trabalhos como o de Gloria Naylor, *Mama Day*, e o de Paula Marshall, *Praise for the Widow*. As romancistas e poetisas norte-americanas nativas, embora ainda mais marginalizadas e até mesmo devastadas pelos valores da população americana branca, estão lançando livros (como o de Leslie Marmon Silko, *Ceremony*, e o de Louise Erdrich, a trilogia *Love Medicine, The Beet Queen e Tracks*) que retomam o trabalho de resgate das buscas social e de renascimento até seu encontro com material tradicional arquetípico, capaz de fortalecer a heroína. Embora as heroínas brancas não possam simplesmente usurpar os arquétipos espirituais dos sistemas religiosos das mulheres negras ou nativas norte-americanas, elas podem buscar arquétipos com um poder correspondente no passado pagão europeu.

Estou convencida de que, para todas nós, a literatura pode servir como catalisador de escolhas existenciais. As romancistas e poetisas nos advertiram com seus contos sobre os horrores patriarcais e, ao mesmo tempo, nos incentivaram com as histórias sobre as heroínas cujas buscas podemos querer imitar. Proporcionaram-nos momentos de epifania, de visão, quando podemos sentir erguendo-se das profundezas de nossa vida uma qualidade feminina que transcende por completo as polaridades de gênero, destruidoras da vida humana.

Denyse Beaudet

O Monstro

O monstro é o mediador do mundo arquetípico ao permitir que o lado inferior da vida se expresse. O monstro se renova sem cessar e dá origem a uma infinidade de variedade de imagens. Por trás dessa variedade, podem-se discernir padrões mais universais, como o monstro que engole, capaz de transcender não só diferenças de culturas e épocas históricas, mas também de eras.

Quando analisamos a vida onírica de crianças com a intenção de estudar as imagens de monstros que aí aparecem, reconhecemos que na sua luta com este as crianças atravessam os estágios da jornada do herói, identificados por Joseph Campbell em seu livro *O Herói das Mil Faces*. No sonho, a criança viaja para uma floresta, uma montanha, o mar, e ali encontra um monstro. Ou este a chama para uma aventura invadindo a casa da criança. O primeiro impulso desta é, em geral, recuar, mas depois aceita o desafio e avança rumo à aventura, sozinha ou com algum aliado. Segundo minhas observações, a criança enfrenta o monstro de uma de três maneiras: combatendo-o, domando-o ou engolindo-o.

Das três possibilidades, a última é a que parece mais paradoxal. Na minha pesquisa, os sonhos de uma menina de 5 anos, Marjorie, ilustram essa terceira via da absorção. Os onze sonhos que ela me descreveu ao longo de um período de dez semanas falam de uma passagem através da barriga da baleia e o desfecho do evento. Essa série revela sua evolução através da descida e do ressurgimento.

Em seu primeiro sonho, Marjorie é uma criança pequena sendo empurrada num carrinho de bebê pela sua amiga Caroline. Ela e Caroline veem um monstro. O aparecimento do monstro marca o início da aventura de Marjorie, mesmo que o passeio no carrinho de bebê pareça no início uma coisa inócua. A identificação de Marjorie com a criança pequena sugere um retrocesso no tempo.

Ela vai para um momento ainda mais remoto do passado em outro sonho. Neste, vai de carro até o mar e se afoga. Depois, vê uma baleia e um tubarão. A baleia a engole. Em um desenho deste sonho, Marjorie se retrata na barriga da baleia. Sua cabeça está para baixo e ela está envolta em uma substância de cor verde, que representa as entranhas da baleia.

A passagem de Marjorie pela água, antes de entrar na barriga da baleia, sugere uma dissolução e uma volta à consciência urobórica ou indiferenciada que caracteriza os primórdios da vida.[1] Marjorie volta para a água como o primeiro elemento de sua existência fetal. A barriga da baleia é seu local de origem.

Ser engolida pelo monstro é algo que partilha do mistério da morte e do renascimento. Alguns ritos pubertários de iniciação incluem a introdução ritual de uma criança na barriga de um monstro marinho, tal como um crocodilo, uma baleia ou peixe grande. Depois a criança nasce do monstro como iniciada. Em muitas culturas da África, Oceania, Lapônia e Finlândia, assim como entre os esquimós, os mitos de absorção falam de heróis homens, e de mulheres e crianças também.[2]

Ser engolido pelo monstro "significa o reingresso no estado embriônico, pré-formado, do ser", o "retorno a um modo de ser germinal", que implica morte também, uma vez que é preciso que o sujeito morra para a sua própria existência a fim de retornar "ao princípio".[3] A volta de Marjorie para a barriga do monstro marinho pode conter o significado de uma morte simbólica. Frances G. Wickes observa que a morte e o renascimento governam a evolução da vida humana desde o início da infância, sem mais cessar: "Progresso e regressão, renascimento e morte estão presentes desde os primeiros dias e manifestam-se nos pequenos atos da criança pequena, assim como nos atos maiores dos adultos".[4]

O verde que Marjorie usou para representar as entranhas da baleia sugere que ela está cercada por um terreno fértil. Embora a baleia a tenha comido, sugerindo morte, essa verdejante fertilidade pode conter também o potencial de renovação e renascimento. Jung escreve sobre como os que são engolidos pelo monstro passam por uma regressão que vai até a vida intrauterina e ainda mais além, alcançando os estratos mais profundos da existência, para ali se manterem presos ou dali se livrarem do controle maternal com vida nova.[5]

Em contraste com o sonho no qual é acompanhada por Caroline, o sonho em que Marjorie é engolida não tem outra presença humana. Ela está sozinha, pois o encontro com o monstro é um confronto direto e íntimo. Marjorie e aquele mamífero são praticamente um só. O corpo de Marjorie, no seu desenho, segue o contorno das entranhas da baleia com bastante precisão, como se estivesse envolvido e firmemente contido por todos os lados.

O encontro com o monstro através de um combate ou domesticando-o implica uma ação que nasce do sonhador, mas o ser engolido implica uma participação do sonhador que sofre a ação. O caminho da absorção pelo monstro implica a permissão de se tornar o objeto dessa absorção para uma transformação. Esta, no entanto, na medida em que passa por uma morte simbólica, também significa um novo começo.

A série de sonhos de Marjorie desdobra-se entre o reino arquetípico profundo, onde o monstro marinho apoderou-se dela, e sua realidade cotidiana. Ao viajar nas profundezas do monstro, aproxima-se o seu sexto aniversário e ela sonha então que é capaz de andar em uma bicicleta de duas rodas, sem apoio, que seus pais lhe dão de presente de aniversário. O sonho mostra que ela tem domínio completo do veículo, e isso reflete uma competência recém-descoberta.

O sonho seguinte mostra que ela está subindo em uma cruz e voltando ao reino arquetípico do sonho da baleia. Neste, ela vai até o alto de uma montanha onde vê um pequeno bebê. Ela o pega e depois deixa-o cair. Depois, vê uma cruz e sobe nela. "Eu estava fazendo como Jesus", comenta depois de ter desenhado o sonho. No desenho, Marjorie (de preto) está subindo uma montanha (amarela). No alto, vemos Marjorie pegando o bebê (ambas as figuras cor de laranja), a criança caída (preto) e a cruz com Marjorie sobre ela (ambas cor de laranja).

Depois do regresso ao início de sua infância e da descida até a barriga da baleia, Marjorie envolve-se no movimento contrastante de ascender ao topo de uma montanha. Encontra um bebê, pega-o nos braços. Enquanto no primeiro sonho ocupava o papel da criança pequena, neste ocupa o da mãe. Assim que ele é posto no colo, cai ao chão, e isso assinala o final da volta ao início da infância observado no sonho com o carrinho do bebê e no sonho da sua absorção pela baleia. Depois de ter deixado o bebê cair, Marjorie sobe à cruz, assim identificando-se com um herói espiritual adulto. O símbolo do deus sacrificado pode ser encontrado no cerne de várias religiões. Jung concebia o sacrifício do herói como uma renúncia da volta ao útero materno em nome da imortalidade. Nesse sentido, o sacrifício é o oposto da regressão: "O sacrifício é o próprio inverso da regressão – é uma canalização bem-sucedida da libido para o equivalente simbólico da mãe, e uma espiritualização disso".[6] A ascensão de Marjorie até a cruz "como Jesus", um herói espiritual adulto, contrabalança sua volta à barriga da baleia.

Marie-Louise von Franz observa que, quando o conflito entre o processo inconsciente do crescimento psíquico e a vontade da personalidade consciente é representado pela forma de uma crucificação, isso pode querer dizer que o conflito alcançou sua fase aguda.[7] Sob esse prisma, a subida de Marjorie na cruz assinala a existência de um conflito interior e da dor que este implica. A cruz contém um potencial criativo como lugar de sacrifício, assim como a barriga da baleia contém o potencial para um novo início de vida. Ao discutir os mitos da criação que incluem uma divindade que se sacrifica, Mircea Eliade escreve que a vida só pode renascer mediante o sacrifício de outra vida: "A ideia fundamental é que a vida só pode nascer de outra vida, que é sacrificada. A morte violenta é criativa; nesse sentido, a vida que é sacrificada manifesta-se numa forma mais brilhante a partir de outro plano de existência".[8]

Embora a amplificação da cruz como símbolo ilumine parte do seu sentido no contexto do sonho de Marjorie, a subida da criança na cruz continua sendo, para citar a frase de Joseph Campbell, "um sinal de silêncio para o olho e o coração", um gesto que preserva todo o seu mistério.[9]

Os quatro sonhos seguintes novamente dizem respeito à realidade cotidiana de Marjorie: ela ajusta contas com três formas de violência – a violência natural de uma tempestade, a violência animal de seu cachorro e a violência humana de um vizinho contra sua família. Até esse ponto, ela vinha progredindo desde os primeiros sonhos, mas, neste, seus sonhos devolvem-na para casa.

O caminho de retorno de Marjorie passa pela água, e pela segunda vez ela se afoga, mas desta vez volta à superfície. Marjorie está na praia e quer tentar nadar. Vai para o fundo e afoga-se, depois volta para a tona. Alguém aparece e a resgata. Depois de ter desenhado seu sonho, ela diz que essa pessoa a "salva". Marjorie exprime a magnificência desse momento quando põe o sol no desenho, "porque ele é lindo".

Embora a volta para a água no sonho de ter sido engolida tivesse assinalado uma dissolução do ego, a passagem de Marjorie para dentro da água e depois para fora, nesse sonho em que emerge, revela a sua intenção de permanecer em contato com seu próprio poder, nadando. Ela quer tentar direcionar a si mesma no elemento líquido, mas, pela segunda vez, vai até o fundo.

Nessa ocasião, no entanto, sua descida para e ela começa a subir de novo. O desenho mostra-a acima da superfície da água; na praia está o personagem benevolente que a salva, pintado em muitas cores (cabeça e braços de amarelo, tronco de vermelho, pernas azuis). O movimento de emergir da água significa renascimento. Diz Eliade: "Rompendo com todas as formas, desfazendo-se de todo o passado, a água tem o poder de purificar, de regenerar, de dar à luz, pois aquilo que nela mergulha 'morre' e, erguendo-se outra vez da água, é como uma criança sem qualquer pecado ou passado, capaz de receber uma nova revelação e de dar início a uma nova vida *real*".[10]

O mistério da volta às origens sugerido pelo sonho de ser engolida pelo monstro repete-se da infância até a idade adulta. A viagem de Marjorie até o ventre do monstro marinho, seguida pelo ressurgimento, encontra eco na odisseia descrita por Julie Stanton, no seu poema *La nomade*. Quando o poema começa, a Nômade, uma mulher qualquer, é puxada pela Besta de narinas de ouro. A Nômade é cega. Ela e a Besta viajam para a frente, sobre a terra vermelha. Nas costas da Nômade, onde "crianças natimortas dormem", "mulheres de água e vento choram" e "deitam-se homens presunçosos", seu passado pesa sobre ela. Enquanto vai viajando com a Besta, ao mesmo tempo retorna em sua memória outras eras de sua vida. Sua viagem leva-a para a água, faz com que atravesse uma tempestade, que chegue a uma montanha e se aproxime de um vulcão. A Nômade gradualmente entrega seu cabelo, sua beleza, seus seios, seus órgãos genitais e, depois, entra na cavidade do peito da Besta.

A Besta já escolheu o local. De repente, uma língua projeta-se para fora e uma voz ribomba como uma tempestade:

O zurro da Besta escancara-lhe o peito
um imenso corredor que permite
uma saída já
ela reconhece os arredores
"o encantamento profundo" onde se cai prisioneiro

sem morrer
e sob a mágoa do dia
a estreita garganta do tempo,
supremo, o sol bate em cheio no claustro...

E assim Ela está dentro da Besta
com a vida suspensa e apesar disso com vida
passageira de um bote doravante atracável
nesse lugar acolhedor
sedoso deslizar de membranas mucosas.

A Nômade é retida dentro da Besta, "onde aguarda pelo encontro com a luz". Através da escuridão, no entanto, pressagia-se um novo amanhecer, pois "as manhãs da origem caminham, no coração da Besta".[11]

O processo de Marjorie ser engolida e reemergir também encontra eco na experiência de uma mulher contemporânea que se sentiu engolida por Káli, a deusa hindu da morte e renascimento. Enquanto atravessava um período de intensa dor emocional, Marianne Paulus teve uma visão de Káli e rendeu-se para ser engolida por ela:

> Um dia apareceu abaixo de mim a face feroz de Káli, com a boca escancarada, os dentes pingando sangue, os olhos dardejantes de fogo. Seu aspecto teria em geral inspirado medo ou horror, mas em vez disso senti um profundo conforto quando a vi ali e uma onda de amor me atravessou, unindo meu coração ao dela. No mesmo instante, ela começou a me engolir por inteiro.

Paulus entregou-se à vivência, sentindo afeto e um grande conforto enquanto ela era engolida pelas trevas absolutas de Káli:

> Quando estava completamente dentro dela, minha respiração cessou e assumi uma imobilidade radical – totalmente imersa no escuro, querida, segura, a salvo [...]. Eu havia sido inteiramente tomada. Senti-me curada nessa absorção todo-abrangente de mim por ela. Em Káli nada causava horror. Somente a mais inacreditável ternura. Ela era de fato grande o bastante para englobar dentro de si mesma o que quer que fosse [...]. De dentro de Káli, onde tudo era sangrento, só podia dar-me conta da imponência, do deslumbramento, de tal força geradora de vida [...]. Permaneci dentro do ventre de Káli – no coração da terra por assim dizer, onde o fogo queima e consome tudo que não consiga resistir-lhe – durante semanas, em total escuridão. Mas dessa treva começou a brotar entendimento e conhecimento. Entendimento do meu processo. Conhecimento da natureza interior da vida.[12]

Marjorie entra na barriga da baleia; a Nômade retorna à cavidade torácica da Besta de narinas douradas; Marianne desce às escuras profundezas do ventre de Káli. Marjorie deixa cair o bebê; a Nômade perde os olhos, o cabelo e a beleza; Marianne suporta o fogo que queima e consome tudo que não consiga resistir-lhe. Marjorie sai da água de volta para a superfície; a Nômade espera pelo encontro com a luz; entendimento e conhecimento vêm a Marianne.

A jornada de Marjorie, da Nômade e a descida ao inferno de Marianne constituem todas formas simbólicas que têm ressonância entre si. O nível de consciência acionado pela experiência de ser engolida aos 5 e aos 40 anos não poderia ser o mesmo, mas a semelhança do padrão simbólico atesta que tanto a criança como o adulto partilham do mistério da morte e do renascimento que molda a própria evolução da vida humana.

Lyn Cowan

A Vítima

> Cordélia: *Não somos os primeiros que, com as melhores intenções, incorrem no pior. Para ti, rei oprimido, estou desalentada.*
> Lear: *Diante de tais sacrifícios, minha Cordélia, os próprios deuses queimam incensos.*
>
> SHAKESPEARE, *REI LEAR*

A figura arquetípica da "vítima" é repleta de conotações sociais, associações religiosas e paradoxos psicológicos, mas vou me limitar aqui a dois desses aspectos: o secular e o sagrado. Falarei menos da experiência psicossocial das vítimas literais e mais da figura da vítima na psique, que é uma imagem arquetípica manifesta sob muitas formas, tantas quantas há as invectivas, as injustiças e os sacrifícios.

Todos somos vítimas, embora alguns, nos quais a figura interna da vítima é negada ou projetada, possam não ter consciência de uma ressonância psíquica mais profunda, naqueles momentos de importância crítica em que o sofrimento é infligido. Todos sofremos, de forma aleatória ou obedecendo a algum desígnio que parece inescrutável. Todos temos um poder muito menor de controlar o nosso bem-estar diante de um mundo cada vez mais caótico do que gostamos de pensar. E, cedo ou tarde, a Morte nos escolhe como sua vítima.

A imagem arquetípica da vítima é uma personificação de como a pessoa ou o grupo se imagina no seu sofrimento. Essa é a "vítima sagrada" com suas associações correspondentes de eternidade e transcendência. A sacralidade da imagem da vítima refere-se, antes de qualquer coisa, à sua qualidade apartada, à sua interioridade como figura psíquica e ao seu significado interior.

Por outro lado, um ato criminoso é um evento literal que força para alguém a condição de vítima, seja esse um indivíduo ou um grupo, geralmente por meio da violência. O local e a ocasião dessa vitimização tornam-na secular: ela acontece no mundo, na dimensão do tempo. A distinção entre o secular e o sagrado, entre o "lá adiante" e o "aqui dentro", *não* as torna mutuamente exclusivas; se assim fosse, estaria cindido o arquétipo.

Em nossa cultura, o termo *vítima* evoca a negatividade associada às mais escuras e dolorosas experiências: o sofrimento, a injustiça, a impotência e a morte. Quase sempre pensamos na "vítima" no seu sentido secular, talvez porque perdemos a maior parte da sensação do que é sagrado *dentro* do mundano, e só sentimos a duras penas (quando sentimos) a ressonância mais profunda das solicitações ancestrais que deuses e deusas quase esquecidos nos fazem. Nosso mundo é, em grande medida, quase que apenas secular e estamos confinados a ele. Não tendo "outro" mundo ao qual recorrer em busca de ajuda ou justiça, a vítima na América contemporânea é, na verdade, vítima de um mundo de crimes, de falta de moradia, de doenças contagiosas, de loucuras induzidas por drogas.

A palavra *vítima* evoca ainda o medo e a insegurança terríveis da casualidade mais arbitrária, ou o medo igualmente terrível de ter sido escolhido, "destinado" a uma dor intolerável. Usamos essa palavra em conexão apenas com aquelas vivências das quais temos horror: vítima de câncer, vítima de estupro, vítima de acidente de carro, vítima de uma doença mental, vítima de inanição. Aquele ou aquilo responsável pela vitimização é um elemento importante na constelação da experiência da vítima, pois são tais agentes – o câncer, o estuprador, o carro, o avião – que criam o contexto no qual a pessoa se torna vítima. Parte do horror da vitimização é perceber que vítima e agressor partilham de uma mesma e terrível afinidade: uma coisa de um pode ser encontrada no outro. Isso não quer dizer que sejam simplesmente os dois lados da mesma moeda. Ao contrário, ambos podem ser constelados em uma única pessoa em um dado momento, e ela pode se vitimar sozinha. Para a vítima, o agente da vitimização tem o poder de infligir sofrimento e dor, negar justiça, causar morte. E como por definição a vítima é impotente, a emoção primária que sempre acompanha a vitimização é o medo.

No entanto, só porque a vitimização desencadeia tanto medo e uma negatividade tão completa, é possível que nenhuma outra imagem arquetípica constele tanto a necessidade da psique humana de tornar significativo o sofrimento vivido como a figura da vítima. O primeiro lamento de desespero da vítima é "Por que eu?". O horror daquele ato violento que cria a vítima explode num grito que pede significado para a dor, propósito para a angústia. Não pode haver aceitação ou acordo com a própria vitimização sem que a psique constele a vítima sagrada. Podemos ser capazes de tolerar muita dor, muito mais do que jamais mereceremos ou nos julgaremos capazes de suportar. Mas Jung estava certo quando disse que os seres humanos não conseguem suportar uma existência sem sentido.

Manter juntos estes dois aspectos da imagem da vítima torna-se um meio de imaginá-la incorporando toda uma multiplicidade de significados e emoções, sem negar porém o terror radical e o puro desespero que acompanham o processo psíquico de constelar a imagem da vítima. Também pode ser que a única saída desse inferno sem sentido de vitimização secular seja por meio do inferno deliberado da vitimização sagrada, e essa mudança de perspectiva desloca a vítima do desespero de estar num acontecimento gratuito para a sensação de uma deliberação consciente.

A Vítima Secular

A Nova Era, na América, não é um momento favorável às vítimas. A Nova Era é para vencedores, não para perdedores. O "agressor" relativamente inconsciente, na psique coletiva americana, parece ser cada vez mais hostil a vítimas; aliás, essa hostilidade é o que provavelmente está causando mais vítimas. Basta que analisemos o número progressivo de vítimas de crimes violentos, de abuso de crianças, de drogas, de AIDS, de toxinas ambientais, de -ismos de toda espécie.

O antídoto aparente da vitimização é a paranoia: não confiar em ninguém, usar trancas invioláveis em casa, só fazer amor com segurança máxima na própria cama, atar-se com o cinto de segurança dentro do carro, usar um capacete bem resistente, manter a cabeça fria no trabalho, saber dos seus direitos quando estiver diante de um vendedor bom de lábia, de policiais, de terapeutas. O pressuposto fundamental é que quanto mais você se proteger, menos chances há de que se torne uma vítima. A imagem da vítima tem sido desvalorizada pela convicção, há muito predileta dos americanos, de que vítimas são meros perdedores que não se esforçaram o bastante para vencer.

A imagem da vítima secular e as situações que a criam atraem para ela uma atenção negativa que em geral assume a forma de culpabilização. Uma vez que o significado da vitimização não pode ser separado do contexto cultural de valor no qual é vivido, a vítima sempre aparecerá digna de culpa e em falta para com a cultura que acima de tudo preza a dominação, a conquista, o poder, a competição – exatamente as coisas necessárias para vitimizar.

A vítima encarna aquelas qualidades que entram em conflito com o sistema de valores, que o ameaçam ou desafiam. O exemplo mais óbvio é o dos nazistas que (des) consideravam os judeus como um povo "doente" e poderoso que envenenaria a pureza da raça ariana e assumiria o controle do mundo. As projeções acontecem em toda a parte, em todas as pessoas, tanto coletiva como individualmente. As vítimas seculares são, assim, feitas por projeções: os que endossam e alimentam os valores dominantes na cultura projetam seu próprio medo da impotência, da desproteção, da fraqueza, da vulnerabilidade, em todos que possam ser vitimados. E, uma vez que a nossa cultura não tem uma distribuição igualitária de poder, existem mais vítimas do que agressores. As vítimas individuais mais comuns são as mulheres, as pessoas não brancas, as crianças, os animais e, coletivamente, os negros, os judeus, os nativos americanos, as lésbicas e os homossexuais, os velhos, os deficientes e assim por diante.

Claro que são as vítimas as culpadas por qualquer problema que lhes aconteça. Uma vez que elas sofrem o efeito, devem de alguma maneira ser a causa dele. Talvez a raiz dessa bizarra situação esteja na antiga noção cristã de que o pecado convida à sua paga, enquanto a bondade merece bênçãos. Segundo essa visão, o sofrimento da vítima é compreendido como retribuição da justiça divina por meio de agentes humanos. Onde há retribuição deve existir pecado. A ideia ainda está viva e bem viva, embora atualmente revestida de termos seculares: o que quer que "aconteça" à vítima, é "merecido". Em termos da Nova Era, a vítima "criou" a sua própria realidade.

Mas, no fundo, nós nem sempre criamos o nosso sofrimento particular e pensar que sim é estar numa inflação negativa que nos leva a assumir uma capacidade grandiosa, divina, segundo a qual temos o poder de fazer com que aconteçam coisas medonhas. Em nome da maturidade psicológica, devemos ter a capacidade de separar o imperativo de sermos todos responsáveis pelos nossos próprios atos, do pressuposto de que as vítimas são responsáveis por sua própria vitimização. Se não pudermos efetuar essa distinção, a vítima se torna então uma figura patologizada, que considera neurótica e unilateralmente o mundo como seu agressor. Estaremos então inconscientemente identificados com a vítima, seja introjetando a culpa, seja projetando a responsabilidade por ela. A tarefa psicológica, porém, não é necessariamente eliminar essa responsabilidade pela culpa, mas aprender a colocá-la onde for seu justo lugar.

O horror, a vergonha e a impotência da vítima nas mãos do agressor, e a atribuição coletiva da culpa que reforça esses sentimentos, tornam a vítima uma figura sem nenhum valor numa cultura que despreza a fraqueza. Ao mesmo tempo, porém, são precisamente o horror, a vergonha e a impotência que despertam a nossa sensação de tragédia, empatia e indignação contra as injustiças, e, às vezes, evoca até amor. Vemos a vítima como aquela figura fraca em cada um de nós, sofredora, injustamente acusada, impotente para exigir justiça. Talvez porque a figura da vítima encarne o paradoxo de suportar o insuportável sofrimento é que ela pode nos comover tão profundamente, acordando em nós a compaixão, a empatia, o luto, o amor. Somente o psicopata é indiferente ao sofrimento e ao poder da vítima, porque ele não sente o contato do poder de Eros que tem uma determinada relação com o sofrimento.

É a vivência da figura da vítima em nossa própria psique que nos torna conscientes de nossa capacidade humana para o sacrifício.

A Vítima Sagrada

Embora a maioria dos dicionários defina *vítima* essencialmente como a pessoa que sofre uma ação lesiva ou destrutiva, de fonte pessoal ou impessoal, o significado mais antigo do termo conserva a noção de sua raiz original, de "vítima" como "sacrifício". O sentido original do termo vítima, de sua procedência em latim, *victima*, significa "animal de sacrifício" e refere-se a qualquer criatura viva que é morta e oferecida a um deus ou poder divino. O termo *sacrifício* vem do latim *sacer*, de onde deriva o termo *sacro*, que significa aquilo que é sagrado, destacado, "dedicado ao sacrifício", destinado a um deus ou a algum propósito religioso.

É significativo que *sacer* também signifique "multa", "penalidade", "maldito" e "criminoso". A vítima, portanto, pode ser ao mesmo tempo amaldiçoada e inocente. Embora essa "maldição" talvez não descreva com exatidão a natureza da vitimização, em geral corresponde ao sentimento da vítima de ser amaldiçoada, escolhida para alguma punição. A imagem da vítima costuma aparecer na vida psíquica como "a amaldiçoada", tal como na figura do bode expiatório, aquele escolhido para pagar pelos pecados de muitos, precisamente porque é inocente e não merece essa sina.

Em seu maravilhoso ensaio intitulado "O Câncer nos Mitos e nos Sonhos", Russell Lockhart observa o paradoxo do termo *vítima*, que em suas raízes ancestrais no latim tem o significado de "aumento" e "crescimento".[1] (Em grego, a raiz de *vítima* é *auxe*, que significa "aumento", "crescimento" e é o nome de uma das Caridades, *Auxe*, "Crescente"). A imagem da vítima portanto desdobra-se como uma trama complexa composta de significados aparentemente contraditórios. Evoca, ao mesmo tempo, emoções coletivas e ideias de medo, negatividade, poder divino, santidade, perseguição, dúvida, inocência, angústia, crescimento, sacrifício, condenação. Nesse sentido, a imagem da vítima pode se apresentar – em sua secularidade – como feia, temível, secretamente desprezada, ou sagrada, linda e desejável.

O modo como a vítima percebe conscientemente o seu próprio sofrimento pode dar sentido à vitimização pessoal: ela não é só sacrificada como se torna capaz de efetuar, de realizar, um sacrifício. A vitimização, então, é tanto uma condição de um relacionamento significativo com um deus, quanto uma condição do sofrimento sem sentido.

Os âmbitos do sacro e do secular não são mutuamente exclusivos. Esses termos são meros artefatos que nos ajudam a diferenciar aspectos da experiência. A tarefa psicológica da vítima é percebê-los em sua comunhão, tornar sacro o secular, criar um sacrifício valioso a partir do próprio sofrimento: honrar o padecimento, valorizar o vulnerável, cultivar a compaixão pela própria alma ferida.

A pessoa que se vê ou se sente sofrendo *por* (e não só *por causa de*) uma divindade, causa, princípio ou ser amado vivencia um aspecto diferente da vitimização: o valor do sacrifício. O que redime o sofrimento e a angústia da vítima não é necessariamente a cessação do sofrimento, mas vivenciá-lo como algo dotado de sentido. Simone Weil nos recordou que "Diante de cada golpe do destino, de cada dor, pequena ou grande, digamos para nós mesmas 'Estou sendo lapidada'."[2] A *disponibilidade* para o sacrifício vem sendo há muito tempo considerada por certos sistemas religiosos como virtude moral, e como postura antitética ao pecado do egoísmo. Meu enfoque aqui, no entanto, não recai sobre a moralidade ou a virtude do egoísmo, e sim, ao contrário, na *capacidade* para se sacrificar quando a vivência da vitimização torna o sacrifício psicologicamente necessário.

Contraria toda a essência de nossas noções de justiça colocar o peso do sacrifício na vítima; isso parece demais com a culpabilização do próprio sofredor. Mas é justamente no cerne da capacidade da pessoa para fazer um sacrifício que encontramos o significado: a vítima que é capaz de fazer o sacrifício torna-se psicologicamente ativa em sua aflição, participa do trabalho sagrado de criar um significado a partir do caos incompreensível. Quer o sacrifício consista na entrega da própria ingenuidade, ou inocência, dos ideais mais queridos, quer na rendição da própria autoimagem, a capacidade para entregar-se a uma necessidade mais profunda é submetida a teste na vitimização.

O valor e a importância da figura a quem o sacrifício é prestado, em cuja homenagem é realizado, são da máxima importância para a elaboração do significado, pois um objeto indigno diminui aquele que se sacrifica. Quem comete um crime violento nunca é digno do sacrifício da vítima; não passa de um agente estúpido e atroz de forças arquetípicas, dando vazão à impessoal crueldade destas. Nem ele nem as forças divinas às quais serve estão interessados no destino individual da vítima. Esta deve encontrar um altar digno, em sua própria psique, no qual depositar o que lhe foi usurpado. Assim, ela "redime" o que foi perdido, não mediante uma vingança, mas através do senso de que um sentido mais profundo na vida está sendo servido. Escolher o que já aconteceu e outorgar um assentimento – não o consentimento – consciente ao que é a realidade da própria vitimização constitui o início do sacrifício consciente.

No nível coletivo, a exigência de sacrifício tem sido historicamente colocada de forma desproporcional sobre os ombros das mulheres, criando em muitas delas e na maioria dos homens a sensação de que não se trata de uma incumbência genuinamente sacrificial, ou que mereça essa conotação. Talvez em virtude desse legado e da realidade imediata da mulher-como-vítima seja difícil para a maioria delas, bem como para muitos homens, imaginar que algo possa ser ganho fazendo-se ou sendo um sacrifício, por qualquer motivo que seja. O autossacrifício vai contra o novaerismo já instalado (onde é hoje denominado "codependência") e contra algumas facções mais profundas e poderosas do pensamento feminista.

Não obstante, deve por certo existir um lugar para o sacrifício. Há na vida algum lugar para o valor do sofrimento, de tolerar uma dor, em benefício de um ente muito querido, ou de uma causa em que se acredita com todas as forças? O que mais pode significar ser "sagrado", "posto à parte", "dedicado", a menos que exista uma pessoa ou ideia digna de tal devoção? Qual o valor de toda a nossa força e de todo o nosso poder se não pudermos cedê-los, submetê-los a um valor maior? Teríamos nos tornado tão determinados em nossa consciência a não sermos vítimas que terminamos incapacitando-nos para o sacrifício? Se não podemos abrir mão de nada, não ceder em nada, não temos noção das exigências éticas feitas a nós por um poder maior do que o nosso próprio e pequeno eu, e então perdemos não só uma capacidade vital de relação com o outro como uma vivência fundamental do ser humano. Por implicar uma perda irreparável, parece trágico tornar-se uma vítima sejam quais forem as circunstâncias. Mas é uma tragédia igualmente terrível não estar disposto a sacrificar-se porque isso representa uma incapacidade para amar.

A necessidade que a vítima tem de encontrar um significado para a sua vitimização não é o mesmo que encontrar um "motivo" para ela. Pode não haver "motivo" para que certa pessoa se torne a vítima de um motorista bêbado num certo momento e local. A "razão" *pela qual* a pessoa torna-se vítima pode ser profundamente diferente do significado que ela atribui à experiência. E, uma vez que cada vítima compreende sua vitimização por um prisma próprio, a descoberta do significado é sempre uma experiência pessoal.

O primeiro lamento da vítima é "Por que comigo?" Já que raras vezes pode-se encontrar uma pergunta, talvez "por que não comigo?" seja uma indagação mais produtiva. A vitimização tende a tornar visível a pessoa: ela foi "escolhida" por um agressor. Mas a experiência da vitimização torna visíveis à própria pessoa certos aspectos de sua natureza, e de uma maneira que tem a mesma proximidade emocional e chocante que têm os traumas genuínos. Independentemente de circunstâncias ou agentes, a vitimização revela a coragem ou a covardia da vítima, seu limitado controle das circunstâncias, a profundidade de seu medo e de sua vergonha, sua capacidade para sentir compaixão de si mesma, ou a extensão em que se recrimina.

Contida na figura da vítima está uma lição que se refere à natureza do deus a quem o sacrifício está sendo oferecido, pois a vítima assemelha-se a esse deus. Os antigos acreditavam que havia uma afinidade profunda, às vezes oculta, entre a vítima do sacrifício e o deus ao qual a oferenda era feita. Na tradição judaica, a justiça de Deus exige o sacrifício de um animal inocente e bem-formado; por isso, o carneiro sem mácula. O mito cristão exigiu que o Filho sacrificado fosse como o Pai, sem pecado. Naquela parte de nossa alma em que somos vitimados, devemos buscar uma semelhança com algum deus, e ali erguer um altar interior para assegurar que o nosso sacrifício seja santificado. A sabedoria a ser descoberta não é que "você mesmo buscou isso", mas que isso levou você até o seu Self.

O modo como tratamos a "vítima sagrada" interior é a medida de como tratamos a "vítima secular" no mundo. Se nossa resposta a um animal machucado ou a uma criança molestada num sonho que tenhamos à noite é bani-los (esquecendo o sonho ou negando o abalo) ou recriminá-los ("sonho ruim", "não faz sentido", "senti tanto medo que varri tudo para debaixo do tapete"), nossa frieza nos permitirá banir as vítimas do mundo diário de nossa visão, de nossa memória e de nossa responsabilidade, ou então nos fará tratá-las com aquele desprezo inconsciente que aparece como piedade. Qualquer coisa, menos um interesse genuíno, uma compaixão autêntica, o verdadeiro amor.

A necessidade psicológica não é que salvemos a vítima interior de todas as mágoas e dores, mas que aprendamos a aceitá-la e cuidar dela, na sua dor. Isso significa o sacrifício do papel do "salvador", uma rendição consciente e voluntária de nossa fantasia de total independência e autossuficiência. Não podemos nos salvar e não somos suficientes para nós mesmos. Somente alguém com uma compulsão patológica para a autonomia e o excessivo exercício do faça-você-mesmo seria capaz de contestar essa ideia. Mas é muito grande a tentação de salvar e curar a vítima, e talvez em nenhum outro lugar seja mais agudo que entre os psicólogos e psicoterapeutas que trabalham com vítimas e supõe-se deveriam fazer justamente isso.

Pois é para lá que remetemos a nossa vítima interior: ao médico. Levamos regularmente nossos sentimentos de vítima a um curador-deus (como a igreja), efetuando sacrifícios (de óbolos), fazendo confissões, sentindo-nos vulneráveis e indefesos por trás de nossas maquinações, sentindo-nos traídos e irados quando nossas expectativas (nas orações) não são recompensadas. Queremos gratificação pela nossa humildade, solução para os problemas, reconhecimento pelos nossos esforços, sempre segurança, e, acima de tudo, queremos que o doutor nos ame enquanto estamos sofrendo, e faça parar a dor. Para algumas pessoas, ser uma vítima confunde-se com a equivocada necessidade de manter a dor para garantir que o amor não pare de vir. O médico também pode tornar-se vítima, especialmente quando tiver uma afinidade inconsciente com o paciente. Nessa área, o curador torna-se vítima do ferido, e a *persona* da competência profissional sofre um colapso sob o peso de exigências e expectativas impossíveis. O tormento do paciente passa a ser o do médico.

Algumas imagens de vítimas têm um poder excepcional para nos mobilizar emocionalmente porque incorporam praticamente todas as características essenciais da vítima arquetípica. A imagem de Jesus, alquebrado e ensanguentado na cruz, é um exemplo completo e ímpar da vítima sagrada, encarnando a santidade, a inocência, a perseguição e o sofrimento injustos, e o sacrifício voluntário. Na qualidade de exemplo coletivo, os judeus têm sido historicamente forçados a desempenhar o papel de vítima com tal assiduidade que o próprio nome deste povo passou a ser quase que sinônimo de "vítima". Imagens fotográficas de prisioneiros esqueléticos nos campos de concentração nos proporcionam uma definição visual austera da vitimização arquetípica, razão pela qual os judeus começaram a referir-se ao genocídio nazista como holocausto, que significa literalmente "oferenda pelo fogo". Mais recentemente, vemos fotografias de coelhos cegos, de gatos mortos a gás, de elefantes mortos sem suas presas – animais vitimados que, embora sendo seres dotados de sensibilidade, não podem sacrificar-se de bom grado em benefício da humanidade (e que sem dúvida não o fariam, caso isso lhes fosse solicitado). Essas imagens têm a força que vem da inocência da vítima (Jesus), da magnitude do sofrimento (o Holocausto) e da extrema impotência da condição da vítima (os animais). Se então a lâmpada de Psiquê acender e iluminar Eros, essas imagens poderosas talvez nos convoquem a criar relacionamentos com elas, nos quais poderemos evocar a nossa compaixão e o nosso amor.

Como observamos antes, a raiz do termo *vítima* contém um significado ancestral de "aumento", "crescimento". No entanto, não estou sugerindo que a vitimização deva ser considerada uma ocasião para o "crescimento positivo". Isso minimizaria o horror, o medo e a vergonha, ou os reprimiria por completo. A injunção para que a vítima "cresça" através das adversidades é um apelo sutil para que o ego da vítima deixe para trás a experiência da vitimização (uma forma de negação). "Crescimento", nesse sentido, é um processo defensivo, a exigência do pai ansioso que não sabe o que fazer com o filho que está sofrendo (como quando diz "Cresça, pare de chorar, pare de sentir pena de si mesmo").

Uma objeção mais profunda à exigência de que a vítima "cresça" é que isto conserva na fantasia da criança sua vivência de vítima. Os complexos significados que a vitimização possa ter para a alma permanecem obscurecidos e reduzidos a uma falsa simplicidade se essa for forçada a caber dentro da perspectiva única do arquétipo da criança. Se isso acontece, a vítima parece passivamente infantil ou irresponsavelmente pueril. Pode ser esta uma das razões que leva nossa cultura a assumir uma postura tão profundamente ambivalente diante da vítima, mostrando ou um total menosprezo e abuso, ou uma idealização que agiliza convulsões galvânicas de salvamento (lembram-se da pequena Jessica McClure, que caiu num poço no Texas, em 1989? O país inteiro participou, de forma indireta, da operação de salvamento). Quando é percebida através do arquétipo da criança, a vítima é infantilizada: a injúria que lhe tiver sido desfechada só pode ser compreendida como sinal ou consequência de uma imaturidade psicológica – a inocência, a ingenuidade, a despreocupação, o abuso, a criança que suplica aos adultos que joguem limpo. Em lugar de um drama adulto que se desenrola nas profundezas do sagrado interior da alma, a vitimização é vista como um dos muitos infortúnios que se abate sobre a criança. Exigimos ou uma excessiva responsabilidade por parte da vítima ("Ela deveria ter prestado mais atenção"), ou esperamos que ela seja tão indefesa diante do trauma quanto uma criança.

A figura da vítima precisa ser salva, não da vitimização, mas da fantasia infantil. A ideia de "aumento" que está na raiz dessa palavra refere-se a alguma outra coisa que não o "crescimento" orgânico. O que nos acontece, acontece, tenha sido ou não evitável. O que fazemos psicologicamente com esses acontecimentos é o que desencadeia o "aumento" ou a diminuição. Russell Lockhart escreve:

> A psicologia do [...] sacrifício relutante é muito diferente da do sacrifício feito de bom grado. Existem momentos e passagens na vida da pessoa em que o sacrifício genuíno da coisa mais valorizada é essencial para que o crescimento prossiga. Se esse sacrifício não for feito de boa vontade, quer dizer, conscientemente e com plena noção do sofrimento provocado pela perda, esse sacrifício ocorrerá no plano inconsciente. Nesse caso, a pessoa não se sacrificará ao crescimento, mas será sacrificada por um crescimento que enveredou por caminho errado.[3]

Quando a figura da vítima interior é atirada ao leão da grande deusa Necessidade (Ananque), é nessa arena – sempre que formos dilacerados pela dor ou pela injustiça – que a Necessidade deve ser transformada em uma Sina dotada de propósito. Os eventos e vivências que nos causam dor, perda, luto, danos e abandono são ritos de passagem e oferendas sacrificiais que nos "aumentam", que nos forçam a amadurecer.

A figura da vítima dentro de nós, ferida e desprotegida, é às vezes resgatada pela reflexão, quando o agressor interior também for reconhecido. Podemos ser vitimados por qualquer uma de nossas mais insensatas loucuras, falhas de caráter, falhas de previsão, erros de Julgamento, autotraições. Podemos nos tornar vítimas de qualquer divindade ou poder arquetípico cujo serviço tenhamos negligenciado. Eros nos assola com um desejo insaciável, Saturno retém prisioneiras da depressão nossa alegria e nossa liberdade, Hera nos enlouquece com sua ânsia de monogamia, Afrodite nos tortura com seu ciúme e insegurança no amor.

Mas não é sempre que a vítima interior deve ser salva: aliás, assim que tiver sido salva, não é mais uma "vítima" autêntica. Essa figura sofredora e impotente no nosso íntimo deriva seu significado justamente de seu sofrimento e sua impotência: é essa aceitação da limitação humana e de sua possibilidade de ser ferida que se torna a oferenda do sacrifício aos poderes, às divindades, aos deuses ou arquétipos que regem a vida psíquica. Pode ser que o arquétipo da vítima, com sua infinita solidão na dor, seja a imagem que conserva o mais profundo conhecimento ("gnose") do que é ser "humano". Conhecer em si mesmo a "vítima sagrada" é aquela experiência da vida como destino e finitude que torna possível à pessoa submeter-se à sua própria condição humana, sacrificando enfim o seu desejo tão humano de ser deus em todas as coisas.

William G. Doty

O Embusteiro

Quem, o quê, é o embusteiro interior? De que maneira poderemos entrar em contato com a útil figura do bobo ou do embusteiro que temos dentro de nós? A maioria das pessoas concentra seus esforços em reprimi-lo, ignorá-lo ou recusar-se a admitir que *nós* podemos ser tão malcriados, tão rudes, tão práticos quanto parece ser essa figura do embusteiro/bobo. Um dos meus sonhos é uma boa ilustração nesse sentido. Descendo pomposamente a rampa do concurso de misses, de repente, quando as luzes todas caem em cima de mim, arranco meu paletó e minha camisa, desnudando meu peito bastante cabeludo, para declarar "Vejam como meu sutiã Menina-Moça..." O resto se perde, os juízes berram para que se acendam todas as luzes do palco, minha parceira de apresentação empalidece e corre para a saída.

É tão estranho assim um sonho cuja cena é o roteiro errado no momento certo? Duvido, e suspeito que todos já tiveram sonhos assim em algum momento. Lugar errado, contexto errado, tudo errado, e no entanto acordamos com uma sensação de gratidão e contentamento porque aquilo que a pessoa do sonho fez foi afinal de contas muito adequado, exatamente o que aquele concurso sexista e emproado de beleza estava precisando.

Os embusteiros parecem encontrar saídas onde elas não existem. Riem dos costumes consagrados e nos oferecem outra alternativa para considerar a vida, segundo a qual a realidade costumeira aparece como a coisa barata, banal, monótona, subdesenvolvida que tantas vezes é. Essa perspectiva abala as definições consensuais vigentes, e no seu rastro ecoam desde risadinhas até gargalhadas. Ela nos faz sentir o sabor de um desafio quase irresistível contra a ordem reinante, num lampejo de discernimento do que *mais* poderia ser possível. Semeando indícios de crescimento, demole a aridez do sistema que espremeria a nova vida até reduzi-la a nada.

Permanecendo com o elemento de incongruência, temos a sensação de que outro reino invade este. *E se...*? E se os homens usassem mesmo sutiãs, ou as mulheres sungas? E se a noite fosse dia, e o dia noite? *E se...*? É bem aqui que nos aproximamos do que o bobo/embusteiro representa na sua essência: a imagem daquele que vira de pernas para o ar as respostas de conveniência, usuais, costumeiras. O embusteiro substitui com um caos divino a organização cotidiana. Esse é um caos estranhamente repleto de promessas, desde que o "Era uma vez, há muito, muito tempo" do Coiote/Corvo/Lebre deu forma à vontade do Grande Transformador, sem dúvida todo cheio de si, atravessando a vida como um pavão, mas aprendendo enquanto isso a diferenciar as extremidades de seu corpo e organizar a alternância entre a noite e o dia, criando as cadeias de montanhas e os frescos riachos de água doce. Ele não permanece num só lugar, é um viajante como Hermes. Aprendemos a reconhecer as áreas que percorre na geografia mítica de Nossa Cidade, de nossa realidade verdadeira, tantas vezes disfarçada. E mais uma vez somos lançados no cerne mesmo da tensão entre o original e o repetitivo, entre o arquetípico e o estritamente local.

Algumas histórias de embusteiros são mitos de criação. Depois de enganar o monstro primal e deixá-lo entrar na sua barriga, o embusteiro Coiote de Nez Percé descobre todos os animais que o monstro já tinha engolido. Então ele o retalha e mata e deixa os animais saírem, antes de criar as várias tribos de seres humanos a partir dos pedaços do monstro que atira ao léu.

O embusteiro Winnebago faz com que uma queda d'água se desloque para outro lugar para que um povo possa viver ali. Diz esse embusteiro: "Estou lhe dizendo que a terra foi feita para que o homem viva nela e você vai aborrecê-lo se ficar aí. Vim para a terra para pôr as coisas no seu devido lugar".[1]

As tarefas do embusteiro são realizadas mediante o que muitas vezes parecem ser atos desnecessariamente antissociais ou obscenos: ele costuma roubar objetos sagrados de poder, criar coisas a partir de montes de suas próprias fezes, soltar ventosidades com estrépito para partir rochas que se atravessam em seu caminho! Não é mais a vez da polidez elevada e aculturada, cavalheiresca, mas do tumulto dos abalos culturais. Cai por terra a etiqueta do chá das cinco, com rendas e luvinhas, de que se ouve falar na escola primária, para abrir lugar a uma reordenação sobreordinária, à clareza refratária dos momentos em que enxergamos por entre as emendas e mais além do óbvio, atingindo então o que há de obsceno na cena. Nos mitos do embusteiro, essas invasões de limites são claramente consideradas *criativas*, ideações originais, catalisadoras.

Às vezes, me pergunto por que as sociedades que produzem os ciclos do embusteiro consideram necessário imaginar a criatividade como um constante ultrapassar dos mores esperados e sancionados e dos limites sociais. Terão elas, de alguma forma, consciência do quanto matam de humano com a sua sociedade bem-educada? Sentirão elas a necessidade do trocadilho ou da piada infame para nos ajudarem a imaginar como *deveríamos* estar entrando em contato? O Coiote, em particular, tem predileção por relações sexuais nos lugares mais bizarros, ou com tantas mulheres quantas puder por vez, e gosta de usar seu pênis enorme de maneira incomum. O embusteiro faz seu pênis cruzar um rio de margem a margem, dobrar esquinas, e até mesmo percorrer longas distâncias num trajeto subterrâneo: "Oh, eu NÃO me sentei em cima de um cogumelo!", diz uma de suas vítimas.

Mas essas criaturas arquetípicas, precisamente pela sua bizarrice, pelas suas gafes desajeitadas, apontam os relacionamentos satisfatórios na medida em que colaboram com os elementos sem os quais estaríamos encurralados. Trazem comida, oferecem um mundo onde habitar, sexualidade e uma ordem moral reiterada, mesmo que esta seja enfatizada de forma indireta pelas suas oposições diametrais ao jeito normal de fazer as coisas. As histórias do embusteiro são paradoxalmente moralistas: pregam as normas ao dramatizar o que foge a elas.

Muitos episódios que envolvem o embusteiro mapeiam o processo humano de aculturação do reino natural: O Coiote aprende a não usar seu pênis descomunal para caçar esquilos fazendo-os sair de troncos ocos, isso apenas muito depois de os esquilos terem comido seu órgão dentada por dentada! Ele aprende a diferenciar suas mãos direita e esquerda, mas só depois de ambas terem lutado pela dominação a ponto de quase aniquilarem o resto do corpo nesse processo. Dessas explorações decorrem os benefícios culturais, as reconstruções do caos primordial que tornaram a terra um local habitável: as colheitas resultam dos pedaços descartados do pênis, outras partes dos monstros que o embusteiro derrota tornam-se as serras e o vale.

A mudança se instala como troca e transformação: O Corvo consegue se pendurar no sol, na lua e nas estrelas apesar de assim enfumaçar suas belas penas brancas e elas ficarem totalmente pretas. Ou o Corvo tenta roubar salmão azul-marinho de seu sogro, mas, por fazer barulho demais, é descoberto e consegue escapar só com um monte de escamas na boca. Apesar disso, quando as cospe enojado, as escamas caem nos rios e reproduzem-se magicamente, tornando-se os primeiros cardumes de salmão.

Em muitos desses contos, está sendo investigada e fundada uma organização social rudimentar, como quando as mãos direita e esquerda do embusteiro finalmente param de lutar para ver qual das duas consegue ser mais importante, e a humanidade começa então a compreender alguma coisa acerca das oposições duplas e do modo de enfrentá-las. Quando o Corvo rouba tanto o fogo como a água, trazendo ao mesmo tempo para a terra a luz do dia e a água fresca, não podemos nos impedir de indagar se nossos contrastes, oposições e exclusões habituais sempre se sustentam. Fogo *versus* água, intelecto *versus* intuição, traços masculinos *versus* traços femininos. Começamos a compreender que a vida nunca é uma coisa contra a outra, um ou outro, mas AMBOS/E. O embusteiro não simplifica: torna mais complexas as inflexões da condição do ser humano. Uma vez que significa uma pluralidade de sentidos, recusa-se à condensação e favorece a inovação multidimensional em setores que, não fora assim, consideraríamos acessíveis apenas aos milagreiros que agem além do nosso alcance.

Como todas as genuínas imagens psicológicas, a do embusteiro assinala que, além do mundo de definições do dicionário cotidiano, sempre existem conotações alternativas. Sempre que nos sentirmos sentados sobre os louros de nossas aparentes vitórias, que acharmos que "chegamos lá", o embusteiro irrompe em cena e questiona a sagrada estabilidade do ego e o sucesso econômico daquilo tudo. Lembra-se daquele sonho em que suas roupas estavam rasgadas e imundas no exato momento de dar um passo adiante e pegar o diploma, sonho esse que o fez indagar de si mesmo "o que era que você estava de fato almejando obter com toda a sua erudição tecnológica, metafísica ou pedagógica?".

Na vida, nós somos levados a participar de tantas situações potencialmente ricas quantas as que se abrem para o Coiote e para o Corvo. Quer ouçamos ou não o apelo do embusteiro para ampliar nossos horizontes de expectativas um pouco mais para os lados, a fim de abraçar aquilo que escapa à trilha batida, enxergando que o extraordinário sempre está imediatamente além do conforto do diário e do rotineiro, começamos a compreender que até o nosso próprio mundinho e a nossa profissão podem tornar-se os alicerces de um novo cosmos, se dermos atenção ao que nos oferece esse bobo que faz truques de palhaço, esse trapalhão transgressor. "Ouse ser diferente!" desafia o embusteiro. "Ouça e fale aquilo que abala os fundamentos da tradição!"

Uma longa relação de embusteiro, esparsa pela literatura mundial, sugere que essa figura é de fato dotada de uma qualidade arquetípica. Homens de confiança (Melville, Mann), reformadores (Kesey), ou figuras contemporâneas da ficção norte-americana nativa (Momaday, Welch) apresentam a figura do embusteiro em uma ampla gama de possibilidades literárias.

A figura do embusteiro tem que ver com transições, em particular a da morte (Hermes como psicopompo conduz as almas deste mundo para o próximo); com a marginalidade e a transcendência das restrições e dos limites; com a criatividade poética do que é liminar e temporário; com a fértil oposição do estrangeiro que nos assegura o espelhamento capaz de nos fazer reconhecer quem somos de verdade; com o bom-humor e o saber rir de si mesmo, que são posturas estéticas no mais profundo senso de uma revisão artística de nós mesmos e da nossa cultura. Ele representa a generatividade irrestrita, tanto da cultura como da natureza que recusa o terno clássico, as meias de seda e o salto 10, porque, logo ali na virada da esquina, existe a possibilidade de mudança e crescimento.

Jan Clanton Collins

O Xamã

As bases de todas as profissões de cura estão no arquétipo do xamã. Tomei consciência disso há mais ou menos vinte anos, quando estava estudando psicologia em Nova York. Naquele que é o mais urbano de todos os ambientes, comecei a sonhar com homens e mulheres americanos nativos que me curavam, ensinavam e chamavam para ser um receptáculo para a cura de outras pessoas.

Em virtude de meus sonhos, comecei a pesquisar minhas raízes biológicas ancestrais e descobri que minha bisavó tinha ascendência nativa. Mais ou menos na mesma época, conheci Michael Harner na New School for Social Research [Nova Escola de Pesquisas Sociais]. Ele me ensinou xamanismo e apresentou-me a Essie Parrish, xamã de Kashia Pomo.

Logo me vi subindo a estrada que margeia a costa da Califórnia, rumo à casa de Essie; virei à direita em Stewart Point e continuo agora através de florestas fechadas com rododentros em flor e samambaias iluminadas pelo sol. O que eu estava buscando? Uma avó? Uma herança espiritual? A confirmação de um apelo sagrado? Tudo isso e mais encontrei em minhas conversas com Essie, uma mestra consumada, poderosa, natural, despojada. Acima de tudo, descobri a força que vem de acreditar em meus sonhos, de "suportar a minha coragem", como dizia Essie. Ao passar por testes e tarefas, tais como os que ela vivera, um cerne interior no meu ser consolidou-se e permaneceu comigo. A ajuda contínua de figuras internas foi um tema que observei em seus sonhos quando ela os relatava a mim, e nos meus sonhos, que eu contava para ela. Depois da visita, dirigia de volta para Berkeley, tranquilizada e mais forte.

Hoje estou na casa dos 40 anos, sentindo-me uma analista junguiana madura e uma antropóloga-psicóloga. Penso naquele tempo, com vinte e poucos anos, e no encontro com Essie Parrish como o primeiro encontro com uma manifestação exterior da vivência interior do Self, na forma da xamã, e raiz arquetípica dos curadores. Segundo a definição de Mircea Eliade: o xamã é a pessoa que viaja num estado alterado de consciência com o propósito de ajudar outras pessoas.[1]

Tenho buscado contato com os xamãs e com os que aprenderam com eles, pois considero que existe muito que descobrir e aprender ali. Ao estudar com Michael Harner, pratiquei a entrada no estado xamanista de consciência, e a viagem para os Mundos Superior e Inferior num estado alterado, induzido pelo ritmo de tambores e chocalhos. Essa viagem é um poderoso recurso para entrar em sintonia com a sabedoria xamânica que muitas pessoas podem aprender a utilizar sob a orientação de um professor experimentado. A habilidade no emprego de sons monótonos de percussão para alterar o estado de consciência é uma técnica xamânica popular nessas culturas, que deve ser respeitada e abordada com cuidado.

A respeito de se encontrar um professor de técnicas xamanistas cabe uma advertência: os xamãs variam tanto em sua autenticidade como os psicólogos, os analistas e os médicos; por isso, é muito importante não idealizar os xamãs em atuação. É preciso ter em mente para avaliar o trabalho de um xamã os mesmos critérios que se costumam adotar no caso de um médico ou analista. Em minha experiência pessoal, no entanto, o verdadeiro xamã é inconfundível: despretensioso, contido, brincalhão, sociável, harmonioso e competente, enfatiza o amor, o respeito e o otimismo. Acima de tudo, o verdadeiro xamã está em paz.

Claude Lévi-Strauss comparou as curas xamanista e psicanalítica e concluiu que "a cura xamanista parece ser o equivalente exato da psicanalítica, porém com uma inversão de todos os elementos. Ambas têm como finalidade induzir certas vivências e as duas conseguem criar um mito que o paciente precisa viver ou reviver".[2] Uma distinção é feita por esse autor entre o "mito individual" do paciente, dentro da psicanálise, e o "mito social" do paciente de um xamã.

Contrariando o ponto de vista de Lévi-Strauss, os xamãs de hoje que usam as técnicas xamanistas, tanto dentro como fora do contexto tribal, parecem cada vez mais criar mitos individuais para seus pacientes, à semelhança do que faz o psicanalista. A matéria-prima para o mito do paciente no xamanismo é a visão que tem o xamã (ou o paciente, em um estado alterado de consciência supervisionado pelo xamã), enquanto o mito do paciente em análise decorre dos sonhos que este relata e que são interpretados através do diálogo com o analista. As duas estratégias, portanto, têm possibilidade de funcionar como acesso ao mito individual. A tradição xamânica enfatiza, em particular, a ligação entre a pessoa e o contexto social que, aos poucos, vai se tornando o mundo todo ou "todas as nossas relações" no seu senso mais amplo possível.

Em seu trabalho a respeito do xamanismo, Lowell John Bean e Sylvia Brakke Vane enfatizam a dimensão criativa do xamanismo, tanto de um ponto de vista histórico como para o momento atual. Esses autores refazem o percurso da medicina, da religião, da arte, da música, da dança e da literatura afirmando que suas "revelações foram obtidas em estados de transe". Os aspectos sociais do papel do xamã também são expressos nesse trabalho:

> O xamã pleno e maduro é uma pessoa de poder, que controla, dirige e persuade os outros membros de sua sociedade, e em geral está situado no pico de uma hierarquia de poder. Esse poder é derivado não só do conhecimento e da sabedoria adquiridos durante seu aprendizado e sua iniciação, mas também da confiança da sociedade nele depositada e da legitimidade de seu papel.[3]

Segundo minhas próprias vivências, percebi que, quando me aproximei do arquétipo xamanista, experiências sincrônicas começaram a multiplicar-se. Eu ria mais! Comecei a vivenciar todas as coisas – a natureza e os seres humanos, o mundo interior e o exterior – como elementos mais vinculados. Constatei de forma consciente que todas as coisas estão vivas. A ordem, o padrão e o significado tornaram-se muito mais aparentes. Cada dia trazia uma nova percepção e uma surpresa.

Meu encontro com outro xamã, em Soweto, na África do Sul, ilustra a recém-descoberta aceitação da sincronicidade. Cecil Burney e eu viajamos até Soweto para encontrar o *sangoma* (xamã) Zulu chamado Credo Mutwa. Quando Cecil contou o que havia sonhado, Credo Mutwa associou esse sonho às vidas de seus próprios ancestrais. Quando Cecil e Credo Mutwa trocaram presentes, Cecil recebeu a escultura de um leão – que era a imagem central de um sonho que ele não havia relatado, mas que o havia levado a ir visitar Credo Mutwa. Essa história assinala que, ao se aproximar de um xamã, a pessoa toma consciência de conexões significativas. O foco exclusivo sobre a consciência racional costumeira pode ser desviado por algum tempo e a mágica então ganha vida. Ali, todas as coisas estão inter-relacionadas. Com certo esforço, aprendi a insinuar parte dessa mágica no meu dia a dia.

Nas culturas tradicionais não ocidentais, o mundo dos sonhos, do mito e do ritual é considerado real em si mesmo. Em algumas culturas, a vida "normal" da vigília é objeto de desconfiança e considerada menos inteiramente real. O arquétipo do xamã confere uma sensação de renovação através de sua capacidade de unir esses mundos, de entrar no sobrenatural e de lá voltar trazendo uma visão que atribui significado à vida cotidiana. Os sonhos, a viagem xamânica e a visita a um xamã são três maneiras de se abordar o arquétipo do xamã. Essas três vias convocam uma quarta: a vivência do próprio xamã interior. Essa conscientização nos proporciona um elo com uma tradição ancestral e democrática, na qual cada pessoa encontra sua sabedoria interior particular. Cada um de nós pode adentrar o mundo xamânico e descobrir ali a nossa própria verdade interior. Aquilo que volta conosco dessa incursão cura e ilumina.

Christine Downing

O Curador

A ideia de que ter sido ferido, ter adoecido e sofrido são pré-requisitos para assumir-se o papel de curador aparece nos mitos e rituais das culturas tradicionais do mundo inteiro. Para mim, refletir sobre esse tema traz-me a lembrança de um sonho em particular, sonhado há muito tempo — não por mim, mas por uma amiga que estava treinando para analista junguiana.

Ela sonhou que, na companhia de seu analista didata, iam juntos empreender a investigação do mundo submarino, fazendo um caminho que atravessava todas aquelas formações fantasticamente coloridas de coral e outras plantas que crescem no fundo do mar. À volta deles, peixes de cores brilhantes deslizavam para todo o lado junto com outras criaturas inimaginavelmente estranhas que ali habitavam. Essa passagem era difícil. Eles sabiam que era importante prosseguir sem roçar no coral, mortalmente venenoso, e sem incomodar as criaturas vivas em cujo mundo haviam penetrado. As mãos de minha amiga agarraram os tornozelos de seu analista enquanto ele os conduzia por aquele território desconhecido. Ela percebia que confiava na direção por ele impressa à jornada, seguindo-o tranquila, até que de repente ele fez um movimento brusco que pareceu lançá-la diretamente contra um pedaço do coral. A ferida foi profunda e começou a sangrar. Logo depois, saíram da água. Sentindo-se traída, ela se voltou para ele e perguntou-lhe: "Como foi que você deixou que isso me acontecesse?"

"Só o curador ferido cura", foi a sua resposta.

Essas palavras ficam ecoando porque são confirmadas pela minha experiência pessoal. Eu sei que são a minha própria fragilidade e vulnerabilidade, as minhas experiências com o que só posso chamar de "a perda da alma" (de que uma das mais dolorosas dimensões foi a morte aparente daquela parte em mim que sonha), que estão na base mesma de qualquer que seja o poder que eu possa ter como curadora ou professora. Também aprendi, de modo pessoal, que curar costuma implicar um ferimento. Para discernir as defesas cuidadosamente construídas, como parte de seu trabalho, o professor muitas vezes pode precisar mostrar-se ignorante, intensificando a confusão, assim como o terapeuta talvez muitas vezes precise revelar uma dor oculta.

Freud e Jung, os dois curadores de almas com quem mais aprendi, sabiam ambos claramente o que era esse complexo inter-relacionamento entre ferir e curar. Freud fora iniciado em seu profundo entendimento da psique pela morte do pai e pela descoberta subsequente de que nutria desde a infância um ressentimento assassino e uma rivalidade inesgotável por um pai a quem também sabia ter amado. Ao atentar para a depressão que o isolava e para os sonhos disfóricos que o preocuparam durante alguns anos após essa morte, pôde chegar à constatação final: "Sou o meu paciente mais difícil". Investigando-se em sua própria condição de paciente, Freud chegou enfim a admitir e a reconhecer a dimensão ferida de todos nós. Não são apenas os neuróticos e os psicóticos que estão doentes, pois, para participar da civilização, como todas as pessoas devem fazer, cada ser humano fica profundamente descontente, adoecido, inevitavelmente restringido quanto à verdadeira satisfação de alguns de seus mais poderosos anseios. Enquanto curador, Freud podia auxiliar na transição da infelicidade histérica para a infelicidade comum, oferecendo simpatia, compreensão, e coragem, mas não podia curar. Ele não podia eliminar a nossa dimensão ferida. Em um de seus últimos ensaios, "Análise Terminável e Interminável", ele admitiu que, depois de uma análise ininterrupta e prolongada, a pessoa está mudada e, não obstante, continua a mesma. Ele sugere que a tarefa mais importante da análise é a aceitação de nossa finitude e a preparação para a morte.

O chamado de Jung aconteceu através de uma morte simbólica, a do pai simbólico, Freud, quando ambos romperam a colaboração e a amizade. Isso levou-o a anos de uma imersão psicoide no inconsciente que está vividamente relatada no "Confronto com o Inconsciente", um capítulo do seu *Memórias, Sonhos e Reflexões*. Mais tarde, em *A Psicologia da Transferência*, reafirma como é importante que o terapeuta se lembre das vivências dolorosas que, antes de mais nada, levaram-no a procurar uma terapia, e que tenha em mente que continua propenso a novos sofrimentos. Jung acredita que nos relacionamentos terapêuticos também os terapeutas se envolvem em um processo de transformação que, tal como aconteceu na relação com seus próprios pais, eles podem considerar difícil, confuso e doloroso. Uma terapia eficaz depende da disponibilidade do terapeuta para se arriscar a padecimentos e transformações gerados pelo processo, e para transmitir essa disponibilidade. Jung fala ainda da importância de os curadores se lembrarem que eles também foram feridos para se proteger do perigo da inflação, do risco de serem seduzidos a uma identificação com o arquétipo do curador.

O curador ferido também desempenha um papel importante na mitologia grega. Na tradição religiosa de cura da Antiga Grécia, presumia-se que o deus que pode curar é o responsável, antes de tudo, pelo infligir de padecimentos. Nessa medida, os sofredores devem tentar descobrir que divindade foi ofendida e que rituais devem ser efetuados, para poderem se purificar de suas máculas. A cura ritual baseava-se em pressupostos homeopáticos: o agente do sofrimento é o mesmo que o da cura. Os gregos acreditavam também que as próprias divindades teriam sofrido tudo aquilo que infligiam aos outros.

A principal divindade grega associada à cura é Apolo. Compreender essa conexão é abrir mão da nossa identificação superficial com esse deus, feita de modo indiferente e abstrato, propensa a uma perfeição da forma e uma autossuficiência invulnerável. E significa ir mais além do contraste heurístico proposto por Nietzsche, entre Apolo e Dionísio. Significa ir mais fundo que a visão délfica de Apolo, alcançando representações mais antigas e complexas.

Embora eu não conheça nenhum relato no qual Apolo tenha sido literalmente ferido, existem muitos outros que falam de seu padecimento quando da morte de algum companheiro querido, como Jacinto e Ciparisso. Apolo sofreu também sério golpe em sua dignidade como deus quando matou o Cíclope que havia forjado os relâmpagos com os quais Zeus assassinara seu filho Esculápio. Como castigo, Zeus sentenciou Apolo a um ano de serviços como criado de um rei mortal, Alceste. Esse ano passado com Alceste representou um ano de purificação. A ligação com o nosso tema pode ficar ainda mais evidente se nos lembrarmos que os gregos consideravam sinônimos pecado e ferimento.

Mas a identificação de Apolo como curador parece proceder mais do fato de ele ser um deus que fere do que um deus ferido. Suas flechas traziam doenças e uma morte rápida aos homens, assim como as flechas de sua irmã Ártemis eram tidas na conta de responsáveis pela morte das mulheres não vitimadas por uma violência visível. O seu templo raramente visitado, no topo da montanha em Baasal, tinha sido erguido pelos cidadãos da longínqua cidade de Figaleia como sinal de gratidão por Apolo ter finalmente debelado uma praga que então os assolava. A escultura conhecida como o Apolo do Belvedere em Roma é uma cópia de uma estátua inicialmente realizada por uma comunidade que buscava terminar com um mal igualmente devastador.

À medida que Apolo vai sendo cada vez mais identificado com seu templo em Delfos, seu trabalho de curador passa a ser aos poucos efetuado pela sua atividade oracular. Apolo havia se apoderado do controle do oráculo de Delfos que antes estava nas mãos da mãe-terra primordial, e deusa Gaia, matando a Pitonisa que se havia instituído como guardiã do templo. Originalmente, o oráculo agia por incubação; o suplicante recebia suas instruções por meio de sonhos enviados por Gaia. À época de Apolo, mulheres videntes, chamadas Pítias, respondiam às perguntas feitas pelos que buscavam saber como poderiam purificar-se ou purificar sua cidade. Consultar o oráculo representava uma tentativa de lidar racionalmente com a resolução do sofrimento: a pessoa vinha para saber qual era a origem de seus pecados e o remédio para eles. No entanto, as repostas eram crípticas, e em geral a primeira ou mesmo a segunda interpretações da providência a ser tomada mostravam-se erradas. Seguir o oráculo geralmente piorava as coisas antes de consertá-las.[1]

A lembrança de que somos mortais e não divinos é uma condição indispensável para receber a cura de Apolo. Em seu reino, a cura depende do conhecimento genuíno da própria situação. O famoso dito de Apolo: "Conhece-te a ti mesmo" não implica, como poderíamos supor, "Conheça a verdade acerca de sua história pessoal" e, sim, "Lembre-se de que você é mortal". O deus da cura permanece sendo o deus associado à morte.

Como todas as divindades principais, Apolo é um deus associado a muitos outros setores além do da cura, embora seu modo particular de ser curador esteja integralmente relacionado com suas outras funções e atributos. É muitas vezes entre os representantes da geração seguinte, dos filhos do Olimpo, que encontramos divindades mais especializadas. Assim, é o filho de Apolo, Esculápio (Asclépio), que se torna predominantemente o deus da cura. Seu poder vem de seu pai. Até mesmo em Epidauro, o local mais identificado com Esculápio, seu templo está erguido sobre as ruínas do antigo templo dedicado a Apolo. O santuário de Esculápio no suave e tranquilo vale era, nos templos clássicos, vigiado pelo templo de Apolo, construído no topo da colina, muito acima. Muito tempo antes, enquanto fora Apolo Maleatus, o próprio Apolo havia curado os doentes visitando-os em seus sonhos. Mas, ao se tornar cada vez mais o Apolo de Delfos, essas visitas começaram a ser consideradas incongruentes.[2] Agora é outro deus, seu filho, que faz as aparições noturnas.

A história do nascimento de Esculápio denota grande parte de quem ele é. Ele foi o resultado de um romance entre Apolo e uma bela mulher mortal chamada Corônis (segundo as tradições mais popularmente aceitas), que era neta de Ares, o deus da guerra, e irmã de Ixíon, o primeiro homicida parental humano. Essa genealogia, portanto, traz mais uma vez para o mesmo processo o motivo da cura e o motivo da morte. Segundo a versão mais vezes citada, quando Corônis descobriu que estava grávida, decidiu encontrar um homem mortal que se casasse com ela e tornasse legítima a criança. Apolo, ofendido pelo fato de que uma mulher pudesse preferir um marido humano a um amante divino, enviou Ártemis para matar Corônis e suas damas de honra. Ele mesmo mataria o noivo. Como não queria que seu filho morresse em meio a essa chacina, Apolo, num papel duplo de cirurgião e parteira, corta o ventre de sua amante moribunda e salva o filho, quase perto de nascer, e assim nasce Asclépio (a primeira cesariana, diz-se à guisa de piada em determinados círculos), salvo da morte para que pudesse crescer e curar os outros.

Esculápio foi entregue aos cuidados de Quíron, o sábio centauro que também era professor de Jasão, de Aquiles e de Actéon. Os centauros, uma raça de criaturas com corpo de cavalo e ombros e cabeças de homem, que descendiam de Apolo ou talvez de Ixíon, eram selvagens e temíveis. Mas Quíron, cuja genealogia era de outra ordem, pois, como Zeus e muitos outros habitantes do Olimpo, era filho de Cronos, era sábio e educado. No seu caso, sua natureza animal parecia significar uma sintonia com a sabedoria instintiva e um profundo entendimento do que era estar encarnado, dando-lhe assim plenas condições de agir como caçador, escultor e curador. Ao contrário dos outros centauros, Quíron era imortal. Mas no transcurso da batalha de Hércules contra os centauros, Quíron tinha sido ferido por uma seta embebida com a bile venenosa de Hidra, que Hércules havia matado há muito tempo. Esse ferimento era profundo e doloroso e nada conseguia cicatrizá-lo. Aliás, era tão incessante o padecimento que Quíron chegou a lamentar ser imortal, pois assim não conseguia escapar à dor. Pode-se sentir que o dom de curar desse centauro incuravelmente doente fora forjado pelo seu próprio destino inelutável.

Durante muito tempo, enquanto pensava no curador ferido, tinha de fato em mente a imagem do curador *curado*, o curador que já tinha sido ferido e cujos ferimentos estavam sanados. Quíron representa uma coisa diferente: o curador ainda ferido. Isso sugere uma perspectiva segundo a qual nossos ferimentos não são algo para superarmos, para deixar para trás no caminho, para esconder, mas sim uma parte integral de nós, o que não significa que ser ferido seja sinônimo de uma verdadeira saúde, mas que a aceitação de nossos padecimentos faz parte da verdadeira saúde, assim como a aceitação de que algumas feridas saram enquanto outras não.

Nenhum dos outros discípulos famosos de Quíron foram tão profundamente influenciados por ele como Esculápio. Os outros deram ou receberam a cura enquanto se consolidavam como guerreiros ou caçadores; este porém dedicou sua vida a curar. Em sinal de reconhecimento de seu dom como médico, Atená repartiu com ele os frascos com o sangue coletado da ferida que Perseu infligira à cabeça da Medusa, quando decepou a górgona. O sangue que verteu da veia esquerda era um veneno mágico e poderoso; o da veia direita tinha a reputação de poder devolver os mortos à vida. Em várias ocasiões, talvez numa comovida lembrança da morte injusta de sua mãe, Esculápio usou a poção mágica para trazer à vida heróis injustamente punidos pelos deuses e prematuramente enviados para o Hades.

Zeus, irado com a presunção de Esculápio de transgredir o limite entre a humanidade e os deuses, atingiu-o com seus trovões e o enviou ao Hades para que ele, embora sendo deus, pudesse experimentar em si mesmo o destino dos mortais. Assim, Esculápio se torna o único deus da mitologia grega a experimentar a morte.

Para os gregos, então, o deus da cura é aquele que sabe o que é morrer. Embora sua permanência no Hades tenha sido apenas temporária e ele tenha podido experimentar a mortalidade sem abdicar de sua imortalidade, é a própria vivência de Esculápio de sua vulnerabilidade diante da morte que o faz parecer o mais benevolente e dedicado de todos os deuses, aos olhos dos gregos.

Tendo sido o deus que passou certo tempo no mundo inferior, não é de espantar que Esculápio seja considerado um participante dos mistérios de Perséfone, um iniciado de Elêusis. O deus da cura termina compreendendo que seu trabalho subordina-se ao dela. Embora não sendo ele mesmo uma divindade do mundo inferior, ele insiste junto aos que o procuram para que ofereçam orações a Deméter e a Perséfone. Ele pode salvar a pessoa da morte *agora*, mas não para sempre. O adiamento que seus procedimentos de cura proporcionam representa para os que ainda não estão prontos para morrer um intervalo durante o qual preparam-se para o inevitável. A cura do corpo nos dá tempo para cuidarmos da cura da alma. Os que buscavam a ajuda de Esculápio acreditavam que se esse deus se recusasse a curar, então havia chegado o momento da morte dessa pessoa. Claro que às vezes a morte é uma *libertação* da enfermidade.

Assim, existe um santuário dedicado a Esculápio em Elêusis. Mas o centro do seu culto situou-se em Epidauro e os rituais ali eram diferentes dos que aconteciam em qualquer outro templo, pois esse deus estava disponível aos interessados sempre que fosse procurado. Seu templo ficava aberto todos os dias, não só nas ocasiões de rituais especiais. Embora não fosse um herói ctônico, associado ao mundo inferior, Esculápio também não era olímpico. Foi um deus que permaneceu na terra. Os que iam a Epidauro eram os casos desenganados, os pacientes que haviam esgotado todos os recursos médicos de suas comunidades, que sabiam que estavam sendo ameaçados com a morte e sentiam-se despreparados para isso. Devemos observar, no entanto, que os moribundos agudos não eram recebidos no recinto do deus. A morte era excluída de seu âmbito de cura, assim como o nascimento, pois a gestação não necessita de cura. (As mulheres estéreis, porém, iam ao santuário na esperança de serem fertilizadas pelo deus.). Também eram excluídos os ritualmente impuros, os criminosos.

A pessoa executava o ritual sozinha; não se tratava de um evento comunitário, como nos ritos associados aos outros deuses. Havia três dias de preparo ritual: jejum, banho e oferendas sacrificiais a Esculápio, a Apolo, a Mnemósina (a mãe das nove musas; talvez as preces a ela dirigidas expressassem a esperança do suplicante de ser reconstituído) e a Tique (a Fortuna). Depois, vestida com roupas comuns, a pessoa era conduzida por um *therapeute* a uma pequena câmara de pedra, em que não havia mais do que uma plataforma de pedra onde dormir, o *kline* (origem de nossa palavra *clínica*), espaço em que a pessoa poderia ser visitada de dia, durante o período da preparação. O *therapeute* então se retirava, deixando o paciente a sós com seus sonhos e com o deus. Depois de oferecer uma prece a Têmis (a ordem divina), a pessoa deitava-se para dormir, na esperança de que o próprio deus lhe aparecesse em sonhos.

Os gregos acreditavam que, quando dormiam, a nossa *psyche*, aquilo que em nós está silente enquanto estamos acordados, torna-se ativa. É a psique que sonha e permanece após a morte de nosso corpo, vivendo no Hades. "Psyche" representa o cerne de nossa natureza individual, de nossa essência pessoal, o aspecto do paciente que irá ao encontro do deus. A psique vê os sonhos e os recebe. Os sonhos são enviados por um deus e são teofanias. No ritual de Esculápio, a epifania, o aparecimento do deus em um sonho, era o próprio evento curativo. Sua vinda assinalava a transição da doença para o resgate da saúde. Toda cura era um ato divino, um mistério, que só podia acontecer no escuro. Em Epidauro, diversamente de Delfos, era o paciente que tinha a visão de sua cura, e não o sacerdote ou a sacerdotisa. A visão em si efetuava a cura não havia razão para interpretações ou providências baseadas nas instruções do sonho.

No sonho do paciente, o deus poderia aparecer em sua forma humana, ou em formas teriomórficas como serpente ou cachorro. Muitos sonhos registrados descrevem uma serpente ou um cão lambendo a parte doente e curando-a dessa forma. As mulheres estéreis relatavam sonhos nos quais uma serpente vinha e copulava com elas. Assim como está presente em tantas outras tradições religiosas, a serpente era um emblema do misterioso relacionamento entre a morte e o renascimento. Os cães também estavam associados à vivência do mundo inferior: o Cérbero de três cabeças dá as boas-vindas aos mortos, no Hades; mas come aqueles que tentam fugir. Hécate, a notívaga, faz-se acompanhar por cães de caça a ladrar, representando os espíritos inquietos daqueles que não tiveram um funeral ritual.

Quando o deus aparecia nos sonhos em sua forma humana como médico, agia segundo o padrão da medicina racional e suas curas eram de ordem médica. Aplicava bálsamo, utilizava drogas, operava, embora seus procedimentos fossem muitas vezes contrários às teorias humanas de tratamento, e suas cirurgias fossem mais radicais do que as que qualquer curador mortal pudesse empreender.[3]

Ao sonhar, o paciente estava sozinho com o deus. O *therapeute* retornava de manhã para registrar o sonho havido naquela câmara, embora o relato do paciente pudesse, sem dúvida, exercer por si só um efeito salutar. Ao ser relatado, o sonho estaria sendo sutilmente editado para caber dentro dos padrões culturalmente aceitos para sonhos.

Depois, o paciente oferecia uma canção de agradecimento pelo que lhe havia sido oferecido e sacrificava um galo para o deus, como sinal de que a luz do dia havia vencido as trevas, e de que a saúde debelara a doença. Apesar de ser reconhecido como o poder máximo do mundo inferior, Esculápio continua sendo filho de Apolo, dedicado à vida na superfície da terra iluminada pelo sol e à batalha contra a morte, luta essa que nunca conhece a vitória final.

Adolf Guggenbühl-Craig

O Inválido

A saúde e o invalidismo parecem ser maneiras opostas de ver a vida. A pessoa pode considerar-se sadia, forte, "inteira", ou deficiente, carente de algo no corpo e na psique. Do ponto de vista da saúde, as deficiências, incapacidades e *lacunas* são apenas problemas temporários que devem ser resolvidos; do ponto de vista do inválido, são simplesmente parte da vida.

Se, porém, existe um Arquétipo do Inválido, não deveria existir uma personificação mitológica deste? Os arquétipos não aparecem em geral na mitologia como deuses ou deusas? Não foram essas representações coletivas a base para a teoria junguiana dos arquétipos? Onde, então, em quais mitologias, encontramos o inválido como uma imagem coletiva?

Os deuses gregos parecem ser tudo, menos inválidos. Em sintonia com a sua posição exaltada, são retratados como seres fisicamente perfeitos. Existem apenas duas exceções: Hefaístos, que manca, e Aquiles, com seu calcanhar vulnerável. Até mesmo o herói perfeito e intocável tem uma fraqueza.

Quando analisamos a mitologia alemã, encontramos um estado diferente de coisas. Ali existem inúmeros exemplos de inválidos. Aliás, o conjunto inteiro da mitologia alemã parece ser revestido por um clima de previsões – Nidhoggr se contorce nas raízes de Yggdrasil, a Árvore do Mundo, enquanto se anuncia o conhecimento do *Goetterdaemerung* [O Crepúsculo dos Deuses] iminente. Como figura individual, encontramos Thor, o deus da guerra, que tem uma pedra de moinho incrustada em sua fronte, como dolorosa recordação de uma batalha anterior. Outros deuses alemães sofrem ferimentos graves, perdem uma das mãos, ou algo parecido. Baldur, o que brilha, é invencível contra tudo exceto contra o visgo parasita. O invalidismo parece ter maior importância na mitologia alemã que na dos gregos.

Muitas mitologias não europeias – de origem mexicana ou indígena, por exemplo – costumam descrever seus deuses como seres grotescos e disformes. De maneira semelhante, encontramos figuras divinas bizarras em culturas pré-históricas que nos oferecem uma impressão de invalidismo.

Os artistas muitas vezes criam imagens mitológicas desse tipo. Vejo os quadros de Velázquez, por exemplo, como expressão do arquétipo do inválido. Suas figuras são frequentemente grotescas e distorcidas. O cineasta Fellini recheia seus trabalhos com inválidos – aleijados, perversos e representantes dos traços anormais da raça humana, como mulheres gigantescas e homens esqueléticos. O inválido, como imagem e símbolo mítico, aparece também nas histórias clássicas de aventuras. Podemos nos recordar das histórias de piratas, de Long John Silver com sua perna de pau no livro *A Ilha do Tesouro*, de Stevenson, e do arqui-inimigo de Peter Pan, o Capitão Gancho, com sua prótese metálica. A figura do pirata, em si mesma uma imagem do inválido, é alguém que tradicionalmente não tem um braço, uma perna, ou pelo menos usa um tapa-olho preto. Outra imagem familiar do inválido na literatura é o Quasímodo de Hugo, o Corcunda de Notre Dame. Em geral, a arte parece assinalar a existência do arquétipo do inválido: o que são as gárgulas da Catedral de Notre Dame senão inválidos?

Dada a existência do arquétipo do inválido, também deve existir um complexo de inválido uma vez que os arquétipos atraem para si partes da psique e da vivência psíquica. É isso que se quer dizer com complexo. O homem com um complexo paterno tende a vivenciar a vida segundo a referência do patriarcado, independentemente de isto ter ou não relação com o fato de ser "pai". O policial, por exemplo, faz com que ele se sinta um menininho pequeno, interrogado pelo seu pai verdadeiro. Existe, de fato, um complexo do inválido. No decurso de meu trabalho como psicoterapeuta, tenho várias vezes atendido mulheres – assim como homens – que só conseguem se apaixonar por inválidos. Só se sentiram sexualmente atraídos por pessoas fisicamente inválidas.

Eu gostaria agora de esboçar um rápido "diagnóstico diferencial" do arquétipo do inválido, usando para isso uma definição e uma comparação. O inválido não deve ser confundido com o arquétipo da criança. Como aquele, esta é fraca e inferior, destituída das qualidades do adulto. No entanto, a criança cresce, muda, torna-se adulta, "mata o pai". Tem um futuro. O arquétipo do inválido também não deve ser confundido com o da enfermidade. Em boa parte semelhante à criança, a doença tem um futuro. Leva à morte, à saúde ou mesmo ao invalidismo. É temporária, uma ameaça passageira, uma catástrofe que terminará. A doença pode muito bem prejudicar o funcionamento psíquico e/ou físico, mas é aguda, dinâmica e fugaz. O invalidismo não leva a parte alguma, nem à morte, nem à saúde. É uma deficiência crônica, duradoura. É um estado crônico de estar "fora de ordem".

Os que vivem em função do arquétipo do inválido podem ser muito cansativos e aborrecidos para quem os cerca. Entre parênteses, posso comentar ainda que só existe outro arquétipo que torna as pessoas tão cansativas e aborrecidas: o da fantasia da saúde. A pessoa que não para de se queixar de suas costas é muito cansativa, mas não é nada se comparada a quem nunca para de falar da sua força física, de como seu coração continua batendo regular e ritmicamente depois de correr 10 quilômetros, de como se levanta todo dia às seis da manhã para tomar uma ducha gelada.

Claro que um arquétipo não é em si nem bom nem mau, nem interessante, nem cansativo. Dependendo da situação e do nosso ponto de vista, pode dar a impressão de ser negativo ou positivo. Nossa incumbência como psicoterapeutas é estudar e refletir sobre os arquétipos e suas características, permitir-nos sentir admiração e espanto por eles, e aprender – em alguma modesta extensão – a lidar com eles em nossa experiência cotidiana. O arquétipo do inválido pode ser muito desgastante e, por outro lado, pode ser muito agradável, como no exemplo seguinte.

Conheci um homem de meia-idade que sofria de dores crônicas nas costas, depressões periódicas e fadiga contínua. Ao mesmo tempo, era uma pessoa de trato muito agradável: ele fazia com que os outros se sentissem prestativos e úteis. Sempre se podia fazer alguma coisa por ele, como encontrar-lhe uma cadeira confortável. Ele parecia apreciar atitudes desse tipo. De modo algum consistia ameaça aos que o cercavam. Não transmitia qualquer senso de competitividade pelo tempo e pela atenção que lhe dispensavam. Ele fazia com que você se sentisse delicado e generoso, e desencadeava nos outros uma atitude amistosa, acolhedora. Era muito repousante estar na sua presença. Se o arquétipo do inválido for reconhecido e respeitado, dá margem a reflexões e debates. No caso desse homem, sempre que alguém sugeria uma caminhada, ele respondia: "Não, obrigado, minhas costas doem. Por que não ficamos aqui e conversamos um pouco?"

O arquétipo do inválido pode ser muito proveitoso para a pessoa que vive em função dele. Contrabalança a inflação do ego; cultiva a modéstia. Porque as fraquezas e imperfeições humanas são honradas, é possível uma espécie de espiritualização. O invalidismo é um contínuo *memento mori*, um confronto incessante com as limitações físicas e psíquicas. Ele não permite a fuga para fantasias de saúde ou o distanciamento da noção da própria morte. Promove a paciência e doma o exagero do agir. De certo modo, é um arquétipo muito *humano*. A fantasia de saúde e integridade de corpo e alma pode ser conveniente aos deuses, mas para meros mortais é uma verdadeira tribulação. *Quod licet Jovi non licet bovi.**

Uma vez que o arquétipo do inválido enfatiza a dependência humana, uma vez que força a aceitação da nossa necessidade mútua de outras pessoas, é um importante fator nos relacionamentos. Hoje somos atormentados por uma *fata morgana* psicológica – a ilusão da Pessoa Independente. Ainda existem aqueles que acreditam ser possível viver com total independência em relação aos outros. *Todos* nós somos dependentes de alguém – maridos ou esposas, pais ou mães, nossos filhos, amigos, até mesmo nossos vizinhos. Reconhecer nossas deficiências e fraquezas, nosso invalidismo, ajuda-nos a admitir a nossa eterna dependência em relação a alguém ou a alguma coisa. A pessoa "deficiente" em termos de sentimentos será sempre dependente dos que têm uma vida afetiva "saudável". A dependência mútua assim como a unilateral ganha seu merecido reconhecimento com o arquétipo do inválido. Este serve como contraponto à imagem da "pedra que rola não cria limo" do herói peregrino, figura popular junto à geração mais jovem. Para esta, o ideal é movimentar-se como os espíritos libertos, pelo mundo todo, sem vínculos, nem obstáculos: hoje na Índia, amanhã no México. Liberdade e independência são seu alfa e ômega, o sentido e a meta de sua existência.

---

* O que convém aos deuses (a Júpiter) não convém ao boi (aos simples mortais). (N. da T.)

Outra área em que o arquétipo do inválido tem um papel importante é dentro do fenômeno da transferência, na psicoterapia. A dependência, nesse contexto, é em geral compreendida como transferência de pai ou mãe e tida como regressão. Infelizmente, a fantasia de regressão filho/pai, na psicoterapia, pode ser muito prejudicial. Na grande maioria dos casos, a dependência do paciente reflete não a criança, mas o inválido. Às vezes, os pacientes ficam dependendo de seus terapeutas durante anos – parece que a criança não cresce nunca. Mas como poderia? Não estamos lidando com uma *criança*, mas com um inválido e com a sua necessidade correspondente de ser dependente! Nessas situações, muitas vezes o analista desenvolve uma culpa consciente. Pergunta-se se não estaria, porventura inconscientemente, tentando manter um consultório cheio constelando a dependência de seus pacientes. Essa questão não tem razão de ser. O analista não está sendo antiético, mas sim servindo, de forma legítima, como muleta para o inválido. Embora o analista possa tentar modificar a necessidade do analisando de dependência, encaminhando-o para alguém mais, um vizinho ou amigo, uma coisa é certa: a muleta será sempre necessária. A meta de uma independência total é simplesmente irreal. Se, por outro lado, o analista se identificar com a fantasia da saúde, da totalidade e do crescimento, simplesmente não vai enxergar o que está acontecendo. Achará que está lidando com o arquétipo da criança. Não percebe que a ausência de crescimento e recuperação da saúde assinala o inválido, não a criança. A criança, como dissemos antes, cresce e só pede ajuda por certo tempo.

 Devo insistir que são muito grandes e complexas as dificuldades e os perigos que acompanham o trabalho com o arquétipo do inválido. São estes justamente que muitas vezes resultam em uma repressão tanto coletiva como individual, caracterizada pelo *slogan* "o inválido sempre estará conosco!". Em nosso confronto com o invalidismo, sucumbimos todos rápido demais a uma atitude fatalista, a uma passividade que diz: "Por que me incomodar? Não há mesmo o que se possa fazer!" Deixando de compreender adequadamente o que implica o arquétipo do inválido, desistimos, paramos de tentar curar aquilo que pode ser curado. Até certo ponto, os grandes avanços efetuados tanto na medicina como na psicoterapia são uma decorrência da repressão do inválido. Ficamos de tal modo cativos da fantasia de uma saúde total que nos tornamos incansáveis em nossos esforços para chegar a essa condição. Não obstante, nós, analistas, não devemos ser os primeiros a atirar as pedras: a fantasia da saúde preenche nossa clínica na mesma medida que a do invalidismo.

Se pareço *ipso facto** um advogado de defesa autoinstituído no caso "saúde x invalidismo", é porque o arquétipo do inválido tem sido ignorado há muito tempo. Não tem recebido o respeito merecido. Minha ofensiva contra a "saúde", como advogado de acusação, não tem a intenção de desacreditá-la, mas em vez disso pretende ajudar a construir o equilíbrio melhor possível entre perspectivas que são essenciais. Com a pretensão de ampliar ainda mais a defesa, eu gostaria de apontar as armadilhas do arquétipo da saúde/totalidade, meu valoroso adversário.

Segundo a fantasia contemporânea de saúde, devemos nos tornar inteiros, totais, e totalidade aqui significa perfeição: "Sê perfeito..." O menor defeito, a menor disfunção, têm que ser removidos, curados, erradicados. Embora tivesse havido uma época em que o temperamento melancólico era aceito, até mesmo idealizado, hoje os melancólicos são diagnosticados como "depressivos", são tranquilizados e medicados até serem transformados em hortaliças que vivem em estado de graça perpétua. Bem no fundo, todos temos consciência de nossas deficiências, fraquezas, de nosso invalidismo. Ao mesmo tempo, reprimimos essa percepção de todas as maneiras que nos sejam possíveis. Lutamos sem cessar, sem sentido, para manter a ilusão da totalidade tentando alcançar a saúde perfeita.

Nossa cegueira quanto ao lugar e à importância do arquétipo do inválido torna-se uma atitude moralista, que julga a saúde e a totalidade como o bem final. Não é difícil imaginar o quanto é devastadora essa atitude quando lidamos com pessoas que sofrem de neuroses e distúrbios psicossomáticos. Fico continuamente espantado com o tom de superioridade moral que se insinua na voz dos psicoterapeutas, quando se põem a discutir casos dessa natureza. Os neuróticos e os pacientes psicossomáticos são simplesmente seres inferiores, que não podem ser curados porque não querem ser curados. Não querem mudar, nem crescer. Recusam nossas tentativas de melhorar seu estado. Não chegarão sequer a dar ouvidos a seus próprios sonhos! Como afogados, agarram-se às suas resistências, defendem-se – segundo o nosso modo de ver – com absoluta tenacidade contra o terapeuta, que só está tentando ajudá-los. Essas pessoas, coitadas,

---

* *Ipso facto:* expressão que significa por isso mesmo, pelo próprio fato.

almas imersas nas trevas, só são dignas de nossa atenção quando assumem a nossa fantasia de crescimento/saúde/totalidade (mas será uma fantasia mesmo ou uma fixação delirante?). Na qualidade de terapeutas, só estamos interessados nelas quando *querem* ser curadas.

Não pretendo criar a impressão de que todos os pacientes são casos crônicos, ou que não podem ser curados. Apenas desejo apontar que, nos casos em que o arquétipo do inválido se manifesta, o resgate da saúde e da totalidade simplesmente não é possível. Aceitar esse fato poderia parecer imoral, tanto para o paciente como para o analista. No entanto, os efeitos positivos irão em pouco tempo desfazer as dúvidas remanescentes. Uma vez que o resgate da saúde e a totalidade estão hoje bastante em moda, necessitamos desesperadamente refletir sobre aceitar o arquétipo do inválido.

Ignorar ou denegrir um arquétipo convida a sua fúria a manifestar-se, desencadeia a sua vingatividade, e o arquétipo do inválido não faz exceção a essa regra. Parece que quanto mais tentamos curar os pacientes neuróticos crônicos ou os psicossomáticos crônicos, mais desesperadamente eles resistem. Tornam-se mais tirânicos, mais exigentes, e cobram mais ainda o nosso tempo e atenção. Longe de curá-los, nossos esforços parecem apenas exacerbar o seu estado. A impressão é que muitas pessoas estão simplesmente esperando pelo momento de poderem abertamente expor seu invalidismo. Um acidente de pouca monta, uma pequena diminuição da capacidade física e mental, e eles saem do emprego, entram com um pedido de licença-saúde e esperam que outras pessoas comecem a cuidar deles. Despertam em todos nós sentimentos de culpa. Parecem dizer: "Agora sou inválido. Agora é você quem tem de cuidar de mim". É a nossa deficiência em aceitar o inválido que existe em nós, a nossa fantasia de que os seres humanos devem ser tão saudáveis quanto aqueles deuses gregos idealizados, que nos torna incapazes de enfrentar o arquétipo do inválido quando nos deparamos com ele. Nossa culpa nos obriga a prestar homenagem ao que nos recusamos a aceitar.

Os seres humanos funcionam com base em quatro funções ou padrões elementares: pensamento, sentimento, sensação e intuição. Em termos teóricos, todos possuem pelo menos o potencial para os quatro tipos, uma função sendo superior, outra sendo inferior, e as outras duas permanecendo como auxiliares. Os Sumos Sacerdotes da Saúde e da Totalidade nos fariam querer desenvolver em nossos pacientes todas essas quatro funções. No entanto, a maioria deles, por uma razão ou outra, não tem uma ou duas dessas funções. É como se fossem deformados ou aleijados. Se, por exemplo, não têm a função sentimento, seria inútil ajudá-los a desenvolver o que não está ali. Seria, ao contrário, muito melhor que os ajudássemos a explorar e avaliar sua deficiência, mostrar-lhes como viver com ela, e demonstrar de que maneira poderiam beneficiar-se de alguém que, por exemplo, tivesse uma função sentimento bem desenvolvida. Tentar desenvolver todas as quatro funções nesses pacientes apenas provocaria neles e nos terapeutas desapontamentos e frustração. Em vez de aceitar e respeitar o paciente tal qual é, ou seja, um inválido, existe o perigo de terapeuta e paciente não só rejeitarem o invalidismo, como também de o desprezarem. Para o paciente, o resultado dessa postura é compreensivelmente desastroso. Não somos nós, os analistas, na realidade, os advogados do arquétipo do inválido? Não é justamente isso que deveríamos ser?

A psique, por um lado, é considerada arquetípica, funcionando segundo padrões dados de ordem universal para comportamentos e vivências. Por outro lado, ela demonstra características completamente individuais e singulares. As imagens de totalidade e invalidismo são ambas universais, vale dizer, arquetípicas. Indaguemos de nós mesmos se seriam ambos arquétipos totalmente diferentes, ou se pertencem como aspectos complementares a um mesmo arquétipo. A imagem do invalidismo não pode existir sem a imagem da totalidade. A figura do Imperfeito só pode ser vista em contraste com a do Perfeito.

Para facilitar a discussão do tema, é mais fácil falar de dois arquétipos separados. Em última análise, no entanto, tanto a Totalidade como o Invalidismo são aspectos do Self, representando polaridades básicas da nossa psique. Infelizmente, quando falamos do Self, existe muita coisa insistindo em qualidades como redondo, completo, inteiro. Está mais do que na hora de falarmos da deficiência, do invalidismo do Self. Sempre tive dificuldade com o fato de as mandalas serem consideradas como o símbolo máximo do Self: são perfeitas demais para o meu gosto. O homem chega à plena constatação de sua própria natureza, de seu Self, mediante o encontro com seu invalidismo. A sensação do que é completo é máxima quando atravessa a sensação do que é incompleto.

Mary E. Hunt

O Amigo

Todo mundo quer fazer amigos, ter amigos, ser amigo. Ninguém gosta de perdê-los, desapontá-los ou desonrá-los. A pergunta é: como podemos saber qualquer coisa a esse respeito quando existe tão pouco na literatura e no acervo cultural da sociedade ocidental que fundamente o entendimento da amizade e incentive a sua evolução? Faz parte da natureza dos arquétipos estar tão profundamente entranhado no dinamismo da psique coletiva e individual que lhe seja implícito, mas esse silêncio gritante acerca da amizade parece estar indo um pouco longe demais.

A psicologia contemporânea oferece prateleiras repletas de livros sobre mitos e histórias, contos de fadas e parábolas, relativos a praticamente todas as imagens concebíveis, mas poucos sobre o valor das amizades. Diante de Grandes Mães, Filhos Cósmicos, Embusteiros e Velhas, parece que uma coisa tão simples como os Amigos surgiria como meros portadores da capacidade para os relacionamentos. No entanto, as amizades permanecem estranhamente como uma reflexão tardia, uma categoria todo-abrangente que perde sua importância diante de arquétipos baseados no casamento e na família, que vem depois dos modelos de vivência orientados pelo tipo de atividade e pelo gênero masculino ou feminino a que se pertença, que é tão comum que costuma ser ignorado, e assim nos coloca a todos em perigo.

Uma Análise das Amizades

Dei-me conta da posição insignificante atribuída às amizades na panóplia dos relacionamentos ao rever a literatura teológica. Os poucos elementos que encontrei estavam inter-relacionados: o modelo mais comum baseava-se na pirâmide de Aristóteles, em que as experiências pessoais de amizade serviam de norma. O relacionamento inverso aplica-se entre o número de amigos e o grau de proximidade (ou seja, quanto mais próximo o tipo de amizade, menor o número de pessoas que o conseguem, e somente os homens são capazes de atingir o pináculo da amizade com outros homens). O casamento, em vez de a amizade, é visto como a suprema consecução em termos de relacionamento. Em resumo, os homens têm o monopólio da amizade. Imobilizam-na em uma forma hierárquica e a contradizem publicamente ao se casarem.

Considero que essas imperfeições são contraintuitivas porque a amizade é o centro do meu senso de mim mesma e da minha relação com o mundo, sendo além do mais profundamente distorcida pela perspectiva feminista porque as mulheres parecem valorizar as amizades acima de quase tudo. Minha reação foi usar as amizades femininas como ponto de partida para uma teologia feminista da amizade.

Rotulei de *Fierce Tenderness* [Ternura Feroz] o meu trabalho, com base em minhas experiências pessoais, nem todas elas felizes, com amigas. A aparente justaposição emocional mobilizou profundamente meus leitores que, com pouca necessidade de explicações, perceberam a consistência da proposta com as relações que viviam e que para eles eram as mais significativas e importantes.[1] A sensação poderosa, às vezes brutal, de honestidade e paixão é vivida junto com a sensação suave, sempre corporal, de acolhimento e cuidado, que os amigos oferecem uns aos outros. Longe de uma romantização do que sem dúvida são relações de alta complexidade, a amizade é o contexto relacional em que amor e poder encontram sua forma de expressão, em que ousamos experimentar, e em que expressamos a qualidade da vida que desejamos. Quem, além de nossos amigos, tolerarão nossas esquisitices? Quem, melhor que os amigos, poderá favorecer nossa progressiva diferenciação?

O que se tornou claro é que as amizades entre mulheres são muito diferentes do que propõe o modelo masculino, e que essas diferenças podem ser proveitosas para mulheres e homens que sejam amigos, assim como para os homens que buscam superar os condicionamentos e chegar a ser ferozes e ternos entre si. Sobretudo, a abordagem feminista das amizades prioriza a qualidade e não a quantidade de amigos. Encoraja as variedades de amizades mais do que reserva para o casamento heterossexual o sinal da maturidade. Acima de tudo, começa com um relacionamento amistoso com o próprio Self.

O segredo mais guardado que descobri foi que as pessoas gostam de falar sobre seus amigos. Todos se julgam especialistas no assunto. O próprio tema torna a sua consideração comunitária e participativa. Em resumo, as amizades funcionam no plano arquetípico.

Continua um enigma o motivo por que Freud, Jung e seguidores não focalizaram de imediato a noção da amizade como algo central ao bem-estar psicológico dos seres humanos saudáveis. Não deploro o fato, principalmente porque as limitações de suas tipologias estão bem documentadas e explicitadas nas muitas críticas que ressaltam o essencialismo, o imperialismo cultural, o sexismo e o racismo que as infestam.[2] Ainda assim, causa estupefação o fato de que a amizade não pertença às categorias mais notórias. Suspeito que seja uma coisa parecida com o que acontece quando procuro pelo moedor de pimenta dentro do armário. Nunca consigo encontrá-lo no meio das ervas e condimentos exóticos que uso muito menos vezes. A velha e conhecida pimenta, usada com tal assiduidade que seu recipiente é o mais surrado de todos, é tão comum que até parece invisível.

Revalorizando a Amizade

As razões para a obscuridade da amizade parecem-me constituir precisamente seus pontos fortes. Localizo quatro dessas razões que incentivam o revalorizar das amizades em um mundo tão inamistoso para quase todos nós e para as pessoas e coisas que valorizamos:

Em primeiro lugar, *a amizade não é um conceito dualista, e sim unitivo*. A maioria dos arquétipos tem seu gêmeo, seu par, seu oposto. O equilíbrio entre os gêneros (Mãe, Pai), a distribuição etária (*Puer, Senex*), e outras expressões dualistas estão ausentes nas amizades, em que dois ou mais amigos são praticamente o mesmo um para o outro. Claro que existem diferenças individuais de raça/etnia, classe, idade, preferência sexual, gênero, e assim por diante, mas, nos relacionamentos, um amigo é um amigo é um amigo.

Para entrar na amizade, para realmente vivenciar suas dimensões arquetípicas, a pessoa tem de amar, respeitar, questionar, aceitar. Imagine a amizade com um amigo íntimo, um amigo morto, um amigo duvidoso. Encontramos muitos graus da mesma dinâmica. Imagine-a com um animal, com a terra, com o reino espiritual, em cujo seio a pessoa sente a reciprocidade da amizade, de ser querida como amiga. Observe ainda como é difícil dizer "amigo" no singular. Existe como um recipiente de lugar, conceitual e gramatical, quando na realidade é sempre plural. Nós somos amigos, fomos amigos, gostaríamos de nos tornar amigos. Até mesmo quando me torno amiga de mim mesma sou algo mais do que singular, sou o discernimento que capta a natureza unitiva do animal amistoso.

Em segundo lugar, *a amizade é um relacionamento que supera idades, gêneros, preferências sexuais, obstáculos legais, sociais e culturais*. Não pretendo sugerir que a amizade seja uma panaceia para as relações humanas em geral, nem tampouco pretendo sobrecarregá-la com expectativas que tornaria decepcionante a maioria das iniciativas humanas. Em lugar disso, penso que a amizade foi privatizada e tornou-se o tema de cartões comemorativos em lugar de um instrumento sério para a diplomacia, simplesmente por ser tão poderosa. Poucos arquétipos são tão versáteis: a amizade sobressai-se igualmente entre crianças e velhos, e pode ser constatada em igual medida nos homens e nas mulheres.

A mais óbvia referência ética para a amizade, omitida a meu ver para assegurar o *status quo*, é sexual. Como seria fácil se formulássemos as normas sexuais com base nas amizades, e não no gênero sexual, de tal modo que os relacionamentos entre pessoas do mesmo sexo ou dos dois sexos fossem igualmente submetidos a critérios de amizade, e não de preferência sexual. A discriminação atingiria, então, aqueles que transgredissem as exigências da amizade, a expectativa de que devemos nos tratar com reverência uns aos outros, de que devemos nos divertir juntos, honrar a nossa união e celebrá-la com um prazer seguro, sensorial, consensual. O abuso sexual e o abuso de crianças seriam censurados como atos inamistosos, causadores de danos àqueles cuja amizade fomos ensinados a valorizar. Longe de levar a um caos ético, uma norma sexual fundada na amizade equipararia o campo interativo moral e tornaria mais específicas as obrigações especiais que acompanham essa intimidade.

A amizade não é um elixir para apagar diferenças, mas uma motivação poderosa para criar vínculos em uma estrutura social geradora de inimigos, que é esta em que vivemos.[3] O racismo é um paradigma em que as diferenças óbvias levam à discriminação e à morte. Embora seja ingenuidade dizer que as amizades entre pessoas de grupos raciais/étnicos diferentes são a solução para problemas sociais tão profundamente enraizados, é igualmente contraproducente intitular a amizade solução particular para um problema público. As amizades inter-raciais, assim como as que unem pessoas de classes diferentes, ou de idades muito variadas, são uma parte promissora de uma solução política para o mundo perigosamente debruçado sobre a borda iminente do mais inamistoso de todos os atos, a guerra.

Os amigos têm um impacto recíproco. Levam-nos a fazer coisas que, se não fora por eles, jamais consideraríamos. Votamos, protestamos, compramos, fazemos negócios bancários e temos uma inclinação religiosa, em grande medida, por causa da influência de nossos amigos. As amizades nos levam a sentir que estamos comprometidos quando nossos vínculos políticos e nossas escolhas pessoais não estão se consolidando. Os amigos nos fazem repensar a nossa política, aliás, a reparar em partes do mundo que nem perceberíamos se não fosse pela sua atenção. Estou ciente de atribuir um grande peso às amizades por medo de complexidades arrasadoras. Ainda assim, a natureza transformadora da amizade é tão ostensiva – basta lembrar-nos das crianças americanas e soviéticas encontrando um modo de se tornarem amigas apesar dos anos e anos de propaganda, dos Amigos da Terra tornando o meio ambiente uma questão política, as nações amigas assinando acordos comerciais que moldam a economia global – que não há como eu exagerar a importância arquetípica desse dinamismo.

Isso me leva a uma terceira razão, *que a amizade é um relacionamento intrinsecamente político*. Há quem recue diante da noção de que sua sagrada intimidade não seja particular demais para a política. Mas, na medida em que a amizade é uma noção plural com a capacidade, não de transcender, mas de transfundir estruturas que nos mantêm isolados, ela contém as sementes da mudança social. Somos amigos não só na intimidade de nossas salas, mas também diante dos refletores da *polis*, onde outras pessoas nos veem e são afetadas pelos nossos vínculos.

Algumas religiões têm visto esse aspecto como a virtude de sacrificar a própria vida em benefício de um amigo. A história está repleta de exemplos de pessoas que transformaram amizades em movimentos sociais. Jane Addams e seus companheiros de Hull House eram um grupo de amigos. Dorothy Day formou o Movimento Operário Católico a partir das posturas políticas e dos compromissos de suas amigas. Não é por coincidência que "camaradas" e "companheiros" de movimentos políticos chamam-se dessa maneira, que em inglês teria no termo "Friend ["amigo"] seu mais aproximado equivalente.

O perigo, evidentemente, é que a amizade pode ser vista como o amor instrumentalizado. Contatos e uma rede de conhecidos pode substituir o altruísmo como virtude social. Não pretendo com isso enfatizar o fato de que todas as amizades sejam baseadas em um certo senso implícito de justiça que atende pelo codinome de "amor", mas sim aquilo que é obscurecido e relegado ao esquecimento se não for expresso concretamente por intermédio da infinidade de iniciativas de mudança social, que hoje são a definição de política. É por isso que as amizades precisam ser explicitadas.

Felizmente, *as amizades encontram canais de expressão na liturgia e na arte de fazer amor, nas belas-artes e no atletismo, na alimentação e na moda*, o que compõe a quarta parte de sua revalorização. O arquétipo irrompe com o aparecimento de amigos onde menos os esperamos. Quem são os nossos correligionários, senão os nossos amigos? E com quem melhor fazer amor, filhos, construir uma casa, trilhar seu caminho na vida, fazer mudanças de qualquer porte, do que com amigos? Em nossa época, especialmente para aqueles que têm acesso a recursos, todas essas são coisas necessárias e possíveis em prol da qualidade de vida pela qual tanto ansiamos.

O que em geral está faltando é a expressão simbólica das amizades, uma situação que está sendo remediada por pactos e compromissos, encargos e celebrações, que nos fazem lembrar da riqueza que é a amizade, das perdas em que incorremos, e das possibilidades que advêm quando simplesmente prestamos atenção neste poderoso componente de nossas vidas.

A ecologia é a expressão cósmica da amizade com uma terra que não é nem mãe, nem planeta, mas, em última análise, nossa amiga. A terra não é uma superfície estática sobre a qual estamos depositados. É a matriz da matéria em que nos encontramos. Somente a amizade, admitir a união, ter consciência da pluralidade, uma intenção política e a atenção para com um começo estético de nossa sobrevivência coletiva irão impelir-nos rumo a um futuro seguro.

Como observou Christine Downing em sua introdução a esta coletânea, os arquétipos têm seus limites. Mas o Amigo, como categoria de experiência pessoal, como nome para aqueles relacionamentos voluntários que mais prezamos, e como motivador transformador da mudança social, é, não obstante, um dos mais poderosos arquétipos que existem.

Epílogo

Como as Imagens Arquetípicas Reformulam a Nossa Vida

Ao examinar tantas imagens arquetípicas como as que compuseram este volume, espero ter-nos aberto ao seu poder para revitalizar e reformular nossas vidas. A esperança é que venhamos a descobrir imagens, talvez nestas páginas, talvez nos mitos, na poesia, na ficção, talvez em nossos sonhos ou em algum encontro externo notável, que fale fundo às nossas almas.

Como observou Jung, nunca é suficiente apenas saber esses conceitos e refletir sobre eles: "Não serve de absolutamente nada decorar uma lista inteira de arquétipos. Os arquétipos são complexos de experiências que vêm a nós como destino e cujos efeitos se fazem sentir em nossa vida mais pessoal".[1] Mas tão logo "tenham vindo a nós", devemos acolhê-los, entrar em um diálogo com eles, dar-lhes as boas-vindas para assim termos acesso ao seu poder criativo e transformador.

Não deveremos esperar tampouco que as imagens que nos aparecem diretamente possam encaixar-se com perfeição em qualquer uma das formas debatidas nas páginas precedentes, pois as imagens vivas não serão contidas pelas categorias acadêmicas. É isso justamente o que as torna vivas e vivificantes, sua capacidade de desafiar todo e qualquer entendimento habitual do Self. Envolver-se com o mundo imaginal e arquetípico também não irá resolver nossos problemas, nem curar nossos males. O que esse âmbito pode fazer é nos atrair para mais perto e mais fundo da complexidade da vida, com sua riqueza, ambiguidade e desafios.

A razão central para darmos atenção aos arquétipos é, afinal de contas, não apenas levar-me a uma relação diferente com a minha psique, com o meu Self, mas ajudar-me a ter uma relação diferente com o que me rodeia, ensinar-me a ter uma consciência que funcione por imagens, aprender a atentar às *die Ding*, as coisas do mundo. Pois, mundo e Self transformam-se juntos. E pode ser que essa ênfase sobre as imagens arquetípicas do Self seja apenas uma preparação preliminar para prestar atenção à dimensão arquetípica de tudo e de todas as coisas. Lembro-me da indagação feita por Rilke:[2]

> Estaríamos aqui, porventura, apenas para dizer casa, ponte, poço, cântaro, fruta, árvore, janela, no máximo coluna, torre [...], mas para dizê-lo, entenda bem, dizê-lo como se as próprias Coisas nunca tivessem tão ardentemente pensado que eram?

Notas

Abreviatura

CW: C. G. Jung. *Collected Works* (Bollingen Series XX), traduzidas por R. F. C. Hull e organizadas por H. Read, M. Fordham, G. Adler e William McGuire. Princeton, N. J.: Princeton University Press; e Londres: Routledge e Kegan Paul. Citado por número de volume e parágrafo ou página.

Prólogo

1. C. G. Jung. *Memories, Dreams, Reflections*. Nova York: Random House, 1963, p. 392.
2. *CW* 8, p. 213.
3. Cf. Gaston Bachelard. *The Poetics of Reverie*. Boston: Beacon Press, 1971, pp. 97-142.
4. Jolande Jacobi. *Complex, Archetype, Symbol*. Princeton: Princeton University Press, 1971, p. 50. [*Complexo, Arquétipo e Símbolo*. São Paulo: Cultrix, 1986 (fora de catálogo).]
5. James Hillman. "An Inquiry into Image". Primavera, 1977: 70.
6. Jolande Jacobi. *The Psychology of C. G. Jung*. New Haven: Yale University Press, 1973, p. 45.
7. *CW* 9.1, p. 58.

8. Cf. Demaris S. Wehr. "Religious and Social Dimensions of Jung's Concept of Anima." *In*: *Feminist Archetypal Theory*, orgs. Estella Lauter e Carol Schreier Rupprecht. Knoxville: University of Tennessee Press, 1985, p. 27.
9. *CW*, 8, p. 190.
10. *CW*, 8, pp. 286-89.
11. Hillman. "Image", p. 65.
12. *CW* 9.1, p. 48.
13. Citado em Jacobi. *Complex*, pp. 65, 66 e extraído de *Eranos Jahrbuch* 1934, p. 223. Não incluso na versão de "Arquétipos do Inconsciente Coletivo", de *CW* 9.1, embora uma passagem semelhante esteja presente em *CW* 14, p. 463.
14. *CW* 9.1, p. 179.
15. James Hillman. *Puer Papers*. Irving, Texas: Spring Publications, 1979, p. 13.
16. James Hillman. *Re-Visioning Psychology*. Nova York: Harper & Row, 1975, p. 158.
17. *CW* 9.1, p. 31.

Parte 1 – Figuras Arquetípicas do Mundo Interior

1. *CW* 9.2, p. 189.
2. *CW* 8, p. 195.
3. *CW* 7, p. 232.
4. *CW* 9, p. 21.
5. James Hillman. *Anima: An Anatomy of a Personified Notion*. Dallas: Spring Publications, 1985, p. 173. [*Anima: A Psicologia Arquetípica do Lado Feminino da Alma no Homem e sua Interioridade na Mulher*. São Paulo: Cultrix, 2020].
6. *Ibid.*, p. 179.
7. Cf. em especial June Singer. *Androgyny: The Opposites Within* [*Androginia: Rumo a Uma Nova Teoria da Sexualidade*. São Paulo: Cultrix, 1991 (fora de catálogo)].

A Persona – A Máscara que usamos no Jogo da Vida

1. E. A. Bennet. "The Double". *In*: *Studien zur Analytischen psychologie C. G. Jungs*, vol. 1. Zurique: Rascher Verlag, 1955, pp. 384-96.

2. *Ibid.*, p. 393.

3. *Ibid.*, p. 389.

Anima – A Mulher Interior

1. M. Esther Harding. *The Way of All Women*. Nova York: C. G. Jung Foundation, 1970, p. 12.
2. *CW* 9.2, p. 34.
3. *Ibid.*, par. 40.

Anima – Guia da Alma

1. Para um estudo sucinto dos pares de opostos e algumas confusões que ocorrem quando os tipos não são mantidos com nitidez, ver C. K. Ogden, *Opposition*. Bloomington: Indiana University Press, 1967.
2. *CW* 9.2, seção 422.
3. Cf. James Hillman. *The Myth of Analysis*. Evanston, Illinois: Northwestern University Press, 1972, pp. 183-90; e James Hillman. *The Dream and the Underworld*. Nova York: Harper e Row, 1979, pp. 55-9.

Animus – O Homem Interior

1. Jung diz em *Aion* (um trabalho posterior): "Uma vez que a *anima* é um arquétipo encontrado nos homens, é razoável supor que um arquétipo equivalente deva estar presente nas mulheres; pois, assim como o homem é compensado por um elemento feminino, também a mulher é compensada por um masculino". *In: Collected Works*, vol. 9, Vol. II, p. 14.
2. No capítulo "Anima e Animus", Jung explica por que os homens têm *anima* e, poderia presumir-se, vice-versa, por que as mulheres também têm *animus*. Primeiro, Jung afirma que a *anima* é a imagem de alma dos homens. As almas masculinas têm uma qualidade feminina. Quando personificada, a chamamos de *anima*, e é composta de: (1) as vivências com as mulheres reais que o homem conheceu; (2) a própria feminilidade do homem, e (3) uma categoria *a priori*. Temos aqui, então, a experiência (nível sociocultural), e a tendência biológica inata (nível biológico) e uma categoria *a priori* (nível transcendente). O *animus* da mulher é presumivelmente constituído destes mesmos fatores.

3. Não discuto com Polly Youg-Eisendrath e sua leitura do *animus* e da *anima* como complexos, tal como apresenta em seu *Hags and Heroes*. Sua abordagem é inovadora e, ainda mais importante, pode ser posta em prática. Penso, contudo, que Jung descreveu tanto o *animus* como a *anima*, mais frequentemente, como imagens arquetípicas do que como complexas. Muitas discussões instigantes e deliciosas com Polly ajudaram-me a esclarecer minhas próprias ideias a respeito.

4. Phillip Rieff, em seu livro *The Triumph of the Therapeutic*, fala da diferença entre as perspectivas sociológica e psicológica com relação ao indivíduo e à sociedade. Em nota de rodapé à p. 3, ele diz: "Desde seus primórdios, a teoria sociológica tem argumentado contra as oposições dualistas que envolvem a natureza humana e a ordem social, e contra as concepções individualistas do Self". Minha própria noção é uma tentativa de colocar as duas perspectivas – a da sociologia e a da psicologia – como vertentes a partir das quais compreender o Self.

5. Essa expressão, "abuso da psicologia de Jung sobre as mulheres", foi usada pela primeira vez por Polly Young-Eisendrath. Em um *workshop* que conduzimos juntas sobre o "Animus", no Centro Jung em Pittsburgh, Pa., Polly e eu concordamos que o termo "possuída pelo *animus*" é um abuso de linguagem e que deve ser eliminado do vocabulário junguiano.

6. Ver Inge K. Broverman *et al.* "Sex-Role Stereotypes: A Current Appraisal". *In*: *Journal of Social Issues*, vol. 28, nº 2, 1972, pp. 59-78.

7. "As religiões centradas na adoração de um deus masculino criam 'estados de ânimo' e 'motivações' que mantêm as mulheres num estado de dependência psicológica dos homens e da autoridade masculina, enquanto ao mesmo tempo legitimam a autoridade *política* e *social* dos pais e dos filhos, dentro das instituições da sociedade. Os sistemas de símbolos religiosos concentrados em torno de imagens exclusivamente masculinas da divindade criam a impressão de que o poder feminino nunca pode ser plenamente legítimo ou completamente benigno". *In: Womanship Rising*, p. 275.

8. A *anima*, para as mulheres, pode ser também um símbolo de nossa vida não vivida, se nós, mulheres, nos identificarmos principalmente com um modo de ser masculino. Isso não é de todo improvável em nossa sociedade.

O Duplo – O Auxiliar Interno de Mesmo Sexo

1. Platão. "Symposium", Plato with an English Translation, vol. 5, trad. W. Lamb. Cambridge: Harvard University Press, 1913, p. 105.

2. 2 Sam 1:26.
3. *CW* 17, p. 338.
4. J. Tolkien. *The Return of the King*. Nova York: Ballantine, 1965, p. 267.
5. Platão. "Symposium", pp. 76-7.
6. Tucídides. *The Peloponnesian War*, trad. R. Warner. Baltimore: Penguin, 1954, pp. 399-403.
7. Homero, *The Illiad*, trad. W. Rouse. Nova York: Mentor, 1950, p. 260.

O Self é um Alvo Móvel – O Arquétipo da Individuação

1. A dificuldade de apresentar todos os conceitos e evidências de Jung para o arquétipo do Self, e de apresentar as muitas tradições e sequências de sonhos individuais demonstrando a existência e o funcionamento desse fator transpessoal pode ter levado os seguidores imediatos de Jung a reduzir tudo a umas poucas metáforas como o "eixo ego-Self". Prefiro utilizar uma maior quantidade de metáforas para o Self. Essa abordagem corre o risco de confundir e tem a possibilidade de obscurecer a simplicidade essencial do Self, mas escolho-a para ser fiel à minha experiência e aos indícios que encontro nos textos de Jung acerca das muitas formas e forças simultâneas e sucessivas que emanam do Self.
2. *CW* 11, p. 259.
3. C. G. Jung. *The Visions Seminar*, vol. 2. Zurique: Spring Publications, 1976, pp. 472-73.
4. C. G. Jung. "Resposta a Jó". *In*: *CW* 7, pp. 468-69.
5. Murray Stein. *Jung's Treatment of Christianity*. Wilmette, Illinois: Chiron Publications, 1986.
6. J. S. Mill. "On Liberty". *In*: *Great Books of the Western World*, vol. 43. Chicago: Enciclopédia Britânica, 1986, p. 297.
7. *CW*, 9, vol. I, p. 289.
8. C. G. Jung. *The Visions Seminar*, vol. 2, p. 341.

Parte 2 – A Família Arquetípica

1. *CW* 9.1, p. 82.

Filhos e Pais – Ou por que Filho é Um Verbo

1. Anônimo. "On Being a Father". *In*: *Parent's Magazine and Homemaking* 41 (1968): p. 49.
2. James Agee. *A Death in the Family*. Nova York: Bantam, 1981, p. 26.
3. Robert Penn Warren. *A Place to Come to*. Nova York: Random House, 1986, p. 9.
4. Stanley H. Cath, Alan R. Burwill e John Ross. *Father and Child: Development and Clinical Perspectives*. Boston: Little, Brown, 1982, p. 62.
5. Warren. *A Place*, p. 335.

O Pai Devorador

1. Aniela Jaffé. "The Creative Phases in Jung's Life". *In: Spring*, 1972, p. 164.
2. C. Kerényi. *The Gods of the Greeks*. Londres: Thames & Hudson, 1961, p. 91. [*Os Deuses dos Gregos*. São Paulo: Cultrix, 1993 (fora de catálogo)].

Mães e Filhas – Uma Perspectiva Mitológica

1. As citações deste capítulo extraídas de C. G. Jung e C. Kerényi são extraídas de *Introduction to a Science of Mythology*, trad. R. F. C. Hull. Londres: Routledge & Kegan Paul, 1951.

A Redenção do Pai

1. H. Kohut. *Analysis of the Self*. Nova York: Doubleday-Anchor Books, 1973, p. 66.

Grandes Mães e Avós

1. Para outra aplicação da retórica do conto de fadas em relação com o motivo da avó e em relação com perspectivas psicológicas, ver David L. Miller, "Fairy Tale or Myth?", *In: Spring*, 1976, pp. 157-64. Ver também: David L. Miller. "Red Riding Hood and Grand Mother Rhea: Images in a Psychology of Inflation". *In*: James Hillman *et al*. *Facing the Gods*. Dallas: Spring Publications, 1980, pp. 87-100. [*Encarando os Deuses*. São Paulo: Pensamento, 1992 (fora de catálogo)].
2. Robert Graves. *The Greek Myths*, vol. 1. Baltimore: Penguin, 1955, pp. 118s. e 104.

3. Cf. "To Demeter". *In*: *The Homeric Hymns*, trad. Charles Boer. Chicago: Swallow Press, 1970, pp. 91-135.

4. Catherine Avery, org. *The New Century Classical Handbook*. Nova York: Appleton-Century-Crofts, 1962, p. 961.

Enfim o Acordo Conjugal – Uma Perspectiva Mitológica

1. *CW* 17, pars. 331, 331b.
2. Murray Stein. "Hera Bound and Unbound". *In*: *Spring*, 1977, p. 107.
3. *Ibid.*, p. 111.
4. Russell Jacoby. *Social Amnesia*. Boston: Beacon Press, 1975, p. 111.
5. C. Kerényi. *Zeus and Hera*. Princeton: Princeton University Press, 1975, p. 122.

Os Gêmeos – Uma Perspectiva Arquetípica

1. Janet McCrickart lançou *Eclipse of the Sun: An Investigation into Sun and Moon Myths*, que oferece uma extensa pesquisa da psicologia solar feminina. Somerset, Inglaterra: Gothic Images Publications, 1990.

2. J. Rendel Harris. *Boanerges*. Cambridge: Cambridge University Press, 1913. De onde foi tirada a maior parte do material resumido nos próximos parágrafos.

3. Paul Radin. "The Basic Myth of North American Indians". *In*: *Eranos-Jahrbuch*, 1949. Ogle Frobe-Kapteyn, org. Zurique: Rhein Verlag, 1950, p. 359. Jaan Puhvel. *Comparative Mythology*. Baltimore: The Johns Hopkins University Press, 1987, p. 290.

4. Marie-Louise von Franz. *Creation Myths*. Nova York: Spring Publications, 1972, pp. 70-5.

5. *CW*, p. 106.

6. *CW*, p. 226.

7. Joseph Campbell e Maud Oakes. *Where the Two Came to Their Father: A Navaho War Ceremonial*, 2ª ed. Bollingen Series I. Princeton: Princeton University Press, 1969, p. 36.

8. Edward F. Edinger. *The Bible and the Psyche: Individuation Symbolism in the Old Testament*. Toronto, Canadá: Inner City Books, 1986, p. 36.

9. C. G. Jung. *Mysterium Coniunctionis*, 2ª ed. Bollingen Series XX. Princeton, NJ: Princeton, University Press, 1970, p. 508.

10. Roger Woolger. "Death and the Hero". In: *Arche: Notes and Papers on Archaic Studies* 2 (1978): 48.

11. Sylvia Brinton Perera dedica um capítulo a "The Bipolar Goddess" em seu *Descent to the Goddess: A Way of Initiation for Woman*. Toronto, Canadá: Inner City Books, 1981, pp. 43-9.

O Relacionamento Homossexual como Veículo para a Individuação

1. Ver Robert H. Hopcke. *Jung, Jungians and Homosexuality*. Boston: Shambhala, 1989, p. 160. "Eros in All His Masculinity: Men as Lovers, Men as Friends". In: *The San Francisco Jung Institute Library Journal*, 7, n⁰ 4, 1975: 27-41.

Parte 3 – Dimensões Arquetípicas do Ciclo Vital

1. *CW* 9.1, p. 154.

O Arquétipo da Criança

1. *CW* 6, p. 242.

Puer

1. Ovídio. *Metamorphoses*, IV, pp. 18-20.
2. *CW* 5, par. 527.
3. John Gillespie Magee Jr. "High Flight". In: *The Family Album of Favorite Poems*, org. P. Edward Ernest. Nova York: Grosset & Dunlap, 1959.
4. Gerhard Adler e Aniela Jaffé, orgs. *C. G. Jung: Letters*, vol. 1. Princeton: Princeton University Press, 1973, p. 82.

A Virgem

1. J. G. Frazer. *The Golden Bough*. Parte I, vol. 1. Nova York: Macmillan, 1917, pp. 36-7.
2. Robert Briffault. *The Mothers*, vol. 3. Londres: George Allen & Unwin, 1927, pp. 169-70.

A Velha Sábia

1. Thomas M. Falkner. "Homeric Heroism, Old Age and the End of the *Odissey*". In: Old *Age in Greek and Latin Literature*, orgs., Falkner e Judith de Luce. Albany: State University of New York Press, 1989, p. 33.
2. Cf. Mary Daly. *Gyn/Ecology*. Boston: Beacon Press, 1979, pp. 16, 427. Barbara Walker. *The Crone: Woman of Age, Wisdom and Power*. São Francisco: Harper & Row, 1985, *passim*.
3. Baba Copper. "Voices: On Becoming Old Women". *In*: *Women and Aging*, *Calyx*, 9.2 e 3. Inverno de 1988: 56.
4. Helen M. Luke. *Old Age*. Nova York: Parabola Books, 1987, pp. 92-4.
5. Barbara Macdonald. *In*: Macdonald e Cynthia Rich. *Look Me in the Eye*. San Francisco: Spinsters, Inc., 1983, p. 19.
6. Carolyn G. Heilbrun. *Writing a Woman's Life*. Nova York: Norton, 1988, p. 130.
7. Luke. *Old Age*, pp. 44, 60, 63, 72, 73, 75.
8. *Ibid.*, pp. 69, 95, 104, 106, 110.
9. *Ibid.*, pp. 94-5.
10. Meridel LeSueur. *Ripening*. Old Westbury: NY: The Feminist Press, 1982, p. 263.

Parte 4 – Papéis Arquetípicos

1. James Hillman, "An Inquiry into Image", Primavera (1977): 81.

A Reformulação do Arquétipo de Herói

1. Joseph Campbell. *The Hero With a Thousand Faces*. Cleveland: Meridian Books, 1949/1956, pp. 19-20. [*O Herói de Mil Faces*. São Paulo: Cultrix, 1988.]
2. *Ibid.* p. 4.
3. *Ibid.*
4. Erich Neumann. *The Origins and History of Consciousness*, trad. R. F. C. Hull, Bollingen Series XLII. Princeton: Princeton University Press, 1954, p. 127. [*História das Origens da Consciência*. São Paulo: Cultrix, 2ª ed., 2022.]
5. Campbell. *Hero*, p. 16.

6. Ver Carol Gilligan. *In a Different Voice: Psychological Theory and Women's Development*. Cambridge, Mass.: Harvard University Press, 1982. Mary Field Belenky, Blythe McVicker Clinchy, Nancy Rule Goldberger e Jill Mattuck Tarule. *Women's Ways of Knowing*. Nova York: Basic Books, 1986.

7. Ver Naomi Goldenberg. *Changing of the Gods: Feminism and the End of Traditional Religions*. Boston: Beacon Press, 1979). Demaris Wehr. *Jung and Feminism: Liberating Archetypes*. Boston: Beacon Press, 1987.

8. Michael E. Zimmerman. "Deep Ecology and Ecofeminism: The Emerging Dialogue". *In*: *Reweaving the World: The Emergency of Ecofeminism*, orgs. I. Diamond e G. F. Orenstein. San Francisco: Sierra Club Books, 1990, pp. 145, 147. Uma versão do artigo de minha própria palestra foi publicada com o título "Getting Back to Gaia", *in: Anima* 13, I. Outono de 1986, pp. 62-9.

9. James Hillman. *Re-Visioning Psychology*. Nova York: Harper & Row, 1975, p. 87.

10. Barbara Dunn. "James Hillman on Soul and Spirit". *In: Common Boundary*, 6, 4 (julho/agosto de 1988): 6.

11. *Ibid.*, p. 8.

12. *CW* 13, p. 50.

13. *CW* 14, p. 358.

14. Michael Sexson. *The Quest of Self in the Collected Poems of Wallace Stevens*. Studies in Art and Religious Interpretation, 1. Nova York: Edwin Mellen Press, 1981, pp. 184-85.

A Heroína

1. Carol P. Christ. "Margaret Atwood: The Surfacing of Women's Spiritual Quest and Vision". *In*: *Signs* 2, 2. Inverno de 1976: 317.

2. Penelope Washbourn. *Becoming Woman: The Quest for Wholeness in Female Experience*. Nova York: Harper & Row, 1977, p. 40.

O Monstro

1. Erich Neumann. *The Origins and History of Consciousness*. Princeton: Princeton University Press, 1970), p. 276.

2. Mircea Eliade. *Myths, Dreams and Mysteries*. Nova York; Harper Brothers, 1960, pp. 219, 218 *ss*. Joseph Campbell. *The Hero With a Thousand Faces*. Nova York: Pantheon Books, 1949, p. 90 *ss*.

3. Eliade. *Myths*, p. 223.
4. Frances G. Wickes. *The Inner World of Childhood*. Englewood Cliffs, NJ: Prentice-Hall, 1978, p. 57.
5. *CW* 5, p. 419.
6. *CW* 5, p. 263.
7. Marie-Louise von Franz. *Shadow and Evil in Fairytales*. Irving: Spring Publications, 1974, p. 39.
8. Eliade. *Myths*, p. 184.
9. Joseph Campbell. *The Masks of God: Occidental Mythology*. Nova York: Viking Press, 1965, p. 334.
10. Mircea Eliade. *Patterns in Comparative Religion*. Nova York: World Publishing, 1963, p. 194.
11. Julie Stanton. *La nomade* (A Nômade). Montreal: L'Hexagone, 1982, pp. 7, 42, 45, 50, 54. Usado com permissão da autora, excerto traduzido para o inglês por Denyse Beaudet e David DeBus.
12. Diane Kennedy Pike (também conhecida como Marianne Paulus). "Coming to Know Through Feeling, Through Direct Experience, Through Conscious Immersion in the World Mother, in Darkness." *In*: *Seeker Newsletter*, 10, nº 1, p. 6.

A Vítima

1. Russel Lockhart. "Cancer in Myth and Dream". *In*: *Worlds as Eggs: Psyche in Language and Clinic*. Dallas: Spring Publication, 1983, p. 56.
2. Simone Weil. *Notebooks*. Nova York: G. P. Putman's Sons, 1956, p. 266.
3. Lockhart. "Cancer", pp. 57-8.

O Embusteiro

1. Susan Feldman, org. *The Storytelling Stone: Myths and Tales of American Indians*. Nova York: Dell, 1965, p. 126.

O Xamã

1. Mircea Eliade. *Shamanism: Archaic Techniques of Ecstasy*. Princeton: Princeton University Press, 1972, p. 5.

2. Claude Lévi-Strauss. *Magic and Religion*. Nova York: Harper & Row, 1963, p. 199.

3. Lowell John Bean e Sylvia Brakke Vane. "Shamanism: An Introduction." *In*: *Art of the Huichol Indians*, org. Kathleen Berrin. San Francisco: Fine Arts Museum, 1978, p. 121.

O Curador

1. Joseph Fontenrose. *The Delphic Oracle*. Berkeley: University of California Press, 1981, cap. 7, afirma que isso é verdade acerca das respostas "legendárias", mas não das "históricas".

2. Emma J. Edelstein e Ludwig Edelstein. *Asclepius*, vol. 1. Baltimore. The John Hopkins University Press, 1945, p. 99.

3. *Ibid.*, p. 154.

O Amigo

1. Cf. Mary E. Hunt. *Fierce Tenderness: A Feminist Theology of Friendship*. Nova York: Crossroad, 1991.

2. O Trabalho de Naomi R. Goldenberg tem esclarecido muitas teólogas feministas a esse respeito. Ver *Changing the Gods: Feminism and the End of Traditional Religions*. Boston; Beacon Press, 1979. *Returning Worlds to Flesh: Feminism, Psychoanalysis and the Resurrection of the Body*. Boston: Beacon Press, 1990.

3. Essa nítida percepção da "inimizade estrutural" vem de Lois Kirkwood, que trata da questão em sua tese de doutoramento: "Enemy Love in Racial Justice: A Christian Social Ethical Perspective". Nova York, Union Theological Seminary.

Epílogo

1. *CW* 9.1, p. 30.

2. Rainer Maria Rilke. *Duino Elegies*, trad. para o inglês C. F. MacIntyre. Berkeley: University of California Press, 1961, p. 69.

Os Colaboradores*

Denyse Beaudet, Ph. D. é uma psicóloga junguiana do desenvolvimento, pesquisadora independente e palestrante nos campos da psicologia do desenvolvimento e sonhos infantis. É autora de *Encountering the Monster: Pathways in Children's Dreams* e, mais recentemente, *Dreamguider: Open the Door to Your Child's Dreams*. Publicou artigos no *Quadrant: The Journal for Contemporary Jungian Thought*, na *Dreamtime*, a revista da International Association for the Study of Dreams, e no *Dream Network Journal*.

Jan Clanton Collins, Ph. D. é uma analista junguiana com consultório em Birmingham, Alabama. É autora de *Narratives of Positive Gender Relashionships*, publicado pela Universidade de Vanderbild, em 1993.

Lyn Cowan, Ph. D, foi uma analista junguiana altamente respeitada e influente que estudou no Jung Institute, em Zurique, e se graduou pela Regional Society of Jungian Analysts, onde mais tarde trabalhou como diretora de treinamento e presidente. Lyn escreveu vários livros e artigos sobre psicologia dos arquétipos. Faleceu em 28 de janeiro de 2022.

David DeBus, Ph. D. é um psicólogo clínico licenciado, com mestrado em Religião pela Claremont School of Theology. Trabalha com pessoas devotadas à

---

* Alguns perfis biográficos contidos nesta edição não foram atualizados por falta de material. Portanto, cargos e bibliografias podem ter sofrido alterações. (Nota do Editor)

religião e à espiritualidade. Poeta, com formação em inglês pela UCLA, estudou também música na UCSD. Trabalha com pessoas criativas.

William G. Doty (1939-2017) foi um estudioso americano de religiões e educador, além de palestrante, autor e editor conhecido por seus escritos sobre mito e mitologia. Doty foi *professor emeritus* de humanidades e estudos religiosos na Universidade do Alabama. Publicou catorze livros e mais de setenta ensaios, inclusive estudos de antropologia, psicologia, clássicos, crítica de arte e crítica literária. Com William J. Hynes, organizou o livro *Mythography: The Study of Myths and Rituals*.

Robert H. Hopcke é terapeuta licenciado em Casamento e Família em Berkeley, Califórnia, e autor de numerosos livros no campo da psicologia junguiana e da espiritualidade católica, inclusive: *A Guided Tour of the Collected Works of C. G. Jung; Jung, Jungians, and Homosexuality*; além de seu best-seller nacional *There Are No Accidents*, traduzido para dezoito línguas.

Mary E. Hunt (nascida em 1951) é uma teóloga feminista americana, cofundadora e codiretora da Women's Alliance for Theology, Ethics and Ritual (WATER), em Silver Spring, Maryland, Estados Unidos. Formou-se em teologia e filosofia pela Universidade Marquette, em 1972. É autora de *Fierce Tenderness: A Feminist Theology of Friendship*, trabalho vencedor do Prêmio Crossroad de Estudos sobre a Mulher, em 1991.

Mark Ledbeater vive em Macon, Georgia, com Margaret Cottle Ledbetter e a filha Ruth Weldon Ledbetter. É Professor Assistente de Religião no Wesleyan College e autor de *Virtuous Intentions: The Religious Dimension of Narrative*.

River Malcolm é poeta e terapeuta familiar residente na ilha Orcas, onde goza do raro privilégio de caminhadas diárias nos bosques. Antes de concluir sua graduação em aconselhamento, realizou estudos de matemática, biologia molecular, engenharia elétrica e redação criativa. Mora com seu parceiro, três gatos e dois cachorros.

David L. Miller, Ph.D., é professor emérito Watson Ledden na Universidade de Syracuse e foi, durante muito tempo, membro do corpo docente do Pacifica Graduate Institute, em programas de psicologia clínica e estudos mitológicos. É membro honorário da Inter-Regional Society of Jungian Analysts, da International Association of Analytical Psychology e da International Society for Psychology as the Discipline of Interiority. Foi membro do Eranos Circle, na Suíça, de 1975 a 1988, e conferencista na Eros Conferences em nove ocasiões, durante esse período. É autor de seis livros e mais de uma centena de artigos desde 1963.

Daniel C. Noel é professor visitante de Estudos Liberais em Religião e Cultura no Vermont College da Universidade Norwich. Publicou vários artigos em revistas sobre religião, mito e estudos junguianos. É autor de *Approaching Earth: A Search for the Mythic Significance of the Space Age* e editor de *Seeing Castaneda* e de *Paths to the Power of Myth: Joseph Campbell and the Study of Religion*.

Annis Pratt ensinou inglês e Estudos Femininos na Universidade de Wisconsin durante vinte anos. É autora de *Archetypal Patterns in Women's Fiction*. Seu livro de não ficção, *Dancing with Goddess: Archetypes, Poetry and Empowerment* (1994), que fala sobre Medusa, Afrodite, Ártemis e Ursos, na poesia produzida por homens e mulheres, ganhou o Choice's Award de Melhor Livro Acadêmico do ano.

Caroline T. Stevens, Ph.D., NCPsyA, é uma analista junguiana e psicoterapeuta que trabalha em Chicago, IL. Contribuiu com capítulos para *The Chiron Clinical Series*, *Psyche's Stories, vol. 2*, *Mirrors of the Self* e *Same-Sex Love and the Path to Wholeness*.

Dr. Howard Teich, é psicólogo e professor. Além de lecionar na Universidade da Califórnia, no Califórnia Institute of Integral Studies, na Universidade Estadual de Sonoma, na Universidade de San Francisco e no Esalen Institute, o dr. Teich foi consultor de executivos em algumas das mais respeitadas empresas de grande porte do mundo, incluindo Microsoft, Intel e Wells Fargo, bem como em empresas novas financiadas por companhias de capital de risco. Palestrante frequente no México, Canadá e Estados Unidos, o dr. Teich discorreu, em locais como o C. G. Jung Institute e a International Conference on Shamanism, sobre tópicos como Liderança de Alto Desempenho, Seis Passos para a Colaboração Criativa, Consciência Quântica e Reflexiva, Liderança Gêmea, Eros e Psique, Relações de Gênero e Consciência.

Connie Zweig, Ph.D., é coautora de *Meeting the Shadow* e *Romancing the Shadow*, e autora de *Meeting the Shadow of Spirituality* e de um romance, *A Moth to the Flame: The Life of Sufi Poet Rumi*. Terapeuta aposentada, continua seu trabalho com sombra e ensina idosos como uma forma de prática espiritual. Esse é o enfoque de seu último livro, *The Inner Work of Age: Shifting from Role to Soul*. Connie cultivou práticas contemplativas por cinquenta anos e foi iniciada como Elder pela Sage-ing International em 2017.

Permissões e Copyrights

"The Ego: the Conscious Side of the Personality" é um excerto do ensaio "The Ego" de C. G. Jung, incluído em *The Collected Works of C. G. Jung, Vol. 9, Part II: Aion*. Bollingen Series 20, pp. 5-7. Copyright © 1959 Princeton University Press, reimpresso com a permissão de Princeton University Press.

"The Persona: The Mask We Wear for the Game of Living" foi tirado do ensaio "The Persona" (A *Persona*) de Edward C. Whitmont, incluído em Edward C. Whitmont, *Symbolic Quest: Basic Concepts of Analytical Psychology*, pp. 156-59. Copyright © 1969 C. G. Jung Foundation, cortesia da C. G. Jung Foundation of New York.

"The Shadow: the Rejected Self" é um excerto do livro de Robert Bly, *A Little Book of The Human Shadow*, pp. 17-9. Copyright © 1988 de Robert Bly. Reimpresso com a permissão de Harper & Row.

"The Shadow: Agent Provacateur" é composto de excertos do ensaio "The Shadow of Training" de Patricia Berry, incluído em Patricia Berry, Echo's *Subtle Body*, Spring Publications, 1982, pp. 187-91. Reimpresso com a permissão da autora.

"Anima: The Inner Woman" é composto de excertos do ensaio "The Anima" (A *Anima*) de Edward C. Whitmont, incluído em Edward C. Whitmont, *Symbolic Quest: Basic Concepts of Analytical Psychology*, pp. 189-199. Copyright © 1969 C. G. Jung Foundation, cortesia da C. G. Jung Foundation of New York.

"Anima: Guide to the Soul" é composto de excertos do livro de James Hillman, *Anima: The Anatomy of a Personified Notion* (Dallas: Spring Publications, Inc., 1985), pp. 9-15, 23-5. Copyright © 1985 de James Hillman. Todos os direitos reservados. [*Anima: A Psicologia Arquetípica do Lado Feminino da Alma no Homem e sua Interioridade na Mulher*. São Paulo: Cultrix, 2020].

"Animus: The Inner Man" é composto de excertos do ensaio "Uses and Abuses of Jung's Psychology of Women: Animus" de Demaris Wehr, incluído em *Anima*, 12, I (Outono de 1985), pp. 13-23. Usado com permissão.

"The Double: Same-Sex Inner Helper" é composto de excertos do ensaio "The Double" de Mitchell Walker, incluído em *Spring* (1976): 165-175. Copyright © 1976 de Spring Publications. Todos os direitos reservados.

"The Self is a Moving Target: The Archetype of Individuation" é um ensaio original escrito especialmente para esta coleção por David DeBus. Copyright © 1991 de David DeBus. Usado com permissão do autor.

"Sons and Fathers: Or Why Son is a Verb" é um ensaio original de T. Mark Ledbetter. Copyright © 1991 de T. Mark Ledbetter. Usado com permissão do autor.

"The Devouring Father" é composto de excertos do ensaio "Devouring the Father" de Murray Stein, incluído em Patricia Berry, org., *Fathers and Mothers* (Dallas: Spring Publications, 1973), pp. 68-74. Usado com permissão do autor.

"Mothers and Daughters: A Mythological Perspective" é composto de excertos de *Woman, Earth, and Spirit: The Feminine in Symbol and Myth* de Helen M. Luke. Copyright © 1981 de Helen M. Luke. Reimpresso com permissão da Crossroad Publishing Company.

"Redeeming the Father" é composto de excertos de Linda Schierse Leonard, *The Wounded Woman* (Athens, Ohio: Swallow Press, 1982), pp. 161-68. Reimpresso com a permissão da Ohio University Press/Swallow Press, Atenas.

"Fathers and Their Daughters: Walking Our Street" é um poema inédito de David DeBus. Copyright © 1989 de David DeBus. Usado com a permissão do autor.

"Great Mothers and Grand Mothers" é um ensaio original de David L. Miller. Copyright © 1991 de David L. Miller. Usado com a permissão do autor.

"Loving Grandmothers" é um excerto do ensaio "Grandmothers" de Jane Rule, incluído em Jane Rule, *Outlander*, Naiad Press, 1981. Reimpresso com a permissão da autora e do editor.

"Song of the Self: The Grandmother" faz parte do livro de Alma Luz Villanueva, *LifeSpan*, Place of Herons Press, 1984. Usado com a permissão da autora.

"The Grandfather Archetype: His Kingdom for a Hand" é um ensaio original de River Malcolm. Copyright © 1991 de River Malcolm. Usado com a permissão do autor.

"Coming to Terms With Marriage: A Mythological Perspective" é composto de excertos do ensaio "Coming to Terms with Hera" de Christine Downing, incluído em *The Goddess*, Crossroad Publishing Company, 1988. Copyright © 1981 de Christine Downing. Com a permissão da autora.

"Sisters and Brothers" é composto de excertos do livro de Christine Downing, *Psyche's Sisters*, Continuum Publishing Company, 1990. Copyright © 1988 de Christine Downing. Usado com a permissão da autora.

"Sibling Mysteries" faz parte do livro de Adrienne Rich, *The Dream of a Common Language*, Poems 1974, de Adrienne Rich. Copyright © 1978 de W. W. Norton & Company, Inc. Reimpresso com a permissão do editor.

"The Sadness of Brothers" é parte do poema "The Sadness of Brothers" de Galway Kinnell, *Mortal Acts, Mortal Words*. Copyright © 1980 de Galway Kinnell. Reimpresso com a permissão de Houghton Mifflin Co.

"The Twins: An Archetypal Perspective" é um ensaio original de Howard Teich. Copyright © 1991 de Howard Teich. Usado com a permissão do autor.

"Orphans" foi extraído do livro de Eileen Simpson *Orphans*, Weidenfeld and Nicholson, 1987, pp. 240-43. Com permissão.

"Occupation: Spinster" faz parte do livro *We Become New*, de Lucille Iverson e Kathryn Ruby, orgs., Bantam Books. Copyright © 1975 da autora.

"Gay Relationship as a Vehicle for Individuation" é um ensaio original de Robert H. Hopcke. Copyright © 1991 de Robert H. Hopcke. Usado com a permissão do autor.

"Lesbian Family, Holy Family: Experience of an Archetype" é um ensaio original de Caroline T. Stevens. Copyright © 1991 de Caroline T. Stevens. Usado com a permissão da autora.

"The Child Archetype" é composto de excertos do ensaio "The Psychology of the Child Archetype" de C. G. Jung, incluído em *The Collected Works of C. G. Jung, Vol. 9, Part I: Archetypes and the Collective Unconscious*, Bollingen Series 20, pp. 167-79. Traduzido por R. F. C. Hull. Copyright © 1959, 1969 de Princeton University Press. Copyright ©1987 renovado por Princeton University Press, reimpresso com a permissão de Princeton University Press.

"The Puer" é um excerto do ensaio de Marie-Louise von Franz. Agradecemos a permissão de reproduzir as pp. 1-6 do livro *Puer Aeternus*, de Marie-Louise Von Franz. Publicado por Sigo Press, 1981.

"The Senex" é composto de excertos do ensaio "Senex and Puer: An Aspect of the Historical and Psychological Present" de James Hillman, incluído em *Puer Papers*, org. James Hillman (Dallas: Spring Publications, 1979), pp. 13-23. Copyright © 1979 de Spring Publications, Inc. Todos os direitos reservados.

"Phallos and Male Psychology" é composto de excertos de Robert M. Stein, *Incest and Human Love*, 2ª ed. (Dallas: Spring Publications, 1984), pp. 81-90. Usado com a permissão de Spring Publications. Todos os direitos reservados.

"The Virgin" é parte do livro de *Woman's Mysteries* de M. Esther Harding, pp. 101-05. Copyright © 1971 de C. G. Jung Foundation for Analytical Psichology, Reimpresso mediante acordo com Shambhala Publications,

"The Conscious Feminine: Birth of a New Archetype" é um ensaio original de Connie Zweig. Copyright © 1991 de Connie Zweig. Usado com a permissão da autora.

"The Crone" é um ensaio original de Christine Downing. Copyright © 1991 de Christine Downing. Usado com a permissão da autora.

"Re-Visioning the Hero" é um ensaio original de Daniel C. Noel. Copyright © 1991 de Daniel C. Noel. Usado com a permissão do autor.

"The Female Hero" é um ensaio original de Annis Pratt. Copyright © 1991 de Annis Pratt. Usado com a permissão da autora.

"The Monster" é um ensaio original de Denyse Beaudet. Copyright © 1991 de Denyse Beaudet. Usado com a permissão da autora.

"The Victim" é um ensaio original de Lyn Cowan. Copyright © 1991 de Lyn Cowan. Usado com a permissão da autora.

"The Trickster" é um ensaio original de William G. Doty. Copyright © 1991 de William G. Doty. Usado com a permissão do autor.

"The Shaman" é um ensaio original de Jan Clanton Collins. Copyright © 1991 de Jan Clanton Collins. Usado com a permissão do autor.

"The Healer" é um ensaio original de Christine Downing. Copyright © 1991 de Christine Downing. Usado com a permissão da autora.

"The Invalid" é composto de excertos do livro de Adolf Guggenbühl-Craig, *Eros on Crutches: On the Nature of the Psychopath*, trad. de Gary V. Hartman (Dallas: Spring Publications, 1980), pp. 12-25. Copyright © 1980 de Adolf Guggenbühl. Todos os direitos reservados.

"The Friend" é um ensaio original de Mary E. Hunt. Copyright © 1991 de Mary E. Hunt. Usado com a permissão da autora.